亚马逊
逆向工作法

Working Backwards

[美]柯林·布里亚（Colin Bryar） 比尔·卡尔（Bill Carr） 著

黄邦福 译

北京联合出版公司
Beijing United Publishing Co.,Ltd.

图书在版编目（CIP）数据

亚马逊逆向工作法 /（美）柯林·布里亚，（美）比尔·卡尔著；黄邦福译. — 北京：北京联合出版公司，2022.2（2023.5重印）

ISBN 978-7-5596-5789-3

Ⅰ.①亚… Ⅱ.①柯…②比…③黄… Ⅲ.①电子商务—商业企业管理—经验—美国 Ⅳ.①F737.124.6

中国版本图书馆CIP数据核字（2021）第255990号

北京市版权局著作权合同登记　图字：01-2022-0057号

WORKING BACKWARDS
Copyright © 2021 by Working Backwards LLC
Published by arrangement with St. Martin's Publishing Group
through Andrew Nurnberg Associates International Limited.
Simplified Chinese translation copyright © 2022 by Beijing Xiron Culture Group Co., Ltd.
All rights reserved.

亚马逊逆向工作法

作　　者：[美]柯林·布里亚　[美]比尔·卡尔
译　　者：黄邦福
出 品 人：赵红仕
责任编辑：夏应鹏
装帧设计：魏　魏

北京联合出版公司出版
（北京市西城区德外大街83号楼9层　100088）
三河市中晟雅豪印务有限公司印刷　新华书店经销
字数240千字　880毫米×1230毫米　1/32　10.5印张
2022年2月第1版　2023年5月第6次印刷
ISBN 978-7-5596-5789-3
定价：68.00元

版权所有，侵权必究
未经许可，不得以任何方式复制或抄袭本书部分或全部内容
本书若有质量问题，请与本公司图书销售中心联系调换。电话：010-82069336

献给
萨拉和琳恩

目 录

序 言 _001

上篇
亚马逊工作法

上篇导语 _012

01 构件：领导力准则与机制

机制：强化领导力准则 _026

02 招聘：亚马逊独特的抬杆者流程

个人偏见与紧急招聘的影响 _041

抬杆者采用前的亚马逊招聘方法 _043

抬杆者招聘流程 _046

抬杆者的变通 _060

抬杆者与多样化 _062

选贤育能 _063

03 组织：独立单线程领导模式

成长的烦恼：挑战倍增 _067

依赖关系：一个实例 _068

组织依赖 _072

加强协调是错误的答案 _074

NPI：组织依赖的初期解决办法 _075

第一种解决办法："两个比萨团队" _079

某些挑战依然存在 _086

规模更大、效果更好——单线程领导者 _089

回　报 _092

04 沟通：叙述体与"六页纸备忘录"

S-Team 会议停用 PPT _095

如何写高效的"六页纸备忘录" _099

"六页纸备忘录"的结构和内容各异 _111

新的会议模式 _112

作为协作的反馈 _114

对叙述体备忘录的最后思考 _116

05 逆向工作：从最佳客户体验出发

试错带来成功 _119

模型在哪里？比尔与数字业务的推出 _121

Kindle 新闻稿 _126

PR/FAQ 的功能与益处 _128

"新闻稿"的组成部分 _136

"常见问题"的组成部分 _138

推出产品？_143

06 绩效：管理投入类而非产出类指标

紧盯业务 _148

绩效指标的生命周期 _149

1. 飞轮：投入类指标驱动产出类指标 _151

2. 选择正确而可控的投入类指标 _153

业务回顾周会：指标付诸实施 _161

绩效指标表解析 _167

陷阱 1：灾难性的会议 _176

陷阱 2：遮蔽信号的噪声 _179

下篇
高效的创新引擎

下篇导语 _182

07 电子书阅读器 Kindle

数字化转型 _192

亚马逊数字媒体与设备的启动阶段 _196

亚马逊：设备制造商？！ _203

Kindle 逐渐成形 _211

08 金牌会员服务 Amazon Prime

增长的需要 _220

免费配送 1.0 版——"超级省邮服务" _225

问题所在 _228

会员计划 _231

巡视店铺 _235

正式推出 _238

09 会员视频服务 Prime Video

Unbox：通往客厅的漫长、曲折道路上的失误 _245

权限问题 _251

寻找通往客厅的道路 _254

大变局 _256

智能电视（CTV）_259

会员即时视频服务：赠送的会员权益 _264

LOVEFiLM：并未成功 _268

交付端：设备 _269

亚马逊：好莱坞制片人 _271

10 云服务 AWS

影响因素 _277

AWS 的启动 _290

结　语　亚马逊之外的亚马逊工作法 _296

附录一　面试反馈示例 _301

附录二　叙述体备忘录的信条及常见问题样本 _305

附录三　书中事件时间表 _311

致　谢 _314

注　释 _318

序　言

如果说亚马逊是一家标新立异的公司，这说得还太轻，它的那些重大的创新之举常常饱受批评，甚至被嘲笑为愚蠢之举。一位商业权威人士曾戏称它为"亚马逊完蛋公司"（Amazon.toast）。[1] 但亚马逊一次次证明怀疑者们错了。老牌竞争对手和雄心勃勃的新创公司纷纷从外部研究亚马逊，希望探得其成功的秘诀并为己所用。许多公司都采用过亚马逊某些著名的领导力准则和管理方法，但就算是其最虔诚的信奉者，也未能复制那些持续推动亚马逊成为引领者的创新文化。

当然，亚马逊的某些商业做法也引起了广泛关注，甚至受到猛烈抨击。有些人提出异议，认为它给商业界乃至整个社会都带来了负面影响。[1] 显然，这些问题是非常重要的，不仅是因为它们会影

---

[1] 2020 年 4 月 16 日，就在新冠肺炎疫情暴发之后不久，杰夫·贝佐斯在"致股东的信"中提及亚马逊公司在多条战线上的影响。他讲述了公司为满足居家隔离中的人对亚马逊服务日益增长的需求而付出的努力，还讲述了公司订单履行中心所采取的安全措施、加强病毒检测的应急计划，以及亚马逊云服务 AWS 同世界卫生组织和其他卫生机构之间的合作关系。他宣布将亚马逊的最低时资增加 2 美元，加班费翻倍。杰夫·贝佐斯还在信中概述了亚马逊的"气候宣言"（The Climate Pledge）：到 2024 年实现 80% 可再生能源，到 2040 年实现零碳排放。亚马逊致力于提升公司员工、客户和整个人类的生活品质，相关的详细信息，请参见 https://blog.aboutamazon.com/company-news/2019-letter-to-shareholders。

响人们和社区的生活，还因为如果它们得不到解决，就会严重影响一家公司的声誉和财务状况。不过，这些问题超出了本书的讨论范围，因而不会深入探讨。本书主要详细地讨论亚马逊公司某些独特的、可供你选择实施的领导力准则和管理方法。

我俩（柯林和比尔）在亚马逊的工作时间加起来有27年，我们见证了亚马逊发展和成长中的许多重大时刻。只要我们提到自己曾任职于亚马逊，立即就有人向我们提问，试图从我们口中得知这家公司取得非凡成就的根本原因。分析家、竞争对手甚至客户都在总结亚马逊的商业模式或企业文化，但最简单、最精华的总结依然来自公司的创建者杰夫·贝佐斯（以下昵称为"杰夫"）："我们毫不动摇地坚信，股东的长期利益同客户的利益是完全一致的。"[2] 换言之，股东的利益确实源于利润的增长，但亚马逊认为，获得利润长期增长的最佳方式是始终坚持"顾客至尚"。

如果你坚信这一点，那你会打造怎样的公司呢？2018年，在美国空军协会"航空、航天和网络会议"上的讲话中，杰夫是这样描述亚马逊的："我们的企业文化有四个方面：顾客至尚，不太关注竞争对手；长期思维，投资期限长于大多数同行；渴望创新，愿意失败；卓越运营的职业自豪感。"

自创建之初，亚马逊就一直坚守这些企业文化。早在亚马逊上市第一年的1997年，在"致股东的信"中，你就可以读到"顾客至尚""着眼长远""我们会坚持从成功和失败中学习"等词句。一年后，"卓越运营"一词被纳入其中，构成了延续至今的、包含四个方面的亚马逊企业文化。在随后的几年里，这些措辞略有改动，以反映亚马逊学到的经验和教训，但亚马逊坚守这四大核心准则的决心从未动摇。从很大程度上讲，正是因为有这些准则，2015年，亚马逊的年销售额才突破1000亿美元，成为全球最快突破这一销售额的公司。同年，亚马逊云服务（AWS）的年销售额也达到了100亿美元——提前实现了亚马逊原先设定的销售额目标。[3]

当然，这四大企业文化试金石并没有具体说明"如何"保持企业文化（员工和团队如何工作）。为此，杰夫和他的领导团队制定了"领导力准则14条"，以及一整套明确而实用的管理方法，以此来持续强化公司的文化。它们包括：确保公司持续获得顶尖人才的"抬杆者"（bar raiser）招聘流程；崇尚领导管理下的，专注于优化配送速度和创新速度的独立团队；采用叙述体备忘录，禁用PPT，以确保深入地理解复杂的问题，从而做出明智的决策；坚持不懈地专注于投入类绩效指标管理，确保团队致力于业务推进活动。最后，是本书得名的产品开发流程：从最佳客户体验出发的逆向工作法。

亚马逊面临的许多商业问题，与所有大大小小的公司面临的问题并没有什么两样。不同的是，亚马逊总会找到独特的方法解决这些问题。这些要素共同形成了亚马逊的思维、管理和工作方式——为写作本书，我们称之为"亚马逊工作法"（being Amazonian）。

我俩都曾在亚马逊"身居高位"，和公司其他高管共同塑造和完善了"亚马逊工作法"。我们同杰夫有着广泛的工作交流，积极参与创造了亚马逊许多最持久成功的项目（当然也参与了尽人皆知的失败的项目），在亚马逊工作的那段时间是最令我俩激动的职业生涯时光。

柯 林

大学毕业后,我的第一份工作是在甲骨文公司从事数据库应用程序的设计和开发。后来,我和两位同事共同创立了一家名为"服务器技术集团"的公司。我们的初衷,是利用自己在大型数据库系统方面的经验,帮助其他公司将业务活动转移到当时正在兴起的互联网上。我们的客户包括波音、微软以及一家名为亚马逊的小公司。我们发现亚马逊公司别具特色,于是在1998年加盟了亚马逊。我在亚马逊担任了12年的管理工作,其中有两年进入了董事会,见证了亚马逊成长和创新的辉煌时期。这两年开始于2003年夏,杰夫邀请我担任他的技术顾问。这个职位就是人们通常所说的"杰夫的影子",类似于其他公司的"参谋长"的职位(COS)。

该职位设置于一年半以前,安迪·杰西(现为亚马逊CEO)成为首任全职技术顾问。它有两大职责:一是帮助杰夫尽可能地提高效率;二是如杰夫所言,"相互模仿和学习",以便担任这个职位的人最终能升任公司更高的职位。

杰夫和安迪都明确地告诉我:这个职位不是观察者或审核者,也不是培训师。我需要做出直接的贡献:提出想法,承担风险,做杰夫的决策咨询人。我请求周末考虑后再决定。我给几位朋友打了电话——一位在《财富》杂志排名第10位的公司担任CEO助理(类似于技术顾问),另一位是政府高官的得力助手。他们都说:"你疯了吗?这可是千载难逢的好机会。你为什么不当场接受呢?"他们还告诉我,我的日常安排将不属于我自己,我能学到的东西会超乎想象。其中一位朋友还说,虽然他在这个职位上学到了很多东西,但工作并不是太有趣。

我朋友说的这些话,大部分都是正确的,只有一个明显的例外:作为"杰夫的影子",我的工作其实充满乐趣。有一次,我和杰夫出差去纽约参加一系列会议和活动,包括为宣传亚马逊新店开业而在纽约中央火车站举行的网球表演赛。在飞机上,杰夫问我下机后是否愿意和他打打网球,好让他为表演赛练练手,他的球技有些生疏了——他上一次打网球,还是两年前在一个慈善活动上同比尔·盖茨、安德烈·阿加西和皮特·桑普拉斯交手。"在那之前,谁知道呢?"我告诉他,我两个星期前和好友约翰在公园里打过网球。我说:"那我是要和网球高手过招啦,不过,你比我手生。我会迎难而上的。今晚,网球场上见分晓。"杰夫大声笑着说:"就这样定了。"

这件事并不典型——我和杰夫相处期间,95%的时间关注的都是公司内部的工作问题,而不是会议、演讲、体育赛事等外部问题。但这件事也非常典型,因为杰夫总是用乐观、幽默和极富感染力的爽朗笑声面对挑战,就像这次在毫无训练的情况下勇敢地面对大量观众打网球。正是凭着这种精神,他每天都面对那些比大多数人整个职业生涯所做出的决定都更为重大的商业决定。他真正体现了亚马逊的座右铭:"努力工作,享受快乐,创造历史。"

在杰夫正常的上班时间(上午10点到晚上7点),我都和他一起工作。大多数时候,我们每天都要和产品团队或管理团队开5~7个会议。杰夫上班前或下班后,我都会和这些团队一起工作,帮助他们准备如何同杰夫交流才会更有效率。面对杰夫提出的一连串想法并要求迅速而异常高标准地完成,我清楚那是什么样的感受。他们常常问我："对于这个想法，你认为杰夫会有何反应？"我的标准回答是："我无法预测他会说什么，不过，他的反应通常都符合这些准则……"

在我为杰夫工作期间，亚马逊的几大关键事业先后问世，包括金牌会员服务 Prime、云服务 AWS、电子书阅读器 Kindle 和物流服务 FBA。此外，亚马逊还推出了几大业务流程（现已牢固地确立为"亚马逊工作法"），包括叙述体备忘录和逆向工作法。

在这两年多的时间里，我每天都在杰夫和亚马逊高管们的身边工作，我清楚自己非常幸运，机会难得。我下定决心，要充分利用每一分钟。我将乘车、吃午餐、走路去会议室的时间都视为宝贵的、不可错过的学习机会。有一次，有个朋友看见我在记事本上写下一长串事项，就问我在做什么。我回答道："是这样的，这个周末，我要和杰夫坐 5 个小时的飞机去纽约，我要确保至少有 5 个小时的问题和话题。只要有空闲时间，就向他请教。"在本书中，我能写出杰夫如何做出重大的决策，就是因为我经常请教他见解背后的独特想法，而见解背后的逻辑往往比见解本身更富启发性。

比　尔

我的亚马逊之路非常曲折。大学毕业后，我做了几年销售工作，接着攻读了 MBA 学位。然后，我在宝洁公司（P&G）谋得了一份销售的工作，后转为宝洁公司的一名客户分析师。我想进入科技公司工作，于是我离开了宝洁，加盟了一家名为 Evare 的初创软件公司。

1999年5月，在一位大学好友的建议下，我参加了亚马逊的求职面试。当时，亚马逊公司的办公地点还在西雅图第二大道的一栋单体建筑里。空间非常狭小，我是在休息室接受面试的，旁边隔间里还有人在喝咖啡和闲聊。我获得的是录像产品（VHS 和 DVD）经理的职位，接下来的 15 年，我都在亚马逊工作，并先后担任了多个职务。

任期头 5 年，我工作于亚马逊当时最大的事业部门——实体媒体部（书籍、音乐和录像），并一路升至主管。2004 年 1 月，就在杰夫邀请柯林担任技术顾问几个月后，我的上司和好友史蒂夫·凯塞尔（Steve Kessel）向我透露了一个令人震惊的爆炸性消息——他将升任亚马逊高级副总裁，并经杰夫提议接管亚马逊的数字事业部。他告诉我，我将担任副总裁，希望我加入。

史蒂夫告诉我，杰夫已经决定：亚马逊将抓住时机，赋能消费者购买并阅读数字书籍、观看数字视频、欣赏数字音乐。亚马逊处于发展的十字路口。虽然销售图书、CD 和 VHS/DVD 仍然是亚马逊最火的事业，但随着互联网技术与设备的发展，以及音乐服务 Napster、苹果音乐播放器 iPod 和音乐软件 iTunes 的出现，情况已经非常清楚：亚马逊最火的事业是不可持续的。我们预计，随着数字化转型，实体媒体业务会下降。我们觉得必须马上行动。

那段时间，杰夫经常用类比描述我们的创新和新事业。他说："我们必须多播种子，因为我们不知道哪粒种子会长成参天的橡树。"这个比方非常恰当。橡树是森林中生命力最强、生命周期最长的树木之一。**每棵橡树会产生数千个橡果，只有一个橡果最终会长成参天大树。**

现在看来，那是亚马逊的复兴时代。亚马逊从 2004 年开始播下的那些种子，后来生长成了电子书阅读器 Kindle、平板电脑 Fire、亚马逊会员视频服务 Prime Video、亚马逊音乐服务 Amazon Music、亚马逊电影工作室 Amazon Studios、声控智能音箱 Echo 和内置语音助手 Alexa 技术。它们成为亚马逊竞争力最强、增长最迅猛的新事业和价值动因。到 2018 年，这些事业部创造的设备和服务的用户遍布全球，每天的使用量和购买量高达数千万人次，每年为亚马逊贡献数百亿美元的收入。

在这 10 年里，对于这些新产品的推出，我有幸坐过"驾驶位"，也坐过"副驾驶位"（视野更好）。我的职位逐年晋升，成为亚马逊全球数字音乐与视频事业部及工程组织的"主人"和领导者。我和我的团队领导了 Amazon Music、Prime Video、Amazon Studios 等如今大家非常熟悉的亚马逊服务的发布、开发与发展。这段经历让我有机会观察、参与和学习这些新产品的开发与创新，以及一整套全新的亚马逊工作法。这两者的结合，成为亚马逊发展第二阶段的驱动力，助力亚马逊成长为全球最有价值的公司之一。

"逆向"写一本关于亚马逊的书

我俩成为朋友，得益于我的妻子琳恩和柯林的妻子萨拉。她俩获得 MBA 学位后于 2000 年都加盟了亚马逊的玩具类团队，并成为闺密。我俩都喜欢打高尔夫球，经常去班顿沙丘高尔夫球场打球，友情因而与日俱增。2018 年，我们决定写这本书，因为我们观察到两大趋势。第一，亚马逊的知名度暴增。很明显，人们渴望更多地了解亚马逊。第二，亚马逊总是被人误解（我俩在亚马逊工作时已有所体会）。华尔街的分析师不理解亚马逊为何没有盈利（因为亚马逊将资金投入新产品的开发，以驱动未来的成长）。只要亚马逊推出新产品（包括 Kindle、Prime 和 AWS），媒体往往就感到不解，甚至横加指责。

为了追求新的事业，我俩先后离开了亚马逊——柯林离职于 2010 年，比尔离职于 2014 年，但我俩在亚马逊的工作经历已经永远改变了我们。我们服务过多个公司和风险资本投资家。在工作中，我们听到的最典型的话，出自一家《财富》100 强之一的公司的 CEO："我不明白亚马逊是怎么做到的。他们建立了那么多不同的业务并取得了成功，从零售业到 AWS，再到数字媒体。而我们做这一行已经超过 30 年，却仍然没有精通自己的核心业务。"

我们意识到了市场的空白。尚没有任何资料和图书回答这些问题、解释亚马逊的独特行为及其获得非凡成功的方法。我们知道这些问题的答案，而这正是我们将在本书中与你分享的东西。

离开亚马逊之后，我俩都将它的许多元素引入了新的公司，并取得了巨大的成效。但我们发现，当我们和同事讨论将亚马逊的管理准则引入公司时，他们的反应通常都是："你们拥有的资源和资金要多得多，更不用说还有杰夫·贝佐斯了。我们没有。"

在此，我们要告诉你：你需要的，不是亚马逊的资金（事实上，我们在亚马逊工作的那些年，它的资金大多数时候都是捉襟见肘的），也不是杰夫·贝佐斯。（不过，如果他能加盟你的公司，那我们完全赞成！）**亚马逊那些具体而可复制的管理准则和工作法，任何人都可以学会，任何公司都可以进行提炼和推行。我们希**

望,你读完本书后,会明白亚马逊工作法并不是什么神秘的领导力魔法,而是一套灵活的思维方法。你可以从中选取所需的元素,然后在条件许可的情况下加以调适和量身定制。此外,**亚马逊工作法还具有奇妙的分形性**:任何规模的公司都可从中受益。我们见证过大大小小的公司成功地采用了这些元素,有10个员工的初创公司,也有员工达数十万人的跨国企业。

在此,我们将引导你在自己的组织里以自己的方式"迈向"亚马逊工作法。我们将通过自己最喜欢的某些亚马逊传说(我们在那些年里积累的事件、故事、对话、人物、笑话等),向你传达具体而实用的建议。

我们无意宣称亚马逊工作法是打造高效组织的唯一方法。正如杰夫所言:"谢天谢地,这个世界拥有很多高效的、非常独特的企业文化。我们从未说过亚马逊工作法是唯一正确的方法——它只是我们的工作法……"[4]

现在,它也可以成为你的工作法。

上篇

亚马逊工作法

上篇导语

在本书的"上篇"部分，我们将详细地阐述亚马逊工作法的某些重要准则和流程。这些历经多年耐心磨炼的工作法，为亚马逊创造了惊人的效率和创纪录的增长速度。它们塑造了鼓励创新、顾客至尚的亚马逊文化。我们将讲述这些准则和流程的由来故事，并以此说明：它们可以解决那些妨碍我们自由创新、妨碍我们坚持满足客户需求的问题。

亚马逊领导力准则是第 1 章讨论的重点。创业初期，亚马逊公司只有几个员工、三间小办公室，并没有正式的领导力准则。从某种意义上讲，杰夫就是领导力准则。他拟定职位描述，面试求职者，打包和配送包裹，阅读每一封给客户的电子邮件。他亲自参与公司的方方面面，因而能够将亚马逊管理哲学言传身教给为数不多的员工。然而，随着亚马逊的规模迅速扩张，这种方式很快就变得不太适用了。因此，亚马逊需要正式的领导力准则。我们会讲述这些准则如何产生的故事——这个过程本身就是典型的"亚马逊故事",以及它们如何渗入公司运营的"毛细血管"。

我们还会在第1章中讨论与领导力准则紧密相连的管理机制。它们是确保亚马逊日复一日、年复一年地强化其领导力准则的流程。我们会列举亚马逊整个公司和各个独立团队是如何制订年度计划和目标、如何校准公司目标和团队目标的。我们还会讨论亚马逊为强化合作与长期利益而非内部竞争与短期利益而采用的独特的薪酬制度。

第2章将讨论亚马逊独特的招聘流程——抬杆者。同领导力准则一样,我们设置抬杆者,也是因为亚马逊成长极为迅速。紧急招聘大量新员工的一大隐患是紧迫性偏误:因为工作量大、急需人手而往往忽略应聘者的缺点。抬杆者可以为招聘团队提供迅速而高效但并非图省事的顶尖人才招聘方法。

在以创新闻名的亚马逊,独立单线程的领导模式是其最有益的创新之一。这一点,我们将在第3章中加以讨论。这种组织策略,可以最大限度地降低组织内部依赖性所造成的效率拖累。其基本理念是:每个计划或项目都有一个领导者,负责且只负责该计划或该项目;同样,他管理的团队也只专注于该计划或该项目。除了讲述单线程领导模式的由来故事,本章还会对它进行描述:拟定亟待解决的问题,先列出不完美的解决办法,然后找到真正有效的解决办法。我们还会讨论,要建立独立单线程团队,为什么就必须彻底改变以及如何彻底改变技术的开发和推广方式。

我们还发现,大多数公司采用的开会方式并不是真正有效的解决问题的方式。我们承认,PPT是一种不错的视觉化交流和演讲辅助工具,但我们吃过不少苦头后才明白:要在一个小时的会议时间里交流复杂的计划和项目信息，PPT 并不是最佳的方式。我们发现，由某个团队撰写的六页纸叙述体备忘录最能让所有与会人员迅速而高效地了解该团队正在着手的项目。同时，在撰写备忘录的过程中，团队需要对手头或计划做的工作深思熟虑，并向他人清楚地陈述，因而必须对该工作进行深入思考。我们将在第 4 章中详细地讨论并举例说明这种叙述体备忘录。

在第 5 章中，我们将讨论亚马逊的新想法和新产品的开发方式：从最佳客户体验出发逆向工作。开发之前，我们要写新闻稿（PR）来阐明这种新想法或新产品将如何惠及客户，还要撰写常见问题（FAQ）清单，预先解答棘手的问题。我们会仔细地、批判性地研究和修改这两份文档，感到满意之后才会正式开发。

亚马逊对绩效指标的分析和管理，也是以客户为中心。我们所看重的，是我们所说的"可控的投入类指标"，而不是"产出类指标"。可控的投入类指标（例如，通过降低内部成本来降低产品的价格，增加网站销售的新产品，缩短标准配送时间）所衡量的，是带来预期业绩或产出类指标（如月度收益和公司股价）的那些活动。我们将在第 6 章中详细地讨论这些指标以及如何发掘和跟踪这些指标。

本书的"上篇"部分不会囊括所有的亚马逊领导力准则和流程。我们选择讨论的，是我们认为最能够说明亚马逊工作法的那些准则和流程。我们会告诉你它们的由来，还会为你提供磨炼这些工作法具体而可行的信息。不管你的公司或机构是大是小，利用这些工作法都可以最大限度地激发服务客户的潜能。

01　构件：领导力准则与机制

"亚马逊领导力准则14条"的发展。

它们如何融入日常工作？

制约与平衡（机制）如何强化它们？

它们为何会提供显著的竞争优势？

你的公司如何运用它们？

***

亚马逊公司于1995年7月正式开业，当时只有几个员工，全部是由杰夫·贝佐斯精心挑选的。1994年，杰夫读到一篇报道，预测互联网用户的年增长率将高达2300%。他当时担任德绍公司（D.E Shaw）的高级副总裁，这家位于纽约的对冲基金公司专门利用复杂的数学模型，靠捕捉市场的无效性赚钱。他认定进军互联网是千载难逢的机遇，于是放弃了待遇丰厚、前途光明的工作，和妻子麦肯齐驾车一路向西，去创办互联网公司。

在前往西雅图的途中,杰夫写好了商业计划。他发现图书销售服务水平低下,非常适合电子商务的几大理由。他写了如何为客户创造新的、富有吸引力的购书体验。首先,图书的重量较轻,大小基本一致,因而仓储、打包和配送容易且费用低廉。其次,现已出版的图书有上亿种,1994年仍在印刷发行的图书也超过100万种。即使像巴诺书店(Barnes & Noble)那样的超级实体书店,其库存图书也只有数万种。然而,网络书店不仅能提供实体书店销售的那些图书,还能提供任何在版的图书。再次,有两家大型图书发行公司:英格拉姆(Ingram)和贝克 & 泰勒(Baker & Taylor)。它们在出版社和零售商之间起着中介作用,拥有在版图书的详细电子目录,便于书店和图书馆从中订购。杰夫意识到,他可以将英格拉姆和贝克-泰勒公司建好的基础设施——图书仓库和图书电子目录——同不断发展的互联网基础设施结合起来,让客户能够找到和购买任何在版图书,并给他们直接配送到家。最后,网站可以利用技术手段分析客户的行为,创造独特的、个性化的客户体验。

第一代亚马逊人挤在三间小办公室里,楼上是改装过的地下室,那里原本堆满了街对面的军用剩余物资商店的积压库存。办公桌(包括杰夫的办公桌)都由木门改造而成,四英尺[1]见方,用金属页片固定。地下室的门是胶合板,挂锁算是亚马逊第一个"配送中心"的安保措施。地下室面积约为400平方英尺[2],原本用作当地一个乐队的排练场地,门上喷涂的乐队名字今天依然清晰可见。

如此近距离地工作,杰夫转个椅子或者把头探进相邻房间的门

---

[1] 1英尺 ≈ 0.305米。
[2] 约为37平方米。

口,就可以"把脉"公司——从软件开发到财务和运营。他熟悉公司的每一位员工,除了写重要的软件,他还和员工们一起完成各种工作,让他们摸到门道。他从不羞于直言自己对工作的想法,逐渐将"顾客至尚""最高标准"等指导准则注入团队的各个工作步骤。

从回复客户电子邮件的语气,到图书的情况和打包,杰夫都坚持一个简单的原则:"必须做到完美。"他提醒团队:一次糟糕的客户体验会抵消数百次完美的客户体验。分销商交来的一本精装画册的护封上有划痕,他让客服致信客户进行道歉和解释:精装画册是用于陈列展示的,因而已经重新订购了一本,但送达的时间会有所延迟——除非他急用,愿意接受这本有划痕的画册。客户很喜欢这个回复,说公司考虑得周到,令他感到意外和高兴,决定等待完美无痕的画册。

杰夫还会校阅客服的所有新主题邮件。有一天,一位重量级的科技类专栏作家写信询问公司的业务、信用卡安全性等一连串犀利而有挑战性的问题。杰夫阅读了客服团队的回信,读了两遍,然后说道:"非常完美。"从那以后,他检查电子邮件的次数大大减少,显然对客服团队内化他所坚持的核心准则的情况感到满意。

杰夫还经常告诫他的小团队:亚马逊要永远少承诺、多交付,以确保超过客户的期望。有个例子可以说明这个准则:亚马逊网站清楚地标明邮递标准是"美国邮政一级邮件"。但事实上,所有包裹都是采用"优先级邮件"送达的——邮费贵得多,可保证美国全境两三个工作日内送达。在给客户的发货确认邮件中,这被称为"免费升级服务"。客户为此发来感谢邮件,其中一封邮件写道:

"你们这帮人会赚到10亿美元。"杰夫读后大声笑了起来,然后打印了一份带回办公室。

杰夫为招聘亚马逊第一位员工撰写的职位描述是:"须拥有设计和架构大型复杂(且具维护性的)系统的经验,且能够在顶尖者认为可能的1/3时间内完成系统设计和架构工作。"[1]1997年,他在第一封"致股东的信"中写道:"你可以超时工作、勤奋工作或动脑工作,但在亚马逊,你不能三选其二。"[2]

当时,所谓的"亚马逊精神",就是大多数亚马逊人都达到杰夫的高标准要求。他们每周至少工作60个小时,音乐声深夜仍响彻办公室,他们在想尽办法满足客户的需求。每天下午,杰夫都会和大家一起在地下室给客户的订单打包。最初,还只能趴在水泥地上打包。来自世界各地的各种订单越来越多。很快,情况发生了重大改变。能参与这些变化,我们感到非常激动。

亚马逊接下来的发展是历史性的、前所未有的,它意味着公司的变化。公司搬入第一个办公地点几个月后,到处都挤满了办公桌。于是,公司搬到了同一条街另一处更大的办公地点。但很快又变得拥挤不堪,只得再次搬家。在最初的关键几年里,杰夫可以通过每天和每周的交流直接而清楚地向小团队传达信息。他可以亲自参与大大小小的决策,他可以制定并实施"顾客至尚""创新简化""勤俭节约""主人翁精神""崇尚行动""最高标准"等领导力准则。但随着新员工的数量迅速增长——最初所有员工都由杰夫亲自招聘——公司需要增设新的领导层级。到20世纪90年代末,公司员工的数量已从几十人增长至500多人。员工数量的急剧增加,使杰夫开始分身乏术,无法全面参与领导者的招聘,也无法将自己的价值观灌输给他们。他的标准要得到坚持，公司本身就必须从上到下都致力于将这些标准放在首位。

在本章中，我们将讨论亚马逊如何建立起整套领导力准则和管理机制，使其从一个初创公司成长为拥有数十万员工的公司，[3]如何不懈地坚守顾客至尚、创造长期股东价值这一使命。其中的某些方法已为人们所熟知并被广泛采用，而有些方法可能是亚马逊所独有的。

亚马逊的独特之处在于：它的管理准则已经渗入公司所有重要的工作流程和职能之中。在很多情况下，这些准则决定了亚马逊的思维方式和工作方式不同于大多数公司。因此，亚马逊的新员工需要经历为期数月的挑战期，学习并适应这些新的工作法。这些流程和工作法已经植入公司所有的会议、文件、决策、面试和绩效考核之中。因此，随着时间的推移，遵守它们已经习惯成自然。员工一旦违反它们，自己就会注意到，就像指甲划过黑板发出的刺耳的声音。例如，如果有人在会上发言，提出某个明显针对短期利益而忽视长期利益的想法，或者给出某个以竞争对手为中心而不是以客户为中心的计划，那么会场就会陷入令人不安的短暂沉默，直到有人说出大家内心的想法。这也许不是亚马逊独有的做法，但它是亚马逊成功的关键要素。

到了20世纪90年代末，亚马逊已经发展出一套所有亚马逊人都应具备的核心胜任力以及所有管理者都应掌握并运用的能力素质。1999年，作为亚马逊新人的我（比尔）第一次读完一长串的亚马逊胜任力要求，那些综合性的超高标准让我感到既振奋又胆怯——那种感觉我至今仍记忆犹新。我当时心想："我得比以前更努力、更聪明地工作，才能达到这些标准。"

2004年，人力资源主管迈克·乔治（Mike George）和他的同事罗宾·安德里耶维奇（Robin Andrulevich）注意到：亚马逊公司一直在野草般地生长，新进的许多领导者都缺乏经验，需要接受正规的管理培训和领导力培训。因此，迈克让罗宾制定一套领导力培训方案。罗宾坚持认为，要制定培训方案，首先必须清楚而简明地确定亚马逊的领导力是什么。这项工作肯定会延迟方案的推出，但经过大量的讨论，所有人都认为这件事情值得做。

杰夫在2015年度"致股东的信"中写道："你可以把你的企业文化写下来，但你要做的，是发现和挖掘企业文化——而不是创造企业文化。"[4] 正是出于这样的设想，罗宾开始整理亚马逊领导力准则。她对亚马逊公司所有高效的领导者以及能够体现这家新兴公司精神的人员进行了访谈。她原本计划用两个月时间，结果花了九个月才完成。不过，她的努力没有白费，造就亚马逊今日成就的许多要素都得益于此。

这套初版的领导力准则基本上就是罗宾对访谈对象的理念的表达和综合。在少数情况下，某条准则是基于某个人的领导力活动。例如，时任亚马逊全球事业部高级副总裁、现任亚马逊全球消费者业务CEO的杰夫·威尔克（Jeff Wilke）就坚持采取数据驱动的决策策略，并经常对数据进行分析，而这成为领导力准则"刨根问底"的基础。

对于每一稿的领导力准则，罗宾都会和迈克及人力资源领导团队进行评审。特别是资深人力资源领导者艾莉森·奥尔戈尔（Alison Allgor）和克里斯汀·斯特劳特（Kristin Strout），他们都提供了宝贵的反馈意见。他们带着批判的眼光讨论每一条准则，看看它是否应该被纳入准则清单。如果某条准则只是泛泛而谈或不具有普遍相关性，那它就会被舍弃。罗宾和迈克·威尔克经常碰面检查进展情况，优化准则清单，有时还会邀请其他领导者加入，包括瑞克·达尔泽尔（Rick Dalzell）、汤姆·斯库塔克（Tom Szkutak）和詹森·基拉尔（Jason Kilar）。罗宾还经常请杰夫和柯林审核准则清单。

我（柯林）还记得，"非政治/自我批评"准则中的"领导者要不迷恋自己或团队身上的香水味"这句话就引发了激烈的争论。可以用这种奇特的语言同大众交流吗？这样做，人们还会认真地对待领导力准则吗？最终，我们决定：虽然这句话不合常规，但它具有高效而清晰的表达效果。"身体味道"准则得以保留。

2004年年底，经过数月的商讨和争论，罗宾通过电子邮件将她认为是定稿的"领导力准则9条"发给杰夫。当时，这个准则清单显得数量过多，但每条准则似乎都不可或缺，我们无法就删除任何一条准则达成一致意见。

2005年年初，杰夫通过电子邮件将最终版本的准则清单发给亚马逊的所有管理人员，正式宣布了"亚马逊领导力准则10条"。感谢罗宾出色地整理出这些强大的准则，其文字表述具有可行动性和鲜明的亚马逊风格。例如，"最高标准"准则是这样表述的："领导者要坚持严苛的标准——哪怕很多人都认为这些标准高得离谱。""严苛""高得离谱"等词语具有典型的杰夫风格，因而成为亚马逊的思维方式和表达方式。

随同亚马逊领导力准则和核心原则一起经常出现的，还有一个具有亚马逊特色的重要句子："除非你知道更好的办法。"这句话提醒人们，要永远寻求改变现状的办法。

接下来的数年里，最初的"亚马逊领导力准则10条"有些进行了修改，还增加了更多的准则。即使是今天，这些准则也时常被质疑和改进，根据新的理解和新的挑战随公司一起不断地调适。

现在，亚马逊拥有14条领导力准则——比大多数公司要多得多。它们被展示在亚马逊网站上，同时还有一句话："我们每天都在运用这些领导力准则，不管是讨论新的计划，还是决定解决问题的最佳方案。亚马逊能够独树一帜，就有它们的功劳。"[5]

人们经常会问："你们是怎么记住这14条准则的？"答案不是我们拥有特别好的记忆力。事实上，如果一个公司的准则必须被记住，那这就是警告信号——这些准则还没有充分融入公司。我们能够熟知和记住亚马逊的领导力准则，是因为它们是我们决策和行动的基本框架。我们每天都会碰到它们，用它们来自我对比并相互问责。在亚马逊工作的时间越久，"亚马逊领导力准则14条"就越会成为你的一部分，成为你看待这个世界的方式。

如果你熟悉亚马逊的主要工作流程，就会明白这些准则起着至关重要的作用。员工绩效考核可以很好地说明这一点。绩效考核中的同事反馈和经理反馈，大都集中于考核周期内员工的"亚马逊领导力准则"表现情况或不足。同样，亚马逊面试求职者也是基于领导力准则进行评价的。面试官要花大半个小时的时间参照选定的领导力准则对求职者进行审查，每位求职者通常要接受5~7轮面试。如果加上所有面试官都参加30~60分钟的讨论会，再乘以招聘职位数——写这句话时，仅在西雅图，亚马逊的招聘职位数就达

10000个——那你就会明白亚马逊人为何如此熟悉这些准则。亚马逊领导力准则绝不是海报或屏保上漂亮的口号,而是亚马逊的"活宪法"。

亚马逊领导力准则[6]

1. 顾客至尚(Customer Obsession)。领导者从客户的角度出发,再逆向工作。领导者要努力赢得并维系客户的信任。领导者会关注竞争对手,但更注重客户。

2. 主人翁精神(Ownership)。领导者是主人翁。领导者会考虑长远,不会为了短期业绩而牺牲长期价值。领导者代表整个公司行事,而不仅仅代表自己的团队。领导者绝不会说"这不是我的工作"。

3. 创新简化(Invent and Simplify)。领导者期望并要求自己的团队进行发明和创新,随时寻求简化的方法。领导者关注外部环境,从各处寻找新的创意,不会受"非我发明"的局限。领导者愿意为创新而可能被长期误解。

4. 决策正确(Are Right, A Lot)。领导者在大多数情况下能做出正确的决策。领导者拥有卓越的判断力和敏锐的直觉。领导者寻求多种角度,努力证明自己的想法是错误的。

5. 好奇求知(Learn and Be Curious)。领导者从不停止学习,永远寻求自我提升。领导者对新的可能性充满好奇,并付诸行动加以探索。

6. 选贤育能(Hire And Develop the Best)。领导者要不断地提

高员工招聘和晋升的门槛。领导者能慧眼识才，乐于举荐杰出的人才去各部门历练。领导者要培养领导者，认真对待自己辅导人才的职责。领导者要为员工着想，努力创建"职业选择计划"（Career Choice）等员工发展机制。

7. 最高标准（Insist on the Highest Standards）。领导者要坚持严苛的标准——哪怕很多人都认为这些标准高得离谱。领导者要不断地提高标准，激励自己的团队提供优质的产品、服务和流程。领导者要确保问题不会蔓延，彻底解决问题并确保不再发生。

8. 远见卓识（Think Big）。目光短浅会自我应验。领导者要提出并传递能产生结果的大胆方向。领导者要换个角度思考，广泛寻求服务客户的方式。

9. 崇尚行动（Bias for Action）。速度对业务至关重要。决策和行动很多都是可逆的，不需要过度研究。领导者要注重有计划地冒险。

10. 勤俭节约（Frugality）。力求少投入、多产出。条件限制可以让人开动脑筋、自给自足、不断创新。增加人力、预算和固定开支并不能带来额外加分。

11. 赢得信任（Earn Trust）。领导者要用心倾听，坦诚交流，尊重他人。领导者要敢于自我批评，即使这样做会让自己尴尬或难堪。领导者要不迷恋自己或团队身上的香水味。领导者要以最优标准要求自己和团队。

12. 刨根问底（Dive Deep）。领导者要深入各个环节，随时掌控细节，经常进行数据审核，在数据和客户故事（客户体验）不一致时要提出质疑。领导者要不遗漏任何工作。

13. 敢于谏言、服从大局（Have Backbone; Disagree and Commit）。领导者有责任质疑自己不认可的决策，即使这样做会感到为难和精疲力竭。领导者要信念坚定，矢志不移。领导者不会为了保持团队和气而选择妥协。一旦做出决策，领导者就要全力以赴。

14. 达成业绩（Deliver Results）。领导者要关注业务的核心投入类指标，并按时保质达成业绩。即使遭遇挫折，也要迎难而上，绝不妥协。

亚马逊领导力准则贯穿于公司的所有管理流程和实践。例如，亚马逊采用叙述体"六页纸备忘录"替代PPT汇报季度和年度业务进展，这就要求撰写者和阅读者都必须"最高标准""刨根问底"。"新闻稿/常见问题"（"PR/FAQ"）可以强化"顾客至尚"准则，从客户需求出发逆向工作。（"六页纸备忘录"与PR/FAQ的详细讨论，请参见第4章和第5章。）"木门桌奖"（Door Desk Award）专门颁发给"勤俭节约"和"创新简化"的模范员工。"想到就做奖"（Just Do It Award）的奖品是一只超大号的旧耐克运动鞋，颁发给体现"崇尚行动"准则的员工。获奖者通常是那些在本职工作以外想出绝妙点子的人。该奖特别具有亚马逊风格，即使点子不必付诸实施——即使实施也不必有效——他们也有资格获得此奖。

本书"下篇"将会讲述亚马逊如何推出最成功的服务产品（Kindle、Prime、AWS）——这些漫长而艰难的道路的故事，将提供深度的领导力准则实践案例。

当然，即使这些领导力准则融入了公司组织，它们也无法有效地自我强化——而这就是亚马逊人所说的"机制"（mechanisms）的作用。

机制：强化领导力准则

在亚马逊，你会经常听到一句话："只有良好的意愿没用，建立机制才有用。"没有哪家公司依靠"我们必须加倍努力""下次要记住……"等良好的意愿就能改进流程、解决问题或修正错误。其原因在于，问题的产生不是因为缺乏良好的意愿。亚马逊早就意识到：如果不改变引发问题的基础条件，问题迟早会出现，甚至多次出现。

多年以来，亚马逊一直在落实机制，确保领导力准则变为行动。它有三大基础机制：年度计划流程；S-Team（高层团队，由高级副总裁组成，直接向杰夫·贝佐斯汇报）目标流程；薪酬制度（激励措施同客户和公司的长期最大利益相一致）。

年度计划：OP1 与 OP2

亚马逊非常注重独立自主的单线程团队（详见第 3 章）。这种团队可以让公司保持敏捷性、迅速行动并最大化地降低外部摩擦。不过，团队的独立自主性必须结合精确的目标设定，各个团队都要对标公司的整体目标。

亚马逊的年度计划从夏季开始。制订计划的过程非常艰辛，每个团队的管理者和员工需要紧张工作 4~8 周才能完成。这种艰辛是值得的，因为一个糟糕的计划——更糟糕的是毫无计划——产生的下游成本会高得多。

Team 团队首先为整个公司设定最高层级的期望或目标。例如，早些年，亚马逊 CEO 和 CFO（首席财务官）会提出这样的目标："营收从 100 亿美元增至 150 亿美元"，或者"固定成本降低 5%"。后来，亚马逊将这种方向性目标予以细化，形成更长的、愈加具体的目标清单。比如，划区域和事业部门的营收增长目标；经营杠杆目标；提高生产力，通过节省成本以更低价格的形式回馈客户；产生强健的自由现金流；清楚新业务、新产品和新服务的投资水平。

这些最高层级的目标一旦设定，各团队就开始制订自己更为细化的运营计划（OP1），提出"自下而上"的团队方案。亚马逊会采用叙述体（详见第 4 章）加以评估，以便在相同的时间获得十倍于通常做法的信息量。OP1 叙述体方案的组成部分主要包括：

- 过往业绩评价，包括已达成的目标、未达成的目标以及总结的经验教训
- 来年的关键举措
- 详细的财务报表
- 资源需求（及理由），包括招聘新人、营销支出、设备、其他固定资产等

各团队同财务和人力资源部门合作制订出详细的计划，然后呈交给公司的领导小组。领导小组的层级（董事、副总裁或 S-Team）取决于该团队的规模、影响和战略地位。接着，领导小组会调整自下而上的团队目标与该团队需要达成的自上而下的目标之间的差距。有时候，一个团队需要反复修改、呈交计划，直到自下而上的目标与自上而下的目标达成一致为止。

OP1 流程会贯穿整个秋季，在第四季度的休假高峰期到来前完成。1 月，休假高峰结束后，OP1 会进行必要的调整，以反映第四季度的业绩状况、更新业务发展轨迹。这个较短的计划流程被称为"OP2"，它会形成该自然年度的记录计划。

OP2 会使每个团队都对标公司目标，每个人都知道自己的总体目标，包括营收目标、成本目标和业绩目标。这些指标达成一致后，将被纳入每个团队应完成的业绩目标。OP2 清楚地表明：每个团队必须完成什么目标，打算如何达成这些目标，需要哪些资源才能达成这些目标。

改动是不可避免的，但 OP2 的任何改动都必须得到 S-Team 的正式批准。

S-Team 目标

制订 OP1 期间，S-Team 团队会审阅各个团队的运营计划，并从中选取他们认为最重要的举措和目标。这些被选定的目标，自然就被称为"S-Team 目标"。换言之，我（比尔）领导的亚马逊音乐事业团队 2012 年的运营计划可能有 23 个目标和举措。S-Team

团队和我们共同审阅该计划后,可能从中选取 6 个作为 S-Team 目标。音乐事业团队仍然需要努力达成这 23 个目标,但全年的资源配置决策必须优先保证那 6 个 S-Team 目标。

S-Team 目标具有三大鲜明的亚马逊特色:数量超多,非常详细,有进取精神。S-Team 目标以前只有几十个,但现在已经扩展至每年数百个,遍布公司的各个部门。

S-Team 目标主要是衡量团队当年需要完成的具体活动并能产生理想的商业业绩的那些投入类指标。我们将在第 6 章更为详细地讨论亚马逊如何形成这些确保团队达成商业目标的具体而精确的指标。S-Team 目标必须符合"SMART"要求:具体性(Specific)、可衡量性(Measurable)、可达成性(Attainable)、相关性(Relevant)和时效性(Timely)。实际的 S-Team 目标会具体到:"法国亚马逊网站新增 500 种乐器类产品(第一季度新增 100 种,第二季度新增 200 种……)。""确保软件即时服务呼叫 10 毫秒响应成功率达到 99.99%。""到明年第三季度,广告复投率由 50% 提升至 75%。"

S-Team 目标具有很强的进取性,只有约 3/4 的当年目标可以完全达成。如果所有目标都达成了,那显然说明这些目标的门槛设得过低。

亚马逊财务团队会综合整个公司的 S-Team 目标,并采用集中化工具对它们的绩效指标加以追踪。每个目标都会接受密集的、精心准备的季度审查。审查由 S-Team 会议负责,持续数小时。按季度滚动进行,而不是临时决定。许多公司的高层会议,往往只关注宏观的、高层级的战略问题,不会关注执行问题。亚马逊则相反。

亚马逊的领导者会不遗余力地关注执行细节，不断地践行"刨根问底"这一领导力准则："领导者要深入各个环节，随时掌控细节，经常进行数据审核，在数据和客户故事（客户体验）不一致时要提出质疑。领导者要不遗漏任何工作。"

财务团队会全年跟踪 S-Team 目标，并给出"绿色"、"黄色"和"红色"的状态评定。"绿色"状态意味着未偏离目标；"黄色"状态意味着有偏离目标的风险；"红色"状态则意味着不做出重大改变就不可能达成目标。审查期间，S-Team 会重点关注最需要关注的"黄色"和"红色"目标，然后开诚布公地讨论问题出在哪里、如何解决问题。

OP 计划流程会校准整个公司当年要实现的真正重要的目标。通过优先考虑公司最重大或最紧迫的目标，S-Team 目标可以优化校准。审查有助于维持校准，不管发生了什么，这种机制都可以确保公司所有的重要目标都有人（负责的"主人"）在推进。

这个计划流程会随着亚马逊的成长而与时俱进。虽然整体机制仍然保持不变，但现在零售业务和 AWS 服务有了独立的领导团队——甚至这些板块的大型事业部门也有独立的团队。这些板块都有自己的 S-Team 目标，只是叫法不同。随着组织的不断成长，你也可以采用这种递归程序。

亚马逊的薪酬制度：强化长期思维

上述机制即使再好，也可能因为其他因素而被败坏——最隐蔽且危害最大的，就是普遍实行的高管绩效薪酬。即使你的领导力准则和年度计划说得很清楚，但和财务激励相比，它们的声音也会显得微弱。"有钱能使鬼推磨"——如果你的领导力准则、年度计划和财务激励没有保持紧密一致，那你就不会获得理想的业绩。

亚马逊认为，绩效薪酬中的"绩效"必须是指公司的整体绩效，也就是股东的最大利益，而这反过来也最符合客户的最大利益。因此，亚马逊 S-Team 成员和所有高管的薪酬都重在几年内获得的股权。最高薪资的标准定得比美国同行业低得多。我们在亚马逊时，所有员工的基础薪资最高为年薪 16 万美元（有迹象表明一直如此）。有些新聘高管可能获得签字费，但他们薪酬的大部分（有巨大的上升空间）还是公司的长期价值。

错误的薪酬制度会从两个方面造成目标偏离：一是奖励短期目标而牺牲长期价值创造；二是奖励局部的、部门的目标，而不管它们是否对整个公司有利。这两者都会强力驱动做出那些与公司根本目标相对立的行为。

媒体、金融等其他行业的高管薪酬，大部分都是发放年度绩效奖金。这些短期目标（没错，一年当然是短期）会引发各种有损长期价值创造的行为。有的高管为了薪酬最大化而追求短期目标，故意将某个周期的收入挪入下一周期，因而会吞掉未来业绩，掩盖当前面临的挑战。有的高管为了提高当季销售额、达成短期销售的目标，会超支营销预算，损害未来季度或长期的销售业绩。有的高管为了达成成本控制的目标，会递延支出、推迟运维、减少招聘——这些都会带来长期的负面影响。还有的高管在奖金"装入腰包"前，甚至会故意拖延赴任公司重要的新职位的时间，延误公司的重要计划。相比之下，长期性的股权激励薪酬可以消除这些自私的、代价高昂的行为，使它们失去意义。

很多公司都会给各领导层的核心人物设定完全独立的目标。这种做法会激励领导者相互"挖墙脚"，经常引起公司内斗、信息隐瞒和资源囤积。相比之下，亚马逊的薪酬制度较为简单，而且着眼长远。在亚马逊升职获得的加薪，现金与股权薪酬的比例越来越偏重于长期股权。究其原因，"勤俭节约"这一领导力准则说得很清楚："增加人力、预算和固定开支并不能带来额外加分。"

当然，这种薪酬制度也有消极的一面：其他财力雄厚的公司会想方设法用大笔现金挖走你的顶尖员工。没错，有些员工会为了获得短期的巨额现金薪酬而选择跳槽。但从积极面来看，亚马逊的薪酬制度可以强化其努力培育的公司文化。有时候，失去目光短浅的员工，留住那些着眼长远的员工，没什么不好。

为了防止可能产生利益冲突，亚马逊旗下的全资子公司（包括互联网电影数据库公司 IMDb、网上鞋城 Zappos 和直播平台 Twitch）都采用类似的长期股权结构。这些公司的高管获得薪酬的方式，也同亚马逊其他高管一样，主要是基础薪资加上非常偏重的、鼓励合作的亚马逊公司股权。

＊＊＊

每个公司需要多少条领导力准则和机制，这并没有什么魔法数字。魔法的生命在于实践这些准则。你可以发展出适合自己的准则的数量，只要你关注的是这些准则如何让你的公司的愿景变得清晰，如何驱动正确的、即使 CEO 不在场也为股东和利益相关者创造有意义的长期价值的行为。

还要允许你的领导力准则在必要时与时俱进——随着公司的成长和变化而修改、删减和增加。"好奇求知"就是亚马逊最新增加的领导力准则。"自我批评"已被删掉，其大部分内容融入了"赢得信任"准则。根据变化或更深理解而修改、删减和增加领导力准则，这表明你在做正确的事情。

强有力的领导力准则代表着一个公司的愿景，赋能整个公司做出迅速而正确的决策。如我们所见，编写领导力准则是向前迈进的一大步，但还需要迈出同等重要的一步：将这些准则植入公司的各个核心流程，包括招聘、绩效管理、计划、运营和职业发展。

02　招聘：亚马逊独特的抬杆者流程

招聘的重要性，草率招聘的高昂代价。

传统招聘方法的缺陷（以"绿色公司"为假想例子）。

抬杆者招聘流程的发展，它如何不断地提高公司整体的技能和人才水平。

抬杆者招聘流程如何适用于你的公司。

* * *

亚马逊有位高级副总裁，曾给我们讲过他应聘一家市值数十亿美元的跨国科技公司首席运营官（COO）的情形。面试他的CEO一开始就提出一连串无关的问题，没有一个问题显得有用。令人惊讶的是，经过异乎寻常的漫长的沉默后，他竟然说道："给我讲讲你自己吧，讲讲我从你的简历上看不到的东西。"他还不如说："瞧，我不知道要找什么，也不知道怎么找。你能帮帮我吗？"

亚马逊的高速成长，意味着我们必须发展出缜密的、提高招聘门槛的流程，但这并不是一蹴而就的。我们早期招人，强调应聘者要有优异的学业成绩，能够回答"西雅图有多少扇窗户"之类刁钻的问题。这种方法可以招到聪明绝顶的人，但我们不会告诉他们是否能在亚马逊茁壮成长。那些日子，杰夫经常说："我们要的是传教士，不是雇佣军。"我们在职业生涯中都碰到过"雇佣军"。他们加盟公司，是为了自己快速赚到大钱，不关心组织的最大利益，没有与公司同舟共济的决心。而杰夫所说的"传教士"，不但"信奉"亚马逊的使命，还会践行亚马逊的领导力准则。他们会坚守公司——我们要招的，是能留在亚马逊工作 5 年以上并茁壮成长的人，而不是硅谷那些工作 18~24 个月就离职的人。因此，1999 年，我们就着手开发招聘流程，帮助我们识别和招到符合上述条件的员工。

我们称为"抬杆者"的这种招聘流程，对于亚马逊的高速成长，要量化其所获得的成效或确定其相对于其他因素的重要性，这是不可能的。我们能说的是，那些久经职场的新加盟者通常都会声称，抬杆者招聘流程：（1）与他们以前见到的都不一样；（2）是亚马逊的秘密武器之一。我们不是说这是唯一好的招聘流程，可以完全杜绝糟糕的招聘决定。我们能承诺的是：它比很多公司依赖的招聘方法（或缺乏招聘方法）要好得多，它可以大大地提高招聘的"命中率"。我们外招的领导者，马上就能把他们放到战略性的关键职位，并能见证他们的茁壮成长，而且大都会效力亚马逊 10 年以上——这样的例子不胜枚举。

* * *

重要职位的招聘会带来潜在的积极和消极影响（更不用说投入的宝贵时间），但令人震惊的是，大多数公司的招聘流程都极为缺乏严谨性和分析，这会带来巨大的风险。如果我们那位朋友成功地获得了 COO 的职位，那他就会做出战略决策，直接影响该公司未来数年的成功。假设那位 CEO 必须在一个小时的会议时间里做出重要的决策（比如，投资数百万美元建设新的生产线或新工厂），毫无疑问，他会寻求领导团队的帮助，并进行广泛的分析。他会深入思考：需要哪些信息才能做出正确的决策？要向团队提出哪些问题？他要花费数小时去准备这个会议。

但是，我们那位同事求职的那家全球科技公司的 CEO，似乎并没有花任何时间为面试做准备，也没有怎么想过他需要哪些具体的信息来判定这个应聘者是不是理想的人选。由此，他不但失去了评估这位求职者的机会，也失去了一位理想的人选。从某种程度上讲，正是基于这样的经历，我们那位同事才决定不再寻求该职位。

我们反复指出：所有公司碰到的问题，很多亚马逊也都碰到过。其不同之处在于，亚马逊想出了创新的、带来显著竞争优势的解决办法。亚马逊的招聘方法就是如此，抬杆者招聘流程是亚马逊最成功、可扩展、可复制、可传授的管理方法之一。

* * *

为了理解亚马逊的招聘流程为何那么有效，我们先来看看传统招聘方法的问题所在。面试官缺乏严谨的招聘模式就会陷入一系列的陷阱之中，其中很多陷阱可能让读者感到熟悉又难受。即使是最聪明的面试官也会偏离"脚本"，问一些缺乏明确目的的问题，因而得到的答案根本无法显示应聘者的工作潜能。面试官通常会向非专门的团队反馈和交流这种既缺乏足够的明确性又带有无意识的偏见。只关注应聘者那些无法准确预测其工作业绩的能力，还会使聘用决策偏离正确的方向。无组织的聘用决策会议会导致出现群体思维、确认偏误以及其他认知陷阱，让人当时觉得决策正确但实际上是糟糕的决策。

我们来看看莉娅采用的招聘流程。假设她是一家高速成长的公司——我们权且称之为"绿色公司"——的数字媒体业务主管。由于一个关键的产品经理的职位已经空缺数月，她的团队开始落后于业绩目标。压力之下，她拼命催促找人来填补这个职位的空缺。最终，招聘人员为她物色到了一个很有前途的人选。此人名叫乔，在为竞争对手"红色公司"工作。乔拥有漂亮的简历，工作经历也和莉娅团队的业务领域完全相符。他对这个职位很感兴趣，愿意改变工作地点到"绿色公司"总部上班。面试前的那个晚上，莉娅很激动，她松了一口气——终于找到了理想人选。貌似如此。

乔来到"绿色公司"参加为期一天的"轮番面试"（interview loop），分别同莉娅团队的四名成员面谈，其中最有影响力的是资历深厚、备受敬重的卡尔森。每位成员面试完乔后，就把他移交给下一位，然后回到办公桌旁，兴奋地谈论这位应聘者是多么令人印象深刻。当天下班前，莉娅喝着咖啡，最后面试了乔，印证了她当天听到团队成员们所说的话：乔是一个非常出色的人选。

两天后，莉娅召开团队会议，听取面试情况汇报。她感到谨慎的乐观——终于有人补上了这个重要的职位，乔就是那个能够帮助她的团队重回正轨、达成目标的人。所有团队成员的表情和感觉都比一周前轻松——他们终于有了完整的团队。

会议开始时，他们阅读了三份面试评价报告。这些报告的篇幅相同、内容和看法相当，都是正面评价，但不太具体。产品经理布兰登是这样写的：

> 我建议录用乔担任产品经理。他拥有坚实的背景，曾在"红色公司"和另外两家相关公司做过战略制定和执行工作。他似乎能够很好地理解我们的业务领域面临着哪些独特的挑战，以及我们公司应该如何进军发展迅猛的细分市场。他在"红色公司"的工作经验，有助于分析和评估我们要加盟或收购的那些公司。他对这个行业充满激情。我喜欢他。

读完其他两份近乎相同的报告后，莉娅转头看着卡尔森——他没有写面试评价报告。他表示歉意——他忙于四处"灭火"，因而没有时间写面试反馈意见。他一直在超负荷运转，除了自己的本职工作，还承担着那位空缺产品经理的工作。

卡尔森说得很简洁：他的看法和其他的团队成员一致，不过，对于这位人选，他隐约感到某种不安。但他面试时没有做记录，面试后又一直忙于工作，因而记不起是什么让他不安。会议室里情绪激昂，加之书面报告赞誉有加，因此他决定相信自己同事的评价。

最后，该做决定了。大家轮流发言，表明自己的"录用/不录用"意见。大家热情高涨，都同意录用乔。卡尔森最后一个发言，他也投了赞成票。莉娅告诉大家，她当天下班前就会给乔发录用通知。

这种招聘流程存在几大缺陷。首先，团队的成员在面试后会相互交流想法，随后的面试官出现偏见的可能性就会变大。卡尔森未能及时记录自己的评价，这意味着团队失去了经验最丰富、最有见识的成员的智慧。

卡尔森出现这种行为——对他来说并不常见——是因为"紧迫偏误"（urgency bias）影响着整个招聘流程。一个关键职位长期空缺、一位关键员工身兼两职，整个团队都感到了时间的压力，迫使他们在招聘过程中更加关注应聘者的优点，而忽略了其缺点。

书面评价的质量也存在缺陷。例如，布兰登的评价报告表明，他面试时提出的问题缺乏**针对性和目的性**。他评价乔"拥有坚实的背景……做过战略制定和执行工作"，但对于乔在这方面的实际成就并没有提供任何详细而可信的事例。团队如何知道乔过去的工作经历能否预示他会成为"绿色公司"的高绩效员工？

该团队还受害于某种严重的"确认偏误"（confirmation bias）——人们倾向于关注他人确认的正面信息，而忽略负面和矛盾的信息。轮番面试交接时，面试成员都会在团队会议室里交谈。刚面试完乔的那位面试官做出的积极评价，会影响下一位面试官，他也去寻找乔的那些优点，并在其评价报告中加以强调。反馈会议也较为缺乏组织性，因而引发了团队的"群体思维"，看重彼此的意见，希望通过"录用"决定有助于问题的解决。

莉娅也犯了一个严重错误，这个错误虽然与乔的录用无关，但可能会影响团队的长期业绩。每个人都清楚，卡尔森的表现不尽如人意，他没有提交书面的反馈意见。然而，莉娅没有就此问责。她错失了机会强调：书面反馈意见是招聘流程的必备要素，忙碌不是在如此关键之事上失责的"特别通行证"。她没有坚持最高标准（亚马逊领导力准则之一），事实上，她在降低标准。

所有糟糕的录用决定都会付出代价。最好的情况是，新录用的员工很快就显得不称职，加盟不久就离开公司。即便如此，付出的短期代价也是巨大的：该职位可能会长期空缺；面试的团队浪费了时间；在此期间，优秀人选可能被错失。最坏的情况是，新录用的不称职的员工继续留在公司，不断地做出错误决策，造成大量的不良后果。同时，他还是一个薄弱环节，会将整个团队拉低至他的标准。即使他离开了公司，公司仍会长久地为此付出代价。不管录用乔会付出怎样的长期代价，莉娅和她的团队都将为自己的错误埋单。

事实上，他们的确如此。结果证明，乔并不称职，团队的成员不得不挤出时间去做乔无力胜任的工作、弥补他犯下的错误。入职六个月后，莉娅和乔都认为这样不行，于是乔离开了公司。时间依然紧迫，而且有些担心再犯错，所以团队不得不再次进行整个招聘流程。

个人偏见与紧急招聘的影响

其他形式的认知偏误也会影响招聘流程，其中一种有害的认知偏误就是"个人偏见"（personal bias）——人们会本能地结交与自己具有相似之处的人。人们天生就喜欢录用那些与自己具有相似之处的人：教育背景、工作经历、职能专长和生活经历。拥有密歇根大学学位、任职于麦肯锡公司、和家人住在郊区、喜欢打高尔夫球的中年管理者，往往会受到具有这些相似之处的应聘者的吸引。他们会从成堆的简历中挑出那些最像他们的应聘者，然后带着对这些应聘者的积极期望走进面试室。这种做法显然存在问题：一、这些表面的相似之处通常与工作的业绩毫无关系；二、这种招聘往往会促使员工同质化，视野更加狭窄。

紧迫性可以带来好处，因为我们会专注于那些必要的事情。但对于招聘而言（正如我们所见的莉娅和她的团队），紧迫性会催生急迫感，因而会让人走捷径，忽略必要的步骤，造成灾难性的后果。假设你是亚马逊一个发展迅速的部门的团队主管，负责一个非常重要的、有多个 S-Team 目标的项目。你很清楚，要完成这些目标，就必须招人。你的团队在超负荷运转，士气受损。现在，除了要拼命完成自己的工作，你还得撰写职位描述，协调招聘专员的安排，筛选简历，进行电话面试和当面面试，撰写和阅读面试反馈意见，参加面试情况汇报会，然后讨论、推荐和录用选中的应聘者。你还必须要求本就压力重重的团队成员挤出时间面试应聘者。如果你亟须招人填补软件开发工程师、机器学习专家等空缺的职位，那紧迫感就会更强，工作更紧张。红衫资本（Sequoia Capital）的研究表明，硅谷的初创公司每年平均花费990个小时才能招到12名软件工程师！[1] 这相当于每招1个人就要花费80多个小时，而团队本就人手不足、时间紧迫，要挤出这些时间，只会使补缺职位更加紧迫。

要发现"超级明星"，剔除"朽木之才"，几乎不用花费任何时间，但大多数应聘者都介于两者之间，而这正是认知偏误产生的时机。如果你只是挑选那些具有你熟悉的特征、你感觉亲切的应聘者，那他们很可能会胜出。有时候，他们的确会获得成功，但这只会使事情更加糟糕，因为它强化了这样的想法：你的招聘流程相当不错。

成功的招聘还有一大阻力：缺乏结构化的流程和培训。虽然不少知名公司也存在这个问题，但初创公司和成长型公司特别容易毫无流程地招新。一个刚任职两周的经理，可能就要马上招到10个人来组建新团队。如果缺乏正规的面试和招聘流程框架，驱动管理者的，往往就会是紧迫性、偏误和图省事，而不是目的、数据和分析。

对于迅速成长的公司而言，这会带来灾难性的后果。短时间内（比如说一年），初创公司的员工会从50人猛增至150人。随着商业模式和银行融资成功，公司进入高速成长期，员工会从150人增至500人，甚至更多。似乎是一夜之间，公司新员工的数量就远超老员工，这会促使公司的文化被永远地重新定义。领导力培训教练、前海豹突击队队员布伦特·格里森（Brent Gleeson）写道："组织文化有两种产生方式：一种是，自组织建立伊始就清晰地定义文化并加以培育和保护；另一种，通常是团队成员的信念、经验和行为的集体结晶。不管是哪种方式，不管是好是坏，都可以产生组织文化。"2

随着员工数量的急剧增加，公司的创建者和早期员工往往会感到自己正在对公司失去控制——公司不再是创立之初的模样。他们回头看，意识到问题的根本原因是缺乏招聘流程或招聘流程不够清楚。他们招聘的那些人，不是体现、强化或提升公司文化，而是在改变公司的文化。

抬杆者采用前的亚马逊招聘方法

上述因素的影响，亚马逊也未能幸免。公司创立初期，所有的面试和招聘杰夫都会亲力亲为。不瞒你说，他会询问求职者的高考成绩，即使这位求职者面试的是客户支持或配送中心的职位，而这些职位和高考成绩并不相关。杰夫的学业成绩优秀，因而偏爱那些成绩同样优秀的应聘者。据公司传说，杰夫还喜欢随机提问测试，比如："洛杉矶国际机场每年的客流量是多少？""窨井盖为什么是圆的？"因此，亚马逊早期录用的员工，很多都拥有名校的高等学位，并擅长回答刁钻古怪的问题。（窨井盖之所以是圆的，主要有两个原因：一是圆形盖子不会掉入圆形窨井里；二是圆形的盖子容易滚动。）人们渐渐发现，这类问题有助于评测应聘者的智力和脑子的快速反应能力，但无法有效地预测他在某个岗位上的能力表现或组织领导能力。

随着西雅图总部员工数量的增加，杰夫无法再亲自参与所有的面试了，所以招聘流程和录用决定交由各个部门的领导层各自负责。亚马逊早期的员工、我（柯林）的同事约翰·弗拉斯泰利察直白地告诉我："我们当时是新人招聘新人，新人再招聘新人。"

1999年，公司软件团队由瑞克·达尔泽尔和乔尔·斯皮格尔两个人共同领导。除了首席技术官（CTO）谢尔·卡潘，所有产品开发人员（包括我）都是对瑞克或乔尔负责。几乎所有的软件团队都有激进的招人目标。如果某个团队招人的速度不够快，很可能就无法完成当年的工作目标。

当时，我们从一家规模更大、创立更久的零售公司招来一位主管，交给他组建几个新团队的任务。他新招的首批员工来自他此前任职的公司，他们担任团队经理后又开始各自招人。说我们当时的办公空间局促，这还是委婉的说法，我们每间办公室都会摆放两张、三张或四张办公桌，直到占满所有空间。如果过道够宽，我们还会沿墙摆放办公桌。如果你和同事基本上是贴身办公，那你不久后就会知道，谁在茁壮成长、谁在拼命挣扎。很快，我们就发现：这些新员工的能力水平远低于软件团队的其他成员。这位新主管的部门每次招新，亚马逊产品开发团队的整体水平都会下降，而不是提高。

对于这样的问题，公司的标准反应可能是瑞克或乔尔希望这位新主管"改进工作，招到聪明能干的软件工程师"。也就是说，依赖良好的意愿。其问题是，这位新主管无从知道亚马逊录用新人的价值标准，也没有监管机制或招聘流程告诉或防止他录用资质平平的员工。亚马逊一直在高速成长，员工的数量从1997年的约600人猛增到2000年的9000人，到2013年，人数又增至10万（截至本书写作时的2020年，亚马逊的员工人数接近100万）。对于这样高速发展的公司来说，只有良好的意愿是无法解决招聘问题的。但是，机制可以解决问题。这要归功于瑞克和乔尔，他们早在1999年就清楚：即使他们纠正了这次的个别情况，随着公司继续高速发展，肯定还会碰到同样的问题。

瑞克、乔尔和约翰·弗拉斯泰利察（时任公司技术招聘主管）开始制定为亚马逊招到符合公司文化的优秀人才的招聘流程。从一开始，他们就盯着这个核心问题：不管公司如何发展壮大，都要保持一贯的招聘标准。因此，与大家传说的不同，后来为人所熟知的抬杆者流程不是杰夫发起的自上而下的行动，而是对一个亟须解决的具体问题所做出的反应。不难看出，亚马逊领导力准则自公司创立初期就在逐渐发展。瑞克、乔尔和约翰发现了问题，然后制订出可扩展的解决方案——最初叫作"守杆者"计划，不久之后改名为"抬杆者"计划。他们将计划报给杰夫，杰夫非常支持并提出了一些改进建议。这次会议之后，公司任命了首批20位抬杆者。截至本书写作时，快21年过去了，其中几位仍在亚马逊担任抬杆者。事实证明，抬杆者计划非常成功，一经推出，很快就被亚马逊所有部门采用。

抬杆者招聘流程

亚马逊抬杆者计划的目标，是为高效而成功的招聘决策设立可扩展、可复制的结构化流程。同所有好的流程一样，它也易于理解，易于传授给新人，不依赖稀缺资源（比如某个人），具有确保持续改进的反馈回路。抬杆者招聘流程成为亚马逊工作法"工具箱"中创立最早、最成功的工具之一。

正如我们前面讨论的那样，许多传统的面试方法依赖于面试官的"直觉"，没有结构化的框架，容易被认知偏误左右。的确，优秀的面试官凭借敏锐的直觉就能预判谁会成为出色的新员工，还能够克服面试过程中出现的认知偏误。但依赖几个优秀面试官的问题在于：它不可扩展，很难传授。他们的那些特质不具有普遍性，因此缺乏结构化的框架，就无法确保每个参与者都知道如何进行出色的面试工作。亚马逊抬杆者流程的设计目的，就是提供这种框架，最大限度地降低招聘程序的随意性，增强招聘效果。

"抬杆者"这个名字，既指招聘流程，也指在招聘流程中起核心作用的抬杆者团队。构想抬杆者计划时，瑞克、乔尔和约翰受到微软公司的启发——乔尔加盟亚马逊前曾在微软工作过。对许多（但并非所有）录用人选，微软公司都会指派经验丰富的"AA"（As-App）面试官进行终面。"AA"面试官的作用，是确保只录用优秀人才。即使空缺的职位没有招到人，他们也不会被惩罚，因而他们的决定不会受到紧迫性的影响。

亚马逊的抬杆者会接受特别的培训，每个面试环节都要参与。

采用这个名字，是想告诉招聘流程的所有参与者：每个新招来的人都应该"抬高标准杆"，也就是说，在某个（或更多）方面要优于团队的其他成员。其理念是：每次招人都抬高标准，团队就会越来越强大，绩效就会不断提高。抬杆者不能是招聘经理或招聘专员。抬杆者被赋予特别的否决权，可以推翻招聘经理的决定。

亚马逊的首批抬杆者，由瑞克、乔尔和约翰亲自挑选。他们都具有出色的面试技巧、人才评估能力和领导能力，坚持高标准，深受同事和招聘主管的信任。

这些年来，抬杆者计划遇到很多本不该有的阻力。招聘经理急于完成杰夫或其他领导者设定的招聘目标，却不能及时招到需要的人，这样的情况数不胜数。抬杆者拥有否决权，这被短视的经理视为妨碍招聘进程的"大敌"。起初，许多新加盟亚马逊的资深领导者也深感困惑。很多人问是否可以破例。这当然是问题的一部分——招人总会有紧迫感。不过，我们从未见过经理被允许走捷径的情况。成功的经理很快就意识到，他们必须投入大量的时间和加倍的精力，去搜寻、招募和录用符合亚马逊标准的人。如果不能为招聘和面试投入时间（除了日常工作），经理就无法待下去。在亚马逊，你必须超时工作、勤奋工作和动脑工作，别无它法。

这个计划效果很好：20多年来，亚马逊开发了数百个工作流程，而抬杆者可能是使用最广泛、最持久的流程。

抬杆者招聘流程共有八个步骤。

- 职位描述
- 简历筛选

- 电话面试
- 现场面试
- 书面反馈
- 汇报/录用会议
- 背景调查
- 录用通知

职位描述

没有清晰、明确地供面试官评价应聘者的书面职位描述（JD），要招到对的人，即使有可能，也比较困难。在亚马逊，招聘经理负责拟写职位描述，抬杆者可以审查。好的职位描述必须做到明确具体、重点突出。所有职位都有某些标准要求，比如符合亚马逊的领导力准则，但大多数要求都与具体职位相关。例如，销售经理的职位描述可能具体到销售类别（内部销售或外部销售）、企业型销售或交易型销售（客户长久和销售金额高 VS 一次性交易和销售金额较低）和职位级别（高级经理、主管或副总裁）。软件开发工程师的职位描述可能具体写明：应聘者必须具有设计和编写高可用性、高扩展性和易维护的系统代码的能力。其他职位的描述可能会具体到与卖方的谈判能力或跨部门团队的管理能力。如果是对新职位的描述，面试团队通常会同招聘经理和抬杆者开会审查职位描述、提问，使描述清晰化。通常，这个过程会显露出招聘经理未能明确的关于某个职位的方面。

大多数招聘经理急于启动招聘流程，如果没有这个审查过程，他们拟写的职位描述往往会含混不清或显得过时。这个错误很难弥补。如果职位描述不具体写明岗位职责和技能要求,招聘流程肯定会碰到问题,甚至会失败。电话筛选和面试的人必须清楚职位描述,才能提出正确的问题,获得决定是否录用所需的信息。我们参与过多场招录汇报会,因为糟糕的职位描述而发生了冲突:面试官寻求的是某些技能,而招聘经理要求的是别的东西。随着公司迅速成长、需要补缺的各种职位的数量不断增加,这会构成巨大的挑战。

简历筛选

职位描述一旦确定,就该寻找理想的面试人选。招聘专员——通常是但并非都是亚马逊员工——和招聘经理通过互联网、领英(Linkedin)和招聘广告收到的简历寻找职位人选。招聘专员根据他们的简历与职位描述中的职位要求之间的匹配度挑选最有价值的人选。如果招聘专员挑选的人选符合招聘经理的预期,这表明职位描述写得清晰、具体。如果人选偏离目标,职位描述可能就得修改。例如,向自主型团队过渡期间(详见第3章),我们招聘的协调员的职位数减少,开发者和创建者的职位数增加。因此,职位描述的语言就需要修改。修改职位描述之前,我们收到的很多简历都含有"擅长团队协调"等技能,而这样的简历是应该被筛掉的。

电话面试

完成简历筛选后,招聘经理(如果是技术职位,他会指定他人)会对每个候选人都做一个小时的电话面试。电话面试时,招聘经理会向候选人详细地描述该职位,要求候选人介绍自己的背景以及选择亚马逊的原因,以此来建立某种融洽的关系。前45分钟时间,是招聘经理向候选人提问以及必要时跟进提问的时间。这些问题由招聘经理提前拟好,目的是引导候选人讲出过往的行为事例("给我讲讲你的一次……"),重点是提出关于亚马逊某些领导力准则的疑问。通常,最后15分钟会留给候选人提问。

电话面试之后,招聘经理会根据目前收集到的资料,决定是否倾向于录用这位候选人。如果是,候选人就会获邀参加现场面试。有时候,招聘经理对候选人没有把握,也会邀请他参加轮番面试,希望这样做有助于录用决定。这种做法是错误的。大多数时候,那些"可疑"的候选人都不会被录用,而大量时间已经因此被浪费掉了。电话面试后,如果招聘经理不倾向于录用候选人,就不应该让他参加耗时费钱的轮番面试。有很多变量(比如职位、招聘经理、简历筛选的数量和质量)都会影响候选人通过电话面试和参加现场面试的比例,不过,合理的平均比例为四分之一。亚马逊会追踪和报告候选人通过整个招聘"漏斗"的数量和比例,并利用这些数据改进招聘流程、培训招聘经理和招聘专员。这是招聘流程运转良好的标志。

现场面试

现场轮番面试要花5~7个小时才能完成，需要数个面试官参与，而他们无疑都有着自己的工作职责和任务。因此，这个步骤必须认真计划、准备和实施。招聘经理负责组织这个轮番面试，他决定面试官的数量以及职位、专业、等级、技能等方面的代表性搭配。最高效的轮番面试通常有5~7位面试官。亚马逊发现：面试官超过这个数量，效果往往会降低；面试官少于这个数量，就无法全面地了解候选人。无论面试官的确切数量是多少，轮番面试官都会包括招聘经理、招聘专员和一位抬杆者。

轮番面试官需要满足几个重要的条件。第一，必须接受亚马逊招聘流程培训。亚马逊开设了为期半天的课程，专门讲解招聘流程如何运作、如何进行面试。培训结束后，面试官要同一位经验丰富的高级面试官结对，共同参加至少一次的真实面试，然后才能单独进行面试。

所有面试官的职级原则上不低于候选人，面试官也不应是候选人未来的直接下属。人们都希望在招聘自己未来上司时拥有发言权，如果被排除在招聘流程之外，可能会感到沮丧，但让直接下属面试未来上司的做法是错误的。候选人面试时会感到不安，直接下属通过汇报会知道候选人的弱点以及其他人对这些弱点的看法——这会导致团队今后的运转出现问题。此外，如果直接下属不倾向于录用候选人，而你录用了他，那也不会有好的结果。

事实上，在抬杆者计划推出之前，我们的一位前同事参与了他的未来经理的招聘。他给出了强烈的"不予录用"的反馈意见,但那位候选人最终还是被录用了。后来,招聘专员将我们同事的负面反馈意见交给那位新人看。在第一次团队会议上,这位新任上司将那份反馈意见扔向我们的那位同事,似乎是在有意挑衅。借用那位同事的话说,当时的情况"非常奇怪"。一年后,这位上司离开了公司。

亚马逊的现场轮番面试具有两个鲜明的特色:行为面试和抬杆者。

1. 行为面试

如前所述,创立初期的亚马逊没有非常正式的面试操作指南,只要管理者和面试官认为有意义的问题,他们都可以提问。

最终,面试流程最重要的目标变得清晰:评估候选人过去的行为和工作方式同亚马逊领导力准则的契合度。管理者和面试官很快就发现,候选人的基本信息(教育背景和工作经历)不太可靠,无法预估候选人基于亚马逊领导力准则工作的能力。

评估候选人的工作技能,我们也采用较为常见的方法。例如,要求软件工程师候选人在白板上写软件代码。不过,评估候选人对亚马逊领导力准则的体现程度,我们采用的是"行为面试法":面试团队的每位成员会被分配一条或多条亚马逊领导力准则,然后轮流提出与该领导力准则相关的问题,尽量探到两类信息。第一,面试官希望候选人提供详细的事例,说明他对解决某些难题的个人贡献,以及在亚马逊这样的工作环境中会如何表现。第二,面试官希望了解候选人如何完成自己的目标、他的方法是否符合亚马逊领导力准则。"谈谈你的工作情况""聊聊你自己吧",这类笼统而开放的问题常常是浪费时间,不会给出你所需要的具体信息。被问到这类问题,大多数候选人都会抓住机会,挑好的方面讲,甚至会美化一番。

相反,我们提出的问题会对应所分配的领导力准则。例如,如果面试官分配到的领导力准则是"最高标准",他就会问:"你的团队计划推出某个新产品或新项目,而你反对该计划,因为你认为它还不够好。你能给我举一个这样的事例吗?"

候选人给出答案后,面试官还会追问下去。每个跟进问题的设计,都是为了获取具体的信息,这对判断候选人在过去某个成就上所发挥的作用尤为重要。有些候选人会把团队的功劳据为己有,或者夸大自己角色的重要性。更多的候选人出于谦虚,会贬低自己的作用,因为他们不希望显得自吹自擂。对于这两种情况,面试官都要继续"刨根问底",从而获得真相。

亚马逊的面试官深挖真相的方法,是 STAR 法(Situation——状况,Task——任务,Action——行动,Result——结果)。

"当时是什么**状况**?"

"你的**任务**是什么?"

"你采取了什么**行动**?"

"**结果**如何?"

优秀的面试官会继续提问,直到认为已经充分了解了候选者在团队成就中的个人作用。能够显露这种信息的其他问题包括:"如果你被指派去做的是别的项目,而不是 X 项目,那 X 项目会有什么不同?""X 项目最艰难的抉择是什么?是谁做出的这个抉择?"

有些面试会重点关注职位必要的具体技能。例如，面试软件开发工程师等技术职位时，面试官会要求候选人编写软件代码、解决设计问题、开发算法或展示相关学科领域的知识。

面试官还要保持对面试的掌控。我们都碰到过这样的情况：为了回避某个问题，候选人会绕圈子、转移话题。或者，候选人感到紧张，为了平复紧张的情绪而大声说话。碰到这些情况，面试官要知道如何礼貌地打断候选人，继续下一个问题。

我们前面提到过，电话面试时要同面试者建立融洽的关系，现场面试也要继续这样做。亚马逊要求面试官记住：每位候选人——不管是否胜任该职位——都是亚马逊的潜在客户和销售线索。他会将自己的面试经历告诉朋友或同事。有时候，这很难做到，尤其是你已经认定这个候选人不适合该职位或亚马逊，但你必须做到。（相关建议，请见附录一。）

2. 抬杆者

抬杆者会参与所有的轮番面试，确保面试流程规范，杜绝错误的录用决定。他们还要在面试过程中为其他面试官树立良好的榜样。除了完成一轮面试，抬杆者还要做的工作有：辅导其他人掌握面试技巧，在面试汇报会上提出追问性问题，确保个人偏见不会影响录用决定，决定候选人是否达到或超出公司设定的录用标准。

抬杆者要接受培训，成为面试环节各个方面的专家。负责培训计划的，是高级抬杆者（叫作"抬杆者核心"）小组，主要由副总裁和主管组成（比尔也是小组成员）。核心小组的成员通常具有多年培训经验，参加过数百次面试，精通面试、汇报，会管理，善于决策，能够辅导和培训其他抬杆者。

潜在的新抬杆者由现任抬杆者和核心小组的成员挑选。经过核心小组审核和临时批准后，他们要参加由核心小组成员领导的培训课程。培训结束后，他们和抬杆者结对，跟随学习和接受辅导，并再次接受核心小组的工作审核。并非所有的抬杆者候选人都会得到批准，他们可能无法将培训用于实践，可能面试技巧不够好，也可能无法有效地主持汇报会。

不过，必须强调：抬杆者的面试技巧，几乎每个人都能学会。并非每个人生来就是伟大的面试官，但经过正确的训练和辅导，都可以学会高效地提出针对性问题和追问性问题。

抬杆者不会获得绩效加薪或奖金，同时还得完成本职工作。抬杆者获得的唯一荣誉，是公司网站员工名录里的姓名旁有一个标志。但这是一个令人羡慕的角色，因为抬杆者可以直接参与招聘流程，确保亚马逊招到顶尖人才。

还要指出：同亚马逊的其他工作流程一样，抬杆者流程也一直在"进化"。为了适应这家员工人数近百万的公司的招聘需求，亚马逊现在拥有多个抬杆者核心小组。这个例子再次说明：亚马逊工作流程的设计，从一开始就是为了扩展。

书面反馈

正如前面那个"绿色公司"的例子指出的，高效的招聘流程必须有书面反馈，这意味着所有面试官都要详细地记录面试情况——尽量逐字记录。有些面试官会根据问题创建一个文件，用于记录。

有些面试官用电脑做记录，而有的就在纸上或候选人简历的背面手写。（面试开始时，你要向候选人解释你会做记录及其原因。）你记录的是面试收集的资料，然后利用这些记录形成书面反馈。如果你没有做完整而详细的记录，那就等着抬杠者找上门来吧。

书面反馈要做到具体、详尽，还要有事例说明候选人关于相关领导力准则的表现情况。书面反馈应在面试结束后立即完成，以确保所有重要信息不被遗忘。我们发现，聪明的做法是：面试结束后，立即空出15分钟时间完成书面反馈。反馈要写得准确、清晰，不需要写作者亲自说明，他的结论就能被理解。同样，这在亚马逊不是"自选动作"：用口头反馈代替书面反馈是绝对不被接受的。

书面反馈包括面试官对候选人的投票决定。只有四个选项：强烈建议录用，建议录用，建议不录用，强烈建议不录用。没有"未决定"选项。不允许有废话、附带条件或附加说明——绝对不能这样写："我建议录用，但我是抽午餐时间做的面试，面试不完整。""我拿不准，想听听其他人的看法，然后再做决定。"在某些情况下，你可以这样写："我建议录用候选人为高级经理，但不建议录用为主管。"一般而言，职位级别在职位描述中就已确定，但有时候招聘经理可以提供多个职位空缺，这应该在职位描述中予以注明。为了避免偏误，面试官提交自己的书面反馈前，不能查看或讨论其他成员的投票、评价或反馈。

汇报 / 录用会议

一旦现场面试完成、书面反馈和投票决定收齐，面试官就会召开现场或视频会议，汇报面试的情况，做出是否录用的决定。汇报会由抬杆者主持，应尽早召开，通常于现场面试结束后一两日内举行。汇报会一开始，大家会阅读所有的面试反馈。接着，抬杆者询问大家："各位已经读完所有的反馈，有人要改变投票决定吗？"这样做的原因是每位面试官都是基于自己面试时收集到的资料做出的投票决定。轮番面试官有五个人，这意味着他们只占有五分之一的资料就要投票。每位面试官都读完所有面试反馈和评价后，就增加了四倍的信息来做决定。有了这些新增资料，他们可能会确认初步投票的结果，也可能改变投票决定。两种结果都是有效而适当的，基于新增资料改变投票决定，这没有什么可羞愧的。

抬杆者还会采用另一种方法来启动会议：在白板上列出两栏领导力准则清单，一栏为候选人达到标准的，另一栏为候选人未达到标准的。录用会议不只是简单计票，否则就没必要举行，除非赞成票数和反对票数相等。高效抬杆者会采用苏格拉底对话法：提出开启批判思维的问题，引导对话，让所有人（至少是大多数人）对候选人的结论达成一致。会议的最后，招聘经理（经抬杆者批准后）做出录用或不予录用的决定。如果招聘经理或抬杆者觉得信息不够充分，无法做出决定，那就是流程上游做得不好（比如，个别面试官未能对候选人就相关领导力准则做出有效的评估）。

抬杆者动用否决权的情况极为罕见。我们知道这一点，是根据我们的亲身经历以及对面试官的非正式调查统计，他们在15年内总共完成了约4000次面试，我们发现否决权只被动用了三次。一次发生于这个招聘流程实施初期的1999年，另外两次是招聘经理刚加盟亚马逊，还未适应这个组织。相反，高效的抬杆者会分享正确的记录事例，对面试团队和招聘经理的问题提出追问，帮助他们明白某个候选人为何没有达到或超出标准。

抬杆者招聘流程（特别是汇报会）需要有个适应的过程——我们见证过无数次的录用会议，新任招聘经理首次参加抬杆者主持的汇报会，明显感到无所适从。他们更习惯于传统的招聘方法，由他们（招聘经理）或招聘专员主持这个会议。此外，新任招聘经理还会急于向大家推销候选人。在亚马逊，他很快就会明白：他不主持这个会议，也不能向其他面试官推销候选人。面试官的作用，是帮助招聘经理收集信息和做出明智的决定，而不是妨碍招聘工作。招聘经理的最佳做法，是倾听、了解、偶尔发言。这种流程设计，是为了防止紧迫性和偏误对录用决定产生负面影响，以免造成时间浪费和长期痛苦。

需要指出的是，很多公司没有录用汇报会。相反，招聘专员和招聘决策者审阅书面反馈，然后两个人就在一起讨论。亚马逊的汇报会为每个面试官提供了相互学习、提高人才评估能力的机会。如前所述，抬杆者的一个作用，是指导和辅导各轮面试官。如果抬杆者发现有差错，就要给予实时辅导和反馈，帮助招聘流程重回正轨。有时候，优秀的抬杆者会将更多的时间用于汇报会上的指导和辅导，而不是评估候选人。

背景调查

现在的抬杆者招聘流程已经不太强调背景调查，因为它几乎不会影响录用决定。不过，为了完整起见，我们简单地谈谈当初是如何实施背景调查的。面试团队决定录用候选人后,招聘流程并未结束。接下来,招聘经理或招聘专员会要求候选人提供4~5名推荐人。理想的推荐人包括以前的上司、同级、下属以及工作关系密切的同事,如有可能,最好是多年共事的推荐人。

然后,招聘经理(不是招聘专员)会致电推荐人,进一步询问和核实候选人的技能和以往的工作表现。通常会得到有效回应的问题是:"如果有机会,你还会录用这个人吗?""在你的下属或同事中,你给这个人的百分位排名会是多少?"

招聘经理致电推荐人,有助于确认招聘决定、加深对候选人的了解,毕竟他即将成为亚马逊的同事,要依靠他帮助团队达成重要的工作目标。

录用通知

面试团队决定录用候选人后,接下来会怎么做呢?在许多公司,招聘经理会让招聘专员发出录用通知。这种做法是错误的。招聘经理应该亲自发出录用通知,并向候选人推销该职位和公司。你选择了候选人,但并不意味着候选人会选择你。你必须假定:优秀的员工,其他公司(包括他现在的雇主)也会努力"追求",随时都有失去这位候选人的风险。在他报到入职之前,一切都存在变数。

因此,招聘经理和团队成员必须继续参与这个过程,要让候选人对公司和未来团队的同事保持兴奋感。未来数年里,他的大部分时间可能都要和这个团队共事。招聘工作到了发放录用通知阶段,团队还可以做很多事情，确保投资获得回报。

录用通知发出后，团队成员要联系候选人。至少每周联系一次，直到他做出最终的决定。可以采用电子邮件等简单的联系方式，表明你非常期待他加盟团队。有时候，我们会给候选人送去"书籍炸弹"——我们认为他会喜欢的成摞的图书，或者他最喜欢的 DVD。也可能请候选人喝咖啡或吃午餐。重要的是，姿态要真诚和私人化。

这个最后阶段的目的，是加深对候选人的了解，弄清楚影响他入职决定的关键因素。有时候，你了解到的情况会让你吃惊。可能候选人对职位和薪酬都感兴趣，但他的配偶对工作的某个方面持保留意见。如果你录用的是刚毕业的大学生，那他父母的意见就举足轻重。发出录用通知后，要通过交谈发现阻碍候选人做出入职决定的原因，然后尽力加以解决。

请人协助搞定候选人，这可能也是有用的办法。可能你现在的某个员工是候选人以前的同事、校友等，他消除了类似的保留意见或质疑薪酬、工作方式或其他让候选人犹豫不决的问题。要大胆地邀请 CEO 或副总裁通过某种方式参与联系候选人。非招聘团队成员的电子邮件或简短的通话，也可能有助于搞定候选人。

抬杆者的变通

本书讨论的亚马逊工作流程，很多都一直在"进化"，抬杆者招聘流程也是如此。尽管其核心要素并没有随亚马逊的成长而改变，但很多团队对这个流程进行了微调，以解决具体的问题。不要害怕这样做。

例如，亚马逊的某个团队需要招聘几位初级软件开发工程师，他们发现，轮番面试后，"不予录用"的候选人的比例高于其他团队。他们推测，这是因为电话面试通过后，获邀参加现场面试的候选人数量过多。为此，他们决定做**两轮**电话面试，再邀请候选人飞往西雅图参加现场面试。不管这种做法是否会改进招聘，其出发点是正确的：以其他团队的招聘数据为基准，这个团队意识到招聘流程出了问题。

在另一个例子中，抬杆者招聘流程经过简单的微调，就产生了意外的积极效果。有位主管希望提高团队的性别均衡性。接下来的季度里，他们的努力获得了巨大的成功，引起了其他部门的注意。被问及是如何做到的，该团队透露了一个非常简单的方法：提交简历的所有女性申请者自动进入电话面试。必须指出：这种做法没有降低招聘标准，也没有因为性别而偏袒不合格的候选人。如果候选人没有通过电话面试，就不会进入下一个招聘流程。

这个做法表明：以往的面试，如果候选人的姓名表明其是女性，招聘者潜意识的偏见就会影响简历筛选。因此，优秀的女性候选人很可能被过早地拒之门外。这位主管的睿智做法为我们提供了一个很好的例子：简单地改善招聘流程，就能提高招聘效率，而且不会损害核心准则。它还提醒我们：要随时留意那些未被察觉的偏误，它们会影响招聘结果。

抬杆者与多样化

本书完成之时（2020年6月），"黑人的命也是命"运动（Black Lives Matter）正以前所未有的方式，将种族、多样性、公平、包容等问题变成全民对话的中心话题。今天，建立多样化的、以公平和包容方式管理的员工队伍，已经成为所有公司或机构最重要的目标之一。我们不知道实现这个目标有何方法或路线图，所以，我们不想在本书中给出解决方案。不过，我们认为，抬杆者招聘流程可以是实现多样性、公平性和包容性的长期整体计划的有效组成部分。

抬杆者招聘流程的设计目的，是最大限度地消除个人偏见，同时使招聘决策是最大化地基于数据、候选人的工作内容及其工作与领导力准则的匹配程度做出的。如前所言，如果面试和录用流程缺乏结构性，自然就会出现个人偏见。面试前准备好行为面试问题、坚持书面反馈，面试后（做出评价前）阅读面试记录、召开面试汇报会、基于书面反馈做汇报会、基于领导力准则的理解做出评价，抬杆者招聘流程的这些步骤都是为了消除个人偏见。招聘团队成员的多样化，可以明显地降低无意识偏误潜入招聘流程的机会。

这并不是说，抬杆者招聘流程就是你组织实现员工多样化的"药方"。要实现这个目标，需要长期思维和整体思维，先制定组织的领导力准则，然后重新审查招聘流程的各个步骤，包括候选人的搜寻、职位描述的措辞、面试团队的成员构成、录用原则或标准。如果你希望拥有一支多样化的员工队伍，那就需要建立流程来确保实现这个目标，而抬杆者招聘流程就是其中的组成部分。

选贤育能

抬杆者招聘流程对强化关键的亚马逊领导力准则"选贤育能"一直发挥着重要作用。实践证明,它是发现和吸纳领导者的可扩展方式,而这些领导者本身又帮助亚马逊进行全球发展和扩张。

重要的是,抬杆者招聘流程具有"飞轮效应"(flywheel effect)——运转越久,回报越大。要不断地抬高"杆子",直到员工告诉自己:"我为自己当时被录用了而感到庆幸。如果是今天面试那个职位,我不确信自己能否被录用。"

03　组织：独立单线程领导模式

随着组织的发展壮大，提高协同力为何会降低生产力？

为抑制协同趋势，亚马逊如何转向"单线程领导的独立团队"？

建立这样的团队为何需要时间，尤其是大型企业？

如何清除依赖关系，让团队独立运营？

* * *

"创新失败的最佳方式，是让创新成为某人的兼职工作。"[1]

地点：会议室。杰夫和几位S-Team成员坐在会议桌旁，对面坐着亚马逊一个大型事业部门的领导团队，包括该部门的副总裁、她直接领导下的两位副总经理以及几位主管。他们在召开季度业务回顾会（QBR），讨论过去两个季度一直陷入"红色状态"的某个项目。有人问："你们这个项目一直停滞不前，是什么原因？"

X主管（最了解该项目的人）：你们知道的，这个项目存在诸多变动因素。迄今为止，我们已经梳理出拖慢项目进展、亟待解决的五大问题。它们是——

杰夫（打断主管发言）：在讨论这些问题之前，能不能告诉我，这个项目的最高单线程领导者是谁？

这个事业部门的副总裁（经过令人难受的漫长沉默后）：是我。

杰夫：可你负责的是整个事业部门。我希望你关注整个部门的业绩，而不只是这一个项目。

副总经理1（打算为团队牺牲自己）：应该是我。

杰夫：那你和你的团队每天就只做这个吗？

副总经理1：不是的。这个项目有一个全职负责人，是我们的一位产品经理，但其他很多人也会抽时间来帮忙。

杰夫（已经失去耐心）：一个产品经理，具备完成这个项目所需的各种能力、权力和人力吗？

副总经理1：是的，不太具备。正因如此，我们计划招聘一位主管来牵头这个项目。

杰夫：到目前为止，你们为招聘这个主管做了多少电话面试和现场面试？

副总经理1：是这样的，这个职位的招聘工作尚未开始，我们还需要完成职位描述。所以，还没有做任何面试。

杰夫：那我们就是在自欺欺人了。新的领导者到位之前，这个项目是不会变"绿"的，这才是这个项目面临的真正障碍。我们首先得移除这个障碍。

副总经理1迅速给招聘负责人发去一封简短的电子邮件，主题为："开启X项目主管职位……"

* * *

做业务，重要的是速度（speed）——更准确地说，是有方向和快慢的速度（velocity）。其他条件都相同的情况下，组织运转速度越快，创新就越多，原因很简单：单位时间内，组织完成的实验数量会更多。然而，很多公司都被官僚主义所拖累，审批、隶属和责任关系一层又一层，都在阻碍它们快速而坚定地前行。

经常有人问我们：亚马逊的员工数量从不到10人增至近100万人，创新速度那么快，特别是事业部门那么多——网络零售、云计算、数字产品、数字设备、无人自助超市等——亚马逊是如何克服官僚主义倾向的？同等规模的公司大都陷入内部纷争，亚马逊是如何始终保持敏捷性的？

答案就在于亚马逊的一项创新之举——"单线程领导模式"：不受竞争性职责束缚的单个人拥有单个项目，并领导一个独立的、基本自主的团队实现其目标。在本章中，我们将解释这些术语的意思、来源以及它们为何居于亚马逊创新和快速决策的核心地位。

这个单线程领导模式的产生，经历了漫长而曲折的试错过程。我们给自己出了一个难题，然后大胆地批判思考，实验和无情地自我批判，加倍"下注"成功的点子，抛弃失败的做法。在本章中，你不会发现灵光一闪的"顿悟时刻"。从最初提出难题到单线程领导模式的确立,这条道路我们走了几乎10年的时间,主要原因在于:我们首先得拆解一体化软件架构以及建立起来的相应组织架构,然后逐步代之以支持快速创新的体系。

成长的烦恼:挑战倍增

我们先来看一些背景。从1997年到2001年,亚马逊的营收从1.48亿美元增至31亿多美元,增长了近21倍。[2]员工人数、客户数量和其他各项指标也都具有类似的增长轨迹。创新也在如火如荼地进行。亚马逊从一家只在美国境内销售图书的小公司飞速成长为大型跨国公司,物流运营服务扩展到五个国家,在线销售几乎能买到的所有商品。

在此阶段,我们注意到一个不良趋势:爆炸式增长正在拖慢创新的步伐。用于协调的时间较多,而用于创新的时间较少。增加网站的功能,就意味着增加软件,增加编写和支持软件的工程师,因此,代码库和技术人员的规模在不断地扩大。过去,软件工程师可以自由地修改代码库的任何区域,独立开发、测试并立即部署网站的任何新功能。但随着软件工程师数量的增加,他们的工作开始相互重叠、羁绊,团队往往很难独立完成工作。

每种工作重叠,都会产生一种依赖关系:团队需要的东西无法自己提供。如果我的团队的工作需要你的团队配合——不管是创建、参与还是审查——那你就是我的一个依赖对象。反之，如果你的团队需要我的团队配合，那我就是你的依赖对象。

要处理依赖关系，就需要协调——两个人或多人坐下来商讨解决办法——而协调需要花时间。随着亚马逊不断地发展壮大，我们意识到：尽管我们尽了最大的努力，但我们用于协调的时间太多，而用于创建的时间不够。原因在于，员工的数量是线性增加，而沟通线路的数量是指数级增长。无论是哪种形式的依赖关系——我们稍后会详细地讨论依赖关系的不同形式——都会拖累工作的进展。在亚马逊，依赖关系日益增强，造成晚出结果、挫败感加重、团队的权力削弱。

依赖关系：一个实例

让我们回到我（柯林）刚加盟亚马逊的 1998 年 3 月，看看依赖关系已经发展到何种程度。当时，亚马逊有两大事业部，一个负责业务，一个负责产品开发。根据不同的业务功能（零售、营销、产品管理、物流、供应链、客服等），业务部被分为多个运营团队。每个业务运营团队都需要产品开发部提供技术资源，主要是软件工程师和技术项目经理（我是其中之一）。

入职第一周，我就体验到亚马逊的依赖问题。我所在的团队（金·雷切米勒担任主管）负责大型计划的项目管理，需要协调多个团队的活动，才能达成关键性的商业目标。我们这个团队运营的项目包括：推出音乐（CD）和视频（VHS/DVD）业务，在英国和德国推出新网站以及其他大型的内部项目。

我接到的第一个任务，是运营当时还不太受产品开发团队关注的"亚马逊联营计划"（AAP）。这个计划允许第三方（被称为"联营者"）在其网站链接亚马逊的产品。例如，一家登山运动网站可以挂出登山类推荐书目策展清单，并链接到亚马逊网站。访客点击这家联营网站的某个链接，就会跳转到亚马逊网站的图书页面。如果访客购买了该产品，联营网站的拥有者就可赚到佣金（被称为"转介费"）。亚马逊是联营市场的开拓者之一，我参与运营的时候，我们还在努力摸索这个新计划的情况、市场有多大。尽管它在不断地成长，但还没有被视为公司的核心业务。我猜想，这也许就是作为新人的我接到这个任务的原因。

随着我对联营计划的了解逐步增加，我很快就发现：它很可能是一项盈利丰厚的业务。当时，联营者的数量已经达到3万家，而且仍在快速增长。借助我们提供的一套非常基础的工具，联营者不断地自我创新，在亚马逊网站的总流量和总销量中的占比不断攀升。我相信，联营者计划可以为公司的业务做出更大的贡献，但要激发出它的巨大潜力，我们必须得做几处修改。

准备"跳水"

我的第一个任务，是改进联营计划的一个基础性问题：转介费的追踪和支付办法。当时，我们只为联营网站链接的特定产品支付转介费。我们想做出改变：访客在购物会话期间购买的所有产品，我们都会给联营者支付转介费。我们这样做，是因为联营链接推送给亚马逊的客户，很多都没有购买推荐的产品，但在访问亚马逊网站期间下单了其他产品。因此，公平的做法，应该是为这些下单产品奖励联营者——它会强化我们与联营者的合作关系，激励他们更多地链接亚马逊网站。这个任务听上去并不是特别复杂。起初，我对这个计划的评估是要实现这个功能，对网站软件和数据库的小修改很快就会完成，而我们的大部分精力将用于汇报、会计和支付软件修改费用以及向联营者推广和沟通该功能的工作。

我错了。正是在此期间，我亲身体会到了亚马逊的依赖（这里是技术依赖）程度。当时，亚马逊网站的软件是一体化的，也就是说，网站功能完全依赖于一个庞大的可执行程序——Obidos。它得名于巴西的一个同名村庄奥比多斯，位于亚马孙河最湍急的河段。为了支撑不断扩充的网站特性和功能组件，Obidos 的规模在增大，也越来越复杂，逐渐开始显现出这个原本令人欣喜的类比物的另一面：奥比多斯是亚马孙河最狭窄的河段，因而水流也最湍急。我们整个网站都要"流经"一个庞大的、不断膨胀的代码块，形成不断升高的依赖屏障。事实上，Obidos 已经变成了亚马逊公司的"瓶颈"。

技术依赖 1：共享代码的掣肘

联营计划团队在技术上要依赖各个团队，因为其功能也连接着产品网页的创建、产品上架购物车、订单下达、退货跟踪等环节。所有的小环节，我们都要和各个团队协调，因为如果我们犯下一个错误，就可能影响到他们的工作，甚至会造成灾难性后果，产生系统漏洞，引发整个网站崩溃。同样，我们也必须花时间检查他们修改的代码，确保我们的功能不受到影响。

技术依赖 2：数据库的守护者

软件代码并不是我们面临的唯一的技术依赖，我们还需要修改亚马逊整个运营系统所依赖的底层关系数据库（为识别客户、订单、发货等存储信息之间的关系而架构的数据库）。这个数据库叫作"acb"（amazon.com books 的缩写）。如果 acb 出现故障，亚马逊的大部分运营就会停止——没有购物、没有订单、没有发货——除非我们撤回修改、重启系统。

作为关键的防护措施，亚马逊成立了一个指导小组，负责审查 acb 的所有修改提议、批准（或驳回）提议并给出最佳的实施时间。该小组被俗称为"数据库小集团"（DB Cabal），成员为三位公司高管——首席技术官、数据库管理团队的主管和数据团队的主管。

"小集团"有效地保护着 acb，出色地监管着公司的这份重要资产。任何人想修改 acb，都必须接受"恐怖的"设计审查。我们的技术架构处于"纠缠"状态，风险高，很多东西都可能出错，因此，我们需要这些技术高超、认真负责的"守卫"。

要获得批准，你必须证明你提议的修改风险低、设计可靠、回报率高。审查结束后，"小集团"可能批准提议，也可能要求更改某些地方。如果是后者，你就得完成更改，回去排队，重新接受审查。审查周期慢得让人发狂，因为这些"大佬"一般每个月只聚几次，而且其他很多团队完成更改后也在排队等待审查。

联营计划最终顺利推出。不过，我注意到，我们能掌控自己命运的那些领域——汇报、会计、支付修改费用以及营销计划——我们都能够快速推进，而我们必须对 Obidos 和 acb 做出细微修改的领域，我们的进展却艰难而缓慢。为什么会这样？因为技术依赖。

技术依赖的形式多种多样，但每种依赖都会将团队束缚得更紧，把加速冲刺变成跌跌撞撞的套袋跑，只有协调能力最强的人才会冲过终点。如果软件架构包含大量的技术依赖，它就处于"紧密耦合"的状态。这种状态很糟糕，软件团队想成倍扩大规模的时候，所有相关人员都会感到头疼。亚马逊的软件架构就是这种设计方式，随着时间的推移，"紧密耦合"的状态越发严重。

组织依赖

同样，我们的组织架构也使工作量增加，团队必须艰难地穿梭于各个管理层，以获得项目审批、优先处理和完成项目所需的共享资源。组织依赖同技术依赖一样，也让人心力交瘁。

随着我们建立新团队，负责新的产品类别、区域和职能（比如，消费电子产品和平面设计），亚马逊的组织架构也在不断地膨胀。如果公司的规模较小，只需要简单问问就能获得帮助或知晓冲突所在，因此彼此非常熟悉。而在大公司，同样的任务则会变得耗时费力。你必须弄清楚该找谁谈、他的办公室在哪里、他向谁负责。也许你可以自己搞清楚，但通常你得询问你的上司，而他又得询问他的上司或同级——每个步骤都要花时间。听取你汇报、给你调配项目资源的那个人（或他的上司）关系着你是否成功。通常，他同时在为自己的项目做着同样的事情。他绝不愿为了你而影响他的项目进展。为了某个项目，你通常得跑几次，而且往往都无功而返。

如果你的团队拥有其他人需要的资源，情况也是如此——有时候每周会多次发生。你得权衡现有的优先次序，然后根据自己的判断决定要支持谁。其中的付出要乘上5倍甚至10倍，才能理解这些日益加剧的组织依赖对项目造成了多大的拖累。同软件架构一样，我们的组织架构也处于"紧密耦合"的状态，阻碍着我们前进。

不管是哪种依赖，过多的依赖不但会拖慢创新的步伐，还会引发影响士气的"二阶效应"——团队的权力被剥夺。公司将解决某个问题的任务交给团队并根据结果进行评价，那这个团队就应该获得完成这个任务所需的工具和权力。他们的成功应该是整个团队的骄傲。然而，亚马逊的"紧密耦合"软件架构和组织架构，经常使团队严重依赖他们几乎无法影响的外部团队。很少有团队能够完全掌控自己的命运，很多团队因为缓慢的、他们无力控制的项目交付速度而感到灰心丧气。被剥夺权力的员工越来越感到气馁，面对强大的结构性阻力，他们根本无法追求创新。

加强协调是错误的答案

要解决依赖问题，通常需要协调和沟通。依赖性在不断地增强，沟通需求也在日益增加，自然就希望通过加强沟通来加快工作的进展。跨团队协调的管理方法不计其数，从制定协调规程到招聘尽责的协调员——所有这些方法，我们似乎都见过。

最终，我们意识到：这些跨团队沟通方法，需要的根本不是改进——而是废除。有哪本书上写着，每个项目都必须要那么多独立的实体参与吗？并非我们想到的解决办法是错误的。相反，是我们一直在努力解决错误的问题。当时，我们还没有找到解决的办法，但我们明白真正的问题所在：不断增加的跨团队协调成本。这个思路转变的推动者，自然是杰夫。在亚马逊任职期间，我听他多次说过：如果我们想让亚马逊变成创建者能够创建的地方，就需要废除跨团队沟通，而不是鼓励沟通。如果你将提高跨团队沟通的效率视为一种"缺陷"，那弥补缺陷的方法就完全不同于传统的方法。他建议每个软件团队都给自己拥有的系统/服务创建应用程序接口（API）。API是一组例行程序、协议和工具，用于创建软件应用、定义软件组件如何交互。换言之，杰夫的看法是：我们要重点通过定义清晰的API进行"松散耦合"的机器交互，而不是通过电子邮件和会议进行人际交流。这样做，所有团队都将获得自由，都可以自主地行动，加速前进。

NPI：组织依赖的初期解决办法

当时，我们并不缺商业好点子。事实上，我们的点子多到无力支持或实施——我们只能每个季度从中挑出几个大的计划。应该优先实施哪个计划，简直让我们发疯。我们必须找到办法，确保我们的稀缺资源（主要是指软件工程团队）用于那些能对公司的业务产生最大影响的计划。

"新计划启动"流程（NPI）应运而生。它的作用是全局性优化计划次序，通过比较考虑中的所有计划，决定哪些计划应该立即实施，哪些计划可以暂缓。这种次序优化流程被证明很难执行。推出运营中心成本节约计划、增加可能提高服装类销量的某个功能、清理必需的旧代码以延长其使用寿命，哪个计划更重要？有那么多未知的东西、那么多远期的预测，怎么比较？我们确切地知道会节约多少成本？我们知道增加新功能后能提高多少服装销量？如何计算重组代码的财务回报？旧代码出错引起的系统故障和停运会造成多大代价？所有的计划都有风险，都在争夺同样的稀缺资源。

计划筛选

NPI 是我们当时解决计划排序、决定胜出者的最佳办法。没人喜欢 NPI，但鉴于当时的组织情况，我们必须这样做。

NPI 的工作流程为：每个季度，团队提交自己认为值得实施、需要其他团队资源的计划——这基本上意味着几乎是所有规模适度的计划。准备和提交NPI申请要花不少工夫。你需要准备"单页报告"（One-Pager）、书面的计划摘要、受影响团队预估、消费者采纳模型（CAM）、损益表（P&L）以及说明立即实施该计划对亚马逊的战略价值。哪怕只是提出某个想法，也是一件需要大量资源的事情。

所有的NPI申请，都要接受审查小组的筛查。说明不详尽、不符合公司的核心目标、投资收益率低或明显无法过关的计划，第一轮就会被刷掉。那些前景看好的计划会进入下一轮，接受更为详细的技术和财务审核。这个步骤是在会议室里实时进行的，来自主要部门的领导者对计划加以审查，提出澄清性问题，并估算各自部门能够为完成该计划提供多少所需资源。通常，与会者有30~40人，他们要完成所有计划的审查，因而会议的时间拖得比较长——很讨厌。

接下来，人数更少的NPI核心小组会对计划资源和回报估算进行校准，然后决定启动哪些计划。审查小组的会议结束后，所有计划团队的领导者都会收到一封审查结果电子邮件。有三种结果，从好到坏依次为：

"恭喜！你们的计划已被批准！协助完成计划的其他团队也已准备就绪！"

"坏消息是，你们的计划未被选中；好消息是，被批准的NPI计划都不需要你们的资源帮助。"

"很遗憾，你们的计划都未被批准，虽然你们也许还指望这些计划来达成团队目标。不过，其他团队获批的

NPI计划需要你们的资源。为自己的内部计划配备人员之前，你们必须优先保障这些NPI计划的人员需求。祝你们好运！"

我们的优先选择

很多NPI计划都存在较大的"误差棒"，也就是说，潜在成本和预期收益的范围都很大，没有参考价值。"我们预计，该功能将产生400万~2000万美元的收益，开发工作量为20~40个人/月。"计划中的这种估算数据，很难加以比较。

对很多计划团队而言，最艰难的，是准确地预测消费者行为。我们一次次地发现，在开发阶段——特别是在开发新功能或新产品时——消费者会出现我们预想不到的行为。即使我们用最精确的模型来预测消费者会采纳何种行为，结果也会非常离谱，从而引发永远没有定论的激烈争论。（比如，看看"下篇"导言中的智能手机Fire事例。我们不是这样想的："这是个垃圾产品，但我们还是要推出它。"我们对这个产品抱有很高的期望，而且已经投入了大量的时间和金钱！）

为了提高计划的准确性，我们设立了反馈环节，用以衡量预估结果与实际成果之间的匹配度，从而增加一层责任。杰夫·威尔克会把获批的NPI计划的纸质文本存放起来，以便今后核对实际成果和预估结果。透明性和责任的增加，可以帮助团队的预估结果更加接近真实，但依然不够接近。完成首次计划陈述，一年多以后才会有实际成果。因此，要等待很长时间才能知道需要做出哪些调整。

总之，NPI流程不受人欢迎。对任何经历过NPI的亚马逊人提及它，你可能都会看到他露出厌恶的表情，还可能听到一两件极为糟糕的事情。有时候，运气好的话，你的计划会被批准并顺利推进。但在大多数情况下，你的计划会被毙掉。你不是做自己重要的工作，而是受公司委派去支持其他团队的计划，还要处理自己的分内事情。我们称之为"被NPI了"，也就是说，你的团队要付出资源，却几乎一无所获。

NPI流程使员工的士气低落。不过，提振士气并不是亚马逊的作风。其他公司会有提振士气的计划和团队，比如"娱乐俱乐部"和"文化委员会"。它们认为需要借助公司资助的娱乐和社交活动来解决提振士气的问题。亚马逊提振士气的方法，是吸引全球的顶尖人才，为他们营造创新氛围，让他们能够自由地发明和创建客户喜欢的产品——如果你的绝妙想法每个季度都因为NPI这种缺乏个性的流程而深受打击，那你是无法创新的。在第6章中，我们将讨论亚马逊的理念：只有关注可控的投入类指标而非产出类指标，才可以驱动有意义的增长。从某种意义上来说，士气就是一种产出类指标，而发明和创造自由则是一种投入类指标。清除创新障碍，士气自然会提振。

问题是："为何会这样？"不是NPI"角斗场"上的那些参与者（或者"数据库小集团"）不合格或动机不良，他们都是出类拔萃、才华横溢、勤勤恳恳的人，都在同依赖"逆流"战斗。面对指数级增长的挑战，如果用大小相等、方向相反的力量迎头撞上去，那只会让你受困于指数级增长的成本——这种策略是行不通的。我们必须想办法遏止这些依赖挑战，我们意识到，最有效的方法是承认我们一直采用的NPI流程有问题。最终，亚马逊创新了解决办法，从源头上阻断了依赖问题。

第一种解决办法："两个比萨团队"

鉴于我们最好的短期办法都不能解决问题，杰夫提议：我们不要寻找新的、更好的办法管理依赖关系，而要想办法消除依赖关系。他说，我们可以将软件工程师重组为更小的、基本自主、联系松散、只在必要时才产生联系的团队。这些基本独立的团队可以平行地开展工作。不是要加强团队协调，而是要减少团队协调、加强创建。

最困难的部分是：如何实现这种结构性转变？杰夫将这个任务交给了首席信息官（CIO）瑞克·达尔泽尔。瑞克先在公司上下征求想法，然后加以综合，形成了界定清晰、未来数年为人津津乐道的组织模式——"两个比萨团队"（Two-Pizza Team）：团队的规模不应超过两个比萨就可喂饱的人数。瑞克相信，随着数百个"两个比萨团队"的最终组建，我们的创新速度会令人眼花缭乱。这项实验从产品开发组织部门开始，如果有效，就在整个公司推广。他拟定了"两个比萨团队"的特征、工作流程和管理方式。

- 规模小。不超过10人。

- 自主性。不需要协调其他团队就可完成工作。有了基于服务的新架构，任何团队都只需要为其他团队提供发布的应用程序接口（API）。（稍后会详细地讨论这种新架构。）
- 定义清晰的"适应度函数"（fitness function）评价。它是系列指标的加权总和值。例如：某个团队负责为某个产品类别新增选品，其评价方式为：

  a. 其间新增产品的数量（权重：50%）

  b. 这些新产品的销售量（权重：30%）

  c. 这些新产品的页面访问量（权重：20%）
- 实时监管。所有团队的"适应度函数"评价实时得分都会显示在数据面板上。
- 做业务的主人。团队拥有并负责自己业务的各个方面，包括设计、技术和成果。这种范式转换杜绝了那些经常听见的借口，比如："我们是根据那些家伙的要求创建的，完全是他们要求的产品不对。""如果那个技术团队按照我们的要求按时交付产品，那我们就会完成业绩目标。"
- 要有多学科的、出类拔萃的领导者。团队的领导者必须拥有深厚的专业技术，知道如何招聘顶尖的软件工程师和产品经理，拥有出色的商业判断力。
- 财务自足。团队工作的开支自负。
- 须经 S-Team 团队事先批准。所有"两个比萨团队"的组建，都必须获得 S-Team 团队的批准。

同亚马逊所有重大的创举一样，这个计划当时也只是处于探索阶段。接下来的数年里，它的有些地方得以坚持，有些得到了发展，而有些则被废止。其最重要的适应性变化，值得在此详细地讨论。

拆解一体化的组织

"自主"，听上去很简单，对吧？事实上，为了"解放"这些团队，帮助他们摆脱重重束缚，我们付出的巨大努力，怎么夸张地形容都不为过。必须付出这些努力，才能使得下列方式得到重大改变：软件的编写、构建、测试和部署方式，数据的存储方式，确保系统时刻正常运行的维护方式。其中的细节不胜枚举，本身也很有意思，但大部分细节都超出了本书的讨论范围。不过，有一个方面值得在此稍加讲述，因为它不但至关重要，而且实现起来也极为困难。

"两个比萨团队"取代一体化组织，创新速度和灵活性因而得到了提高。同样，要实现瑞克的"自主性"愿景，也需要对亚马逊的软件架构进行类似的重组。2006年，亚马逊首席技术官沃纳·威格尔（Werner Vogels）在接受吉姆·格雷的采访时，对这道分水岭回忆道：

> 经过一段时间的认真反省，我们得出结论：服务导向架构可以给予我们快速、独立地创建很多软件组件所需的隔离级别。顺便说一下，"服务导向"成为时髦的术语，是很久之后的事情。我们所说的服务导向是指根据数据运营的业务逻辑对数据进行封装，只允许通过发布的服务接

口接入，不允许外部服务直接接入数据库，服务之间没有任何数据共享。³

对于非软件工程师而言，这意味着大量的数据解包工作，但我们的基本想法是：如果多个团队直接接入共享代码块或数据库的某个部分，他们都会慢下来。不管是改变代码的运行方式、改变数据的组织方式，还是只是使用共享代码或数据创建某个东西，只要有人做出改变，大家都会承担风险。应对这种风险，需要投入大量的时间进行协调。解决办法就是封装数据，也就是说，将某个代码块或数据库的某个部分的所有权交给某个团队。其他人想从该封闭区域获取东西，都必须通过应用程序接口（API）提交证据充分的服务请求。⁴

可以把它想象为一家餐馆。感到饥饿时，你不是直接进入餐馆的厨房点自己想吃的东西，而是请求服务员给你菜单，然后从中选择菜品。如果你想吃的东西不在菜单上，你可以询问服务员，他会把你的请求告诉厨师。不过，不能保证你能获得它。只要信息交流方式没有改变，该封闭区域内发生的一切，都完全取决于厨房的所有者——厨师团队。如果需要做出改变，所有者就会发布修改规则——新菜单——并通知所有依赖该规则的人。

新系统极大地改进了它所替代的"人人自由获取"的旧系统。简单地说，实施这个改进系统，意味着我们要逐一替换Obidos、acb和诸多软件基础设施，同时还要保持业务正常运营。这需要对开发资源、系统架构规划和维护进行大量投入，以确保一体化的旧系统在其所有功能被替代之前仍能继续运行。我们创建和部署技的这种滚动更新方式是一个大胆的举措，需要连续数年的精细工作和大量投入。

今天，基于微服务架构的各种优势已为人所熟知，许多科技公司都已采用这种方法。它的好处包括：增强敏捷性、开发者的生产力和可扩展性，以及提高服务中断和系统故障的修复能力。此外，借助微服务，才可能建立小规模的、自主的、对自己的代码拥有所有权的团队。而如果采用一体化架构，这是不可能的。转换微服务架构，可以摆脱那些阻碍亚马逊软件团队快速行动的束缚，赋能小规模自主团队的建立。

首批自主团队

建立自主团队，是为了加快创新的速度。对准一个共同目标，团队就能快速前进。目标不一致，团队很快就会偏离航向。因此，他们需要有人指明正确的方向，拥有必要时迅速修正航向的各种工具。正因如此，拟组建的"两个比萨团队"被批准之前，都必须同杰夫和他们的 S-Team 经理开会（往往不止一次）讨论该团队的组成、特点和"适应度函数"评价。

例如，"库存计划"团队要同杰夫、杰夫·威尔克和我一起开会，确保该团队符合下列标准。

1. 团队拥有清晰的目标。例如，该团队要回答这样的问题："亚马逊某个产品的库存应该是多少？应该什么时间采购？"

2. 所有权边界非常清楚。例如，该团队会询问"需求预测"团队某个产品在某段时间的需求量是多少，然后将他们的答案当作投入类指标用于该产品的采购决策。

3. 用于衡量进展的各项指标达成一致。例如："库存产品页面展示"占"总产品页面展示"的比例,权重为60%;库存维持成本,权重为40%。

重要的是,会议不讨论该团队如何达成其目标的具体细节。这由该团队自主解决。

这些会议是亚马逊领导力准则"刨根问底"的经典例子。我参加了首批"两个比萨团队"(包括"需求预测""客户评价""客户服务工具"等)所有的"适应度函数"评审会。我们从各个角度询问各项指标,追问如何收集那些数据、如何利用结果驱动团队精准地迈向目标。这些会议有助于明确预期、确认团队做好了准备。同样重要的是,它们还可以建立杰夫和新团队之间的信任感,从而强化团队的自主性,加快创新速度。

起初,我们只建立了少量的"两个比萨团队",以便了解什么是有效的,经过模式优化后再全面推广。有一个重大教训,初期就很明显:每个团队建立之初都存在依赖,不清除这些依赖,团队就无法前进;清除依赖是一项艰巨的工作,而且几乎不会立即产生任何收益。最成功的团队初期都会投入大量的时间清除依赖,创建"测试设施"(instrumentation)——用于测试所有重大行动的基础设施,然后才开始创新。也就是说,增添新功能。

例如,拣选团队开发了新软件,指导运营中心的员工如何快速找到货架上的产品。头九个月的大部分时间,他们都在系统性地识别和清除上游依赖(如从供应商那里接收库存)和下游依赖(如打包和运输)。他们还创建了追踪系统,对自己区域内发生的所有重要事情进行实时而精细的追踪。在此过程中,他们的业绩并没有多大提高。然而,一旦完成依赖清除、职责建立和系统装备,他们就很好地例证了"两个比萨团队"的创新和业绩交付速度。他们成为这种新工作法的提倡者。

然而,其他团队却拖延着不做清除依赖、装备系统等单调乏味的工作。相反,他们急于开发新功能,这种工作更光鲜,使他们初期获得了某些不错的进步。但那些依赖依然存在,随着团队失去动能,依赖拖累就会显现出来。

装备精良的"两个比萨团队"还有一大好处:他们更善于修正航向——及时发现和修复错误。在2016年"致股东的信"中,杰夫虽然没有明确地谈及"两个比萨团队"。但他建议道:"大部分决策,拥有70%左右的信息就应该做出。如果等到拥有90%的信息,那你的决策速度可能就慢了。另外,不管是哪种情况,你都要善于迅速地识别和修正错误的决策。善于修正航向,即使犯错,代价也会较小。决策的速度慢,代价肯定会很高昂。"[5]

拣选团队这样的好例子表明,长期思维(前期投资)是如何随着时间的推移产生复合收益的。后来,其他团队也开始效仿他们。有时候,为了快速前进,最好不要急于开始。

认为"松散耦合"的自主团队总会做出最佳的战术选择,帮助公司达成战略目标,这没有问题,但有时候这是一厢情愿——哪怕你拥有最出色的团队。根据我们在第1章中讨论的OP1流程,团队要和公司的战略保持一致,因而自主性的范围依然受到限制,迈向年度目标的初始"方位角"也被公司设定。

我们逐渐意识到,团队之间依然存在程度不同的依赖性,因此，我们也需要保持对团队的其他限制。虽然"两个比萨团队"都是自主制定产品愿景和开发路线图，但对于跨职能项目或自上而下的跨团队计划，团队依赖仍然无法避免。例如，负责运营中心拣选算法的"两个比萨团队"，公司可能还会要求它为仓库搬运机器人项目提供支持。

我们发现，可以把这些跨职能项目理解为一种"税负"——某个团队为支持公司的整体发展而必须负担的"支出"。我们尽量降低这种"侵扰"，但无法完全避免。有些团队并没有任何"过错"，却发现自己的"税率等级"高于其他团队。例如，订单渠道团队和支付团队必须参与几乎所有的新计划，尽管这些计划并不在他们的原始任务范围内。

某些挑战依然存在

在亚马逊，"两个比萨团队"是一个人人谈论的话题，但它并没有像其他新想法那样在整个公司推广。它具有提高亚马逊工作方式的巨大潜能，但也表现出某些缺点，限制了它的成功和大范围适用能力。

"两个比萨团队"对产品开发最有效

"两个比萨团队"这个概念能"走"多远，我们当时并不确定。

它最初的设计目的，只是对产品开发部进行重组。看见它对加速创新取得了初步成功，我们想知道它是否也适用于零售、法务、人力资源以及其他部门。结果，答案是否定的，因为这些部门并没有像产品开发部那样深受依赖的"纠缠"。所以，在这些组织内推行"两个比萨团队"是不会提高工作效率的。

"适用度函数"其实比参数指标更糟糕

建立"两个比萨团队"的初衷，是提高产品开发的速度，而量身设计的"适用度函数"则是各团队开发速度的"方向元件"。"适用度函数"为团队指明了正确的方向，提供了偏离航向的初期预警，让团队专注于目标。我们试验了一年多时间，但它根本没有实现真正的预期效果。有以下两大原因。

团队将过多的时间用于创建最佳的"适用度函数"。这个方程式应该是参数 A × 50% + 参数 B × 30% + 参数 C × 20%，还是参数 A × 45% + 参数 B × 40% + 参数 C × 15%？你可以想见，这种争论很容易迷失方向，作用减少，并最终分散团队的注意力——又是团队需要克服的一个"变量"。

这些函数过于复杂，有些函数的参数超过 7 个，包括由次变量构成的合数。绘制成表，它们会显示为一条向右上方延伸的趋势线，但这有什么意义呢？借助趋势线，往往无法判定团队做的是对是错、应该对趋势有何反应。此外，随着业务条件的改变，相对权重也会发生相应的变化，因而会完全遮盖历史趋势。

最终，我们重新直接依靠基本的参数指标，不再依赖"适应度函数"。经过长期的多团队实验，我们发现：只要做好前期工作，团队的具体参数指标和各项投入类指标的具体目标达成一致，就足以确保团队朝着正确的方向前进。将它们统一为单一的指标，这种做法很聪明，但根本不起作用。

优秀的"两个比萨团队"领导者很稀缺

我们最初的设想，是建立大量的小团队，每个团队由一位可靠的、多学科的一线经理领导，并统一纳入传统的层级组织架构中。团队经理要善于辅导员工，对技术挑战、财务模型、业务绩效等领域能够深入了解。这样杰出的团队经理，我们确实找到了几位，但要找到足够数量的优秀经理，哪怕是在亚马逊，这也变得异常困难。这严重限制了我们有效配置"两个比萨团队"的数量，除非我们放松限制，不再强求团队的成员必须向这些稀有的领导者直线报告。

我们发现，采用矩阵型组织模式，团队也能成功运转："两个比萨团队"的每位成员同工作内容相匹配的职能经理（如软件开发主管或产品管理主管）保持"实线"报告关系，同时和自己的团队经理保持"虚线"报告关系。这意味着，"两个比萨团队"的经理即使不具备团队所需的各学科领域的专业知识，也能成功地领导团队。最终，这种职能矩阵成为亚马逊最常见的组织结构，尽管所有的"两个比萨团队"仍然要制定自己的项目选择和优化策略。

有时候，你不只需要"两个比萨"

起初，我们一致认为，如果团队的规模较小，工作效率就会高于规模较大的团队。但我们后来意识到，预测团队成功的最大因素，不是团队的规模是否较小，而是团队的领导者是否具有组建和管理一个专注于完成工作目标的团队的技能、威望和经验。

现在，"两个比萨团队"已经摆脱了最初的规模限制。显然，它需要换个名字。我们想不出什么好听的名字，于是我们求助于"极客族"，选择了"单线程"这个计算机术语。其含义是：每次只做一件事情。"单线程领导者"和"独立单线程团队"因此而诞生。

规模更大、效果更好——单线程领导者

尽管"两个比萨"模式的推进速度落后于计划，也没有像预期的那样在整个组织推广，但这项实验足以证明杰夫和S-Team团队坚持下去的信心和决心。在此过程中，我们不断地学习，调适和改进"两个比萨团队"，并最终创造了更加完善的模式。

现在，原来的"两个比萨团队的领导者"（2PTL）已经演变为"单线程领导者"（STL）。为了达成重要的效益指标，单线程领导者可以根据项目需要扩展团队的规模。今天，在亚马逊，几乎没有人会谈论"两个比萨团队"，尽管它当初取得了成功。

我们说单线程团队的规模更大、效果更好,但比谁更好呢?它当然优于"两个比萨团队",但它也比其他模式更好吗?要回答这个问题,我们来看看更为常见的创新方式。

通常,公司会指派一位管理者来推动某个创新项目或某个新计划,他向自己的一位上司——高管或高级经理——报告,而这位上司可能负责他26项计划中的5项。他请求高管确认一位直接上级(如项目经理),让他将该项目列入工作清单。接着,项目经理联系工程主管,看看该项目能否挤进开发团队的开发计划。至于接下来的情况,亚马逊负责设备业务的高级副总裁戴夫·林普(Dave Limp)总结得很精妙:"创新失败的最佳方式,是让创新成为某人的兼职工作。"[6]

亚马逊总结了一个来之不易的教训:这种缺乏单线程领导者的模式会阻碍新计划的启动。亚马逊物流服务(FBA)就是一个例子。这个最初叫作"自主订单履约"(SSOF)的计划,其目的是为卖家提供亚马逊的仓储和配送服务。卖家不用自己负责商品的仓储、分拣、包装和配送,他们只需要把商品运送到亚马逊,然后由我们接手处理物流问题。零售团队和运营团队的管理者都认为这是一个很好的创意,然而一年多时间过去了,这个计划并没有任何明显的进展。它总是"即将推出",但其实压根儿就没有启动。

最后,在2005年,杰夫·威尔克要求时任亚马逊副总裁的汤姆·泰勒(Tom Taylor)放下手头的其他工作,授权他招聘和组建一个团队。然后,SSOF才开始启动,并最终演变为FBA。2006年9月,FBA正式推出,并取得了巨大的成功。它深受第三方卖家的喜爱，因为亚马逊为他们的产品提供了仓储空间，从而使他们的仓储费用由固定成本变为可变成本。亚马逊还允许第三方卖家参与"金牌会员服务"并从中获益，反过来又提升了客户的购物体验。正如杰夫在一封"致股东的信"中所说："就在 2011 年的第四季度，'亚马逊物流服务'为卖家配送了数千万件商品。"[7]

汤姆·泰勒接手之前，也有能力出众的领导者一直在努力推动这个项目，但他们还有其他职责在身，根本没有"带宽"处理 FBA 所牵涉的繁杂细节。如果杰夫·威尔克没有"解放"汤姆，让他心无旁骛地专注于这个项目，那 FBA 的推出会慢得多、困难得多。当时，亚马逊还没有正式的"单线程领导者"概念，因此汤姆成了重要的先行者。

单线程领导模式的另一大要素，是汤姆这样的单线程领导者所管理的"独立单线程团队"。如杰夫·威尔克所言："所谓'独立'，就是像软件团队 API 一样享有组织独立性。所谓'单线程'，是指他们不做其他任何事情。"[8]

这种团队对具体的特性或功能享有清晰而明确的所有权，可以尽量不依赖或影响其他团队推进创新。任命单线程领导者是必要的，但这还不够，它远不只是改变组织架构。与传统团队相比，独立单线程团队的组织依赖更少。他们清晰地划定了自己拥有的边界和其他团队的权益边界。亚马逊前副总裁汤姆·奇拉里（Tom Killalea）说得很妙：看一个团队是否拥有足够的自主性，经验法则是看部署——这个团队是否不需要其他团队的"耦合"、协调和批准就能创建和推出自己的新功能？如果答案是否定的，那一种解决办法，是分割出自主的、可复制的小块功能。

单线程领导者可以领导一个小团队，当然也可以领导亚马逊Echo或数字音乐这种大项目的开发。例如，对于亚马逊Echo和Alexa项目，如果副总裁格雷格·哈特没有被任命为该项目的单线程领导者，那就会有一个人负责硬件，另一个人负责软件，但没有人总体负责Echo和Alexa的创建和推出。相反，Echo和Alexa的单线程领导者可以自由和自主地评估这个创新产品所需解决的问题，决定需要什么团队、需要多少团队、团队内的职责如何分工、每个团队规模要多大。关键是，技术依赖问题被解决后，团队领导者需要对软件做出任何改动，都不必再同过多的人协商。

回　报

我们花了很长时间才顺利地推行"单线程领导者"和"独立单线程团队"工作法。其间，我们经历了大量的、最终都未能延续的解决方案，比如NPI和"两个比萨团队"。不过，这一切都是值得的，因为我们获得的这种创新方法从根本上具有可靠性和适应性，直到今天仍具有旺盛的生命力。这个过程也很好地证明了亚马逊人常说的一句话：固守愿景，但细节要灵活。

单线程领导模式催生了高速创新，今天的亚马逊虽然规模庞大，但依然保持着敏捷性和快速反应力。摆脱过多依赖的束缚后，各个层面的创新者都能加快实验和创新，产品定义更精准，创新者的参与程度更高。在 STL 模式下,所有权和责任更容易确立,使团队保持专注并准确地匹配公司的战略。在第一个自主的单线程团队建立之前,虽然这些积极的成果也可能得到,但现在它们是这种亚马逊创新模式自然的、可预期的结果。

04　沟通：叙述体与"六页纸备忘录"

亚马逊会议开始时寂静得可怕。

禁用 PPT，改用叙述体。

叙述体如何让人思维清晰，激发有价值的讨论？

如何写高效的"六页纸备忘录"？

效果："叙述信息倍增器。"

* * *

如果你问亚马逊最近招聘的员工，他们加盟公司以来感到最意外的是什么？高居榜首的答案肯定是：

"很多会议的前 20 分钟寂静得可怕。"

在亚马逊开会，简短的问候和寒暄之后，大家坐在会议桌旁。这时，会议室会变得寂静无声，没有人说话。为什么会寂静无声呢？因为在开始讨论前，大家必须阅读一份六页纸的书面文本。

亚马逊依靠书面文字阐述和沟通想法的程度远胜于大多数公

司，这使它获得了巨大的竞争优势。本章将讨论亚马逊为何弃用及如何弃用PPT（或其他任何展示软件）而改用书面叙述体文本及其带给亚马逊的益处——你的公司也会从中获益。

亚马逊主要采用两种叙述体文本：第一种叫作"六页纸备忘录"（six-pager），用于阐述、评议和提出各种想法、流程或业务；第二种叙述体文本是"新闻稿/常见问题"（PR/FAQ），专门用于新产品开发的"逆向工作"流程。在本章中，我们将重点讨论"六页纸备忘录"，下一章我们再讨论PR/FAQ。

S-Team会议停用PPT

亚马逊创立初期，作为"杰夫的影子"，我（柯林）的一大职责是管理S-Team会议的议程。这个会议每周二举行，通常会持续4个小时。会议80%的时间都用于讨论执行的问题，也就是说，公司如何推进S-Team目标的实现。在S-Team会议上，我们会挑选2~4个S-Team目标，然后对它们的进展情况"刨根问底"。会议的代价很高昂：从准备到召开，公司的高层领导们每周至少要花费半天时间。考虑到会议所做决策的类型，决策风险是很高的。

在早期，每次"刨根问底"开始时，都是相关团队陈述自己工作目标的进展情况。通常，团队的某个或多个成员会借助PPT幻灯片做口头陈述。我们发现，这种陈述往往无法达到原本的目的。陈述形式让人很难评估工作的实际进展，而且会妨碍陈述按计划进行。总之,这种"刨根问底"形式让陈述人和听众都感到沮丧,效率低下,容易出错。

我和杰夫经常讨论如何改进 S-Team 会议。2004 年年初,经过一次特别艰难的 PPT 陈述后不久,我们坐飞机出差,途中有一段时间无所事事(当时,飞机上还没有 Wi-Fi),于是我们阅读并讨论了耶鲁大学教授、信息视觉化权威爱德华·R.塔夫特(Edward R. Tufte)的文章《PPT 的认知方式:金玉其外、败絮其中》(*The Cognitive Style of PowerPoint: Pitching out Corrupts Within*)。[1] 塔夫特用一句话道出了我们所处的困境:"分析越具有因果性、多变量、比较性、证据支撑性,信息的密度越高,PPT 的害处就越大。"这种描述完全符合我们的 S-Team 会议讨论:非常复杂,相互牵连,需要探究大量的信息,决策带来的后果越来越重大。线性推进的幻灯片不太适合这种分析:幻灯片很难让人相互参考想法;文字稀少,无法充分地表达想法;视觉效果与其说给人启发,不如说让人分心。PPT 没有让事情变得清楚而简单。相反,它会使讨论缺乏重要的细微差别。我们开会时,即使陈述者给出了注释、视频等支撑信息,PPT 陈述也远远不能充分表达。

此外,亚马逊的听众都是日程安排很满、经验丰富的公司高管,他们渴望尽快把握问题的核心。他们完全不理会幻灯片,而是不停地向陈述者提出问题,催促他说重点。有时候,这些问题根本无助于弄明白某个点或使陈述顺利进行,反而会使整个会议远离讨论的主题。有的问题提得过早,下一张幻灯片才会给出答案,因而陈述者会被迫重复同样的内容。

塔夫特提出了一种解决办法。他在文中写道:"对于正式的陈述，可以将 PPT 替换为包含文字、数字、数据图形和图片的纸质材料。纸质材料的信息密度高，可以为阅读者提供证据语境，并对证据加以比较、引述和重组。相比之下，PPT 的信息密度低、容易遗忘，让听者处于迷茫和被动的状态，还会降低陈述者的可信度。"

塔夫特提供了一种明智的做法："大型组织要完成这种转换，需要明确的行政命令：**从现在起，做陈述的软件必须是微软的 Word，不能用 PPT。要习惯用它。**"基本上，我们就是这样做的。

塔夫特的文章并非我们改用叙述体唯一的推动力，但它阐明了我们的想法。2004 年 6 月 9 日，S-Team 成员都收到一封电子邮件，主题是："从现在起，S-Team 会议不再使用 PPT 做陈述。"[2] 这封邮件简单而直接，但影响巨大：从那天起，在 S-Team 会议上，所有 S-Team 成员都必须写简短的叙述文来陈述自己的想法。PPT 从此被禁用。

这封邮件是由我（柯林）发送的——当然得由杰夫授意，因为如此重大的变革，公司里只有他才能授权。发完邮件后，我感觉非常棒。我们终于找到了提高 S-Team 会议效率的方法，因此，我以为这封邮件会大受欢迎。但是，我想错了。邮件迅速传遍亚马逊管理层，瞬间的、几乎普遍的反应是："你是在开玩笑吧？！"当天晚上和接下来的几天，大量的电话和电子邮件向我涌来，询问相关情况。那些两周内就要做陈述的 S-Team 成员，抗议尤其强烈。他们必须马上理解这个新的叙述流程，学会高效地使用现有的工具。毕竟，酝酿数月的新想法，其命运取决于会议的结果。

对于这种反应，我们也许不应该感到意外。2004 年 6 月 9 日之前，亚马逊的许多会议一直都默认采用 PPT 作为交流想法的工具,很多公司过去和现在也都是这样做的。它的好处和风险,大家都非常清楚。倾听魅力非凡的高管借助精妙的话语、跳动的图片和优雅切换的幻灯片做令人振奋的陈述,还有比这更令人愉悦的事情吗?但如果几天后你无法想起他陈述的细节,怎么办?最难受的是,即使陈述的结构混乱、模板单调、文字太多太小而无法看清,你也得强忍着听完。更糟糕的是,陈述者如果因为紧张而说话结巴、仓促地切换一张张幻灯片,会让人感到如坐针毡。

然而,采用PPT的真正风险,是它会影响决策:即使想法不怎么样,善于表达的陈述者也可以引领团队同意;结构混乱的陈述会让人困惑,因而讨论会变得杂乱无章、缺乏重点,本来很好的想法未能得到认真考虑;单调、乏味的陈述会麻木听众的大脑,他们会走神或开始查看电子邮件,因而错失潜藏于单调的说话声和平淡的图片之中的好想法。

掌握叙述体陈述的方法,需要花时间。首先,叙述体应该采用什么形式,这并没有任何既定规则。对于变革的原因,杰夫给出了简短的解释:

> 写4页纸的备忘录,比"写"20张PPT更难,因为备忘录的结构是叙述性的,因而会迫使你深入思考和理解什么更重要,以及想法如何关联。
>
> PPT陈述容易遮蔽想法,无法突出重点,忽略想法之间的关联性。[3]

按照今天的标准,我们最初所做的那几次叙述体陈述糟糕得可笑。有些团队忽视了篇幅限制——叙述体备忘录要足够简洁，才能在会上读完。有的团队满腔热忱，觉得篇幅太短无法充分地表达自己的想法，竟然写了三四十页。知道我们对篇幅限制是认真的，有些团队就选择小号字体，缩小页面空白，采用单倍行距，每页尽量多挤入文字。我们想要的，是写作的益处，不是16世纪的文本样式。

逐渐地，我们确定了标准格式：长度——最多6页，不许在版式上耍小聪明，可用附录补充相关信息或支撑材料，但不要求会上阅读。

如何写高效的"六页纸备忘录"

"六页纸备忘录"样式多样。因此，我们不想提供完整的写作指南（这是不可能的），而是写了一份：以我们今天所用的形式，第一次推荐S-Team会议采用叙述体而不是PPT——关于"六页纸备忘录"的"六页纸备忘录"。部分内容是你刚读过的内容的简化版本，以帮助你明白如何将大的想法变成真正的"六页纸备忘录"。（请注意：采用8.5×11页面设置、单倍行距和11号字体，6页纸就可轻松地装下这份备忘录，但由于版式差异，本书复制的这份备忘录的篇幅可能会更长。）

亲爱的PPT：我们不再需要你

我们的决策程序完全无法跟上事业的规模和复杂性的快速增长。因此，我们倡议：从即日起，S-Team会议停止使用PPT，改用"六页纸备忘录"。

PPT有何问题？

S-Team会议一开始，通常都是用PPT陈述某个供讨论的计划或业务分析。每个团队的PPT风格各有不同，但都受限于PPT的格式。不管内在概念有多么复杂或微妙，都会呈现为连串的小块文字、要点或图片。

即使是最忠实的PPT爱好者也不得不承认：信息过多，其实会毁掉PPT。亚马逊最畅销的PPT图书阐述了以下三种幻灯片。

1. 超过75个单词：信息密集，不适合PPT陈述——最好提前分发，会前阅读。
2. 50个单词左右：陈述者的"拐杖"和读稿机，往往大声地朗读而忽略了听众。
3. 单词数量更少：适合PPT，用于视觉强化所讲内容。

陈述者必须花时间加以拓展和排练。[1]

有一条广为接受的经验法则（即所谓的"6×6"法则）：每张幻灯片最多6个要点，每个要点不超过6个单词。还有指南建议，每张幻灯片不超过40个单词，幻灯片的总数不超过20张。虽然具体的数字有差异，但主题——限制信息密度——都是相同的。总之，这些做法都指向一个共识：如果想让听众不感到困惑，不想失去听众，每张幻灯片就只能包含那么多的信息。这些格式要求会迫使陈述者浓缩自己的想法，甚至会忽略某些重要的信息。

迫于PPT的功能"天花板"，同时又需要表现出团队工作的深度和广度，陈述者——已经花费大量的时间删减内容，直到符合PPT的要求——就得口头"回填"信息。因此，陈述者的公众演讲技巧和幻灯片制作技术会过度地——而且差别巨大地——影响想法的传达效果。无论一个团队花费多少功夫做某个计划或业务分析，它最终是否成功都取决于同所谈问题不相关的因素。

我们都曾见过，有些陈述者在陈述过程中被打断和提问，然后说些"后面几张幻灯片会回答这个问题"之

---

[1] Nancy Duarte, Slide:ology: *The Art and Science of Creating Great Presentations* (Sebastopol, CA: O'Reilly Media, 2008), 7.

类的话，借此努力让思路清晰。于是，陈述失去了连贯性，听众变得懊恼，而陈述者变得慌乱。我们都想对重要的点"刨根问底"，但只能等到陈述做完，我们的问题才会有满意的答案。几乎所有的PPT陈述，我们都得手写笔记，记录口头交换的想法，而这才是我们所需的主要信息。只凭借幻灯片，往往不足以完整地传达或记录所谈的问题。

我们的灵感

我们大多数人都熟知爱德华·R.塔夫特，他的著作《量化信息的视觉呈现》（*The Visual Display of Quantitative Information*）影响深远，也是亚马逊网站的畅销书。他的文章《PPT的认知方式》精准地概括了我们的困境：

"分析越具有因果性、多变量、比较性、证据支撑性，信息的密度越高，PPT的害处就越大。"

这种描述完全符合我们的S-Team会议：非常复杂，相互牵连，需要探究大量信息，决策关联的后果越来越大。线性推进的幻灯片不太适合这种分析：幻灯片很难让人相互参考想法；文字稀少，无法充分表达想法；视觉效果与其说给人启发，不如说让人分心。PPT没有让事情变得清楚而简单，相反，它会使讨论失去重要的细微差别。

塔夫特的文章提出了一种解决办法。他在文中写道："对于正式的陈述，可以将PPT替换为包含文字、数字、数据图形和图片的纸质材料。纸质材料的信息密度高，可以为阅读者提供证据语境并对证据加以比较、引述和重组。相比之下，PPT信息密度低，容易遗忘，让听者处于迷茫和被动的状态，还会降低陈述者的可信度。"

他接着写道："做正式的陈述，可用文字处理或页面设置软件代替PPT。大型组织要完成这种转换，需要明确的行政命令：从现在起，做陈述的软件必须是微软的Word，不能用PPT。要习惯用它。"对于这个建议，我们已认真考虑，现在提议加以采纳。

我们提议：弃用PPT，改用叙述体备忘录

我们提议：S-Team会议立即停用PPT，改用单一的叙述体备忘录。有时候，为了表达简洁和清晰，叙述体备忘录也可以包含图表和列出要点，但我们要强调的是：只将幻灯片复制为书面形式，这是不可接受的。我们的目标，是采用只有叙述体备忘录才能做到的那种完整而自足的陈述。请接纳它。

我们的信条：最重要的是想法，而不是陈述者

改用叙述体备忘录后，团队的想法和论证就处于"舞台"的中央。今天，那些对陈述成功起着巨大作用的演讲技巧和幻灯片制作技术被消除，从而营造出公平的"竞赛"环境。团队的所有队员都可以做出贡献，参与叙述体备忘录的写作、检查和修改，直到臻于完美。不言而喻，明智的决策的来源是想法，而不是个人的演讲技巧。

现在，原本用于制作精美的、图文并茂的幻灯片的时间，就可用于做更重要的事情。我们不必再浪费时间和精力去讲台上预讲，许多团队的领导者也会如释重负，不再有重要的、不必要的压力源。陈述者是出色的推销员、内向者、新进公司的大学毕业生，还是具有20年丰富经验的副总裁，这些都不重要，重要的东西都写在纸上。

而且，叙述体备忘录便于携带、扩展和传阅，任何人、任何时间都可以阅读，不需要记录或录音也可理解陈述的内容。每个人都可以对备忘录加以编辑或评述，而且很容易进行云分享。叙述体备忘录本身就是记录。

阅读者的优势：信息密度和想法关联

一个有用的比较指标，是我们所说的"叙述信息倍增

器"（向创造这一术语的亚马逊前副总裁吉姆·弗里曼致敬）。常见的 Word 文档采用 Arial 字体、11 号字，每页的字符数平均为 3000~4000 个。为了加以比较，我们分析了最近 50 次 S-Team 会议的 PPT，发现每张幻灯片所含的字符数平均仅为 440 个。这就是说，书面的叙述体文本的信息密度，是常见 PPT 的 7~9 倍。考虑到 PPT 的上述局限，叙述体信息密度的倍数还会增加。

根据塔夫特的估计，人们的阅读速度要比陈述者的说话速度快三倍。也就是说，在相同的时间内，他们阅读叙述体文本所获得的信息，要比听 PPT 陈述多得多。因此，叙述体文本可以在更短的时间内传达更多的信息。

考虑到 S-Team 成员每天要参加很多会议，"叙述信息倍增器"本身就具有倍增作用。改用这种信息密度更大的形式，关键决策者在某个时段内获得的信息量会更多。

叙述体备忘录还可以使非线性的、关联性的讨论自然地展开——线性的、刚性的 PPT 则无法做到这一点。正是这样的想法关联，决定着我们许多重要的商业机会。此外，获得的信息越充分，决策者的决策质量就会越高，对团队陈述的战术和战略计划所做的反馈会更好、更详细。公司高管们对重要计划的信息了解得越充分、越深入、越广泛，我们就比所有其他依赖传统的低带宽沟通方法（比如 PPT）的高管拥有的竞争优势越大。

陈述者的优势：思路更清晰

我们知道，写叙述体备忘录要比做PPT更艰苦。这其实是好事。写作行为本身会迫使写作者更深入地思考、综合，而做PPT则不必如此。书面表达的想法，都经过充分的思考，尤其是整个团队都参与检查并给出反馈。将所有相关事实和重要论点组合成连贯的、易懂的文本，这是一个令人畏惧的任务——它也应该让人畏惧。

作为陈述者，我们的目标不只是介绍某个想法，还要表明这个想法是经过仔细权衡和缜密分析的。与PPT不同，扎实的叙述体备忘录可以（而且必须）表明那些为数众多、常常大不相同的事实和分析是如何关联的。虽然PPT理论上也可以做到这一点，但经验表明，几乎没有PPT能够真正做到。

完整的叙述体备忘录还应该预料到可能的反驳、疑虑以及我们希望团队给出的不同观点。写作者不得不预料到刁钻的问题、合理的反驳，甚至是常见的误解——并主动在叙述体备忘录上加以回应。叙述性陈述根本无法掩盖重要的问题，尤其是你知道它会被挑剔的听众仔细地剖析。虽然这一开始听上去有些吓人，但它反映了我们的长期承诺：深入地、正确地思考我们面临的机会。

观点有说服力，其基础是"观点、论据、结论"这六个字的写作箴言。成功的叙述体备忘录要为读者理清思路，继而创造有说服力的论证，而不是罗列一堆毫无关联的要点和图片，让听众自己去理清思路。要想写作有说服力，就需要甚至必须思路清晰——这对多个团队合作的想法尤为重要。叙述体备忘录要求团队同步。否则，他们就得在文中明确地说明尚未达成一致的地方。

爱德华·R.塔夫特以其一贯的坦率而简明的风格总结了叙述体优于PPT的地方："PPT因为我们愚蠢的想法而变得丑陋不堪，错误百出，而PPT的散漫性却使我们更容易获得愚蠢的想法。"

如何用叙述体备忘录开会

会议一开始，就分发叙述体备忘录，然后所有与会者开始阅读，时长通常与陈述PPT的时长大体相当——约为20分钟。在此期间，很多人会在备忘录上做记录或评注。所有人都示意读完后，讨论随即开始。

我们知道，人们阅读复杂的信息，平均每3分钟能读完一页。反过来，这也决定了书面文本的有效长度：会议时长60分钟，文本长度约为6页。因此，我们建议团队遵守6页纸的上限要求。毫无疑问，有时候，你会觉得很难将一个完整的备忘录压缩到这个篇幅，但PPT陈述者也有时间限制——其实是受到会议时长的限制。我们认为6页纸应该足够了，不过我们会随时检讨并在必要时加以修订。

结　论

PPT带给我们的东西很有限，我们感谢它的帮助，但时代在前进。书面的叙述体备忘录能够让我们更深入、更有力、更全面地表达想法，同时还有一个关键的益处：它起着"强制函数"的作用，磨砺出更尖锐、更全面的分析。"六页纸备忘录"还会使沟通变得非常包容，因为阅读期间，陈述者和阅读者之间是零互动的。除了论证的清晰性，其他偏见都无关紧要。这种转变不但会增强陈述的"推销"效果，也会使产品和公司变得更加强大。

常见问题（FAQ）

问：和我们同等规模的公司，大都采用PPT，我们为何要与众不同呢？如果这种转变最终被证明是错误的举措呢？

答：答案很简单——我们发现了更好的方法。亚马逊能够脱颖而出，正是因为它与其他大公司不同，包括我们愿意追踪数据并寻求常见之事的更好做法。如果这个举措无法解决问题，我们就会采用惯常的做法——迭代、改良或者完全推倒重来——如果结果告诉我们这是最佳的办法。

问：为什么不在会前分发备忘录，让我们做好准备？

答：分发备忘录和会议开始之间的时间很短，可能无法让所有与会者都有足够的时间准备。此外，由于备忘录取代了PPT，会议的这个环节被用于默读备忘录，让大家在问答环节开始前都加速进入状态。因此，没有任何时间浪费。最后一点也同等重要：团队拥有尽可能多的时间去完成和完善备忘录。

问：我的团队非常善于PPT陈述——我们必须改用备忘录吗？

答：是的。PPT陈述再好，也有一大危险：陈述者的临场表现或个人魅力有时候会无意中遮蔽关键的问题或疑虑，切换图片也会让人分散注意力。最重要的是，我们发现，即使PPT用得再好，其传达信息的完整性和复杂度也不及叙述体备忘录。

问：如果我们把PPT打印出来，再补充一些延伸性的注释，来强化和延伸陈述的内容，怎么样？

答：不行。将PPT复制到纸上，其缺陷也会被复制。虽然叙述体备忘录有时不太有趣，但其传达信息的缜密程度是PPT无法超越的。

问：叙述体备忘录中还可以使用图像或表格吗？

答：可以。大多数复杂的问题都可从数据中获得洞见。我们认为，某些数据的最佳呈现方式就是图像或表格。不过，我们也认为，单靠图表是无法具有我们所期望的、真正的书面备忘录所具有的那种说服力和完整度的。如有必要，可以加入图表，但不要让图表占据主导地位。

问：6页纸感觉篇幅较短，每页可以有多少内容？

答：限制6页纸，这是宝贵的"强制函数"，可以确保我们只讨论最重要的问题。我们留出了20分钟的阅读时间，所有与会者都应该能读完全文。不要经受不住诱惑而缩小页面的空白处或改小字体，以便挤入更多的内容。为保持6页纸的篇幅限制而增加密度，这会事与愿违，还会诱惑写作者偏离正题，讨论一些不太重要的东西。

问：我们如何衡量这种改变是否成功？

答：好问题。我们至今还没有找到衡量S-Team会议决策质量的量化方法，这次也不是要提出衡量指标。对这两种方法进行比较，是一种定性的做法。我们提议，未来三个月使用叙述体备忘录，然后征求S-Team成员的意见，看看他们是否获得了更充分的决策信息。

"六页纸备忘录"的结构和内容各异

上面这个"六页纸备忘录"样本，我们加入了两个可选部分，亚马逊的许多陈述者都发现很有帮助。第一个部分是我们的提议所依据的信条——它是论证提议的基本出发点。信条可以给阅读者一个锚点，让阅读者借此评估备忘录的其余内容。如果信条本身存在争议，那就更容易直接讨论信条，而不必讨论基于信条的那些逻辑步骤。

第二个可选部分可能更为常用："常见问题"（FAQ）。高效的"六页纸备忘录"不只是给出论据，还要预料到可能的反驳观点、争论焦点或容易被误解的语句。加入FAQ，提前解答这些问题，就可以节省时间，让阅读者重点检查写作者思路的完整性。（更多的FAQ和原则示例，请参见"附录二"。）

还需要指出，有些"六页纸备忘录"的篇幅会超过6页，原因是它们会附上支撑性数据或资料——这些数据，开会时通常不会阅读。

叙述体"六页纸备忘录"可以有多种样式，我们这个样本只是提供一个例子，其样式只适用于我们讨论的问题。例如，我们通常不希望看到"我们的灵感"这一部分，即使它在备忘录中起着不小的作用。每个叙述体备忘录都可具有独特的标题和小标题、图像或数据表以及其他设计元素。

例如，亚马逊季度业务回顾会（QBR）上的叙述体备忘录，其结构可能如下。

- 序言
- 信条
- 成绩
- 失误
- 下季度计划
- 职员总数
- 盈亏报告
- 常见问题
- 附录（包括数据表、图像、模型等支撑性数据）

"六页纸备忘录"可用于探讨和陈述所有的观点或想法：投资、收购意向、新产品或新特性、月度或季度业务更新、运营计划，甚至是如何改善公司餐厅饮食的想法。要掌握叙述体备忘录的写作方法，就需要实践。参考和学习成功的例子，初次写作的人也能把叙述体备忘录写好。

新的会议模式

会议的主题由叙述体备忘录确定。会议开始后，所有与会人员都在会议室里阅读备忘录，那样效果是最好的。起初，这种寂静可能会令人不安，但参加几次这样的会议后，你就会习惯。即使听不见口头陈述，一篇高质量的叙述体备忘录也可以在这 20 分钟时间里给予你大量的有用信息。

我们在前面提到过，人的阅读速度大概为每 3 分钟 1 页，因而备忘录的篇幅不能超过 6 页。如果会议时长为 30 分钟，那 3 页纸的备忘录更为合适。我们的目标，是留出三分之二的会议时间用于讨论与会者所读的内容。

另外，阅读速度也因人而异。有些人会阅读附录，而有些人不会。有些与会者（如比尔）会在共享在线文档中写下评论，让所有与会者都能看到。我（柯林）喜欢老式的做法，把评论写在纸上，这样我就可以专心阅读备忘录了。这也有助于避免"确认偏误"。如果我实时阅读其他人的共享在线文档评论，就会出现"确认偏误"。此外，我知道，我很快就能听到大家的评论。

所有人都读完备忘录后，陈述者就开始发言。第一次做陈述的人，开场白往往是："我来为各位口头讲解一下这个备忘录。"要抗拒这种诱惑，这样做很可能只会浪费时间。采用书面备忘录，就是为了清楚地陈述理由、避免现场陈述的种种弊端。与会者自己已经了解了备忘录的内容。

在亚马逊，有些团队会走遍会议室来收集反馈意见，然后逐行地仔细阅读。有些团队会征询某个人对整个备忘录的反馈，然后再征询下一个与会者的意见。选择适合你的做法就行——没有唯一正确的做法。

接下来，讨论开始，这意味着与会成员向陈述团队提问。他们会要求团队澄清问题、盘问意图、提供洞见、提出修改或替换建议。陈述团队为准备备忘录可谓是尽心尽力，因此与会成员有责任认真对待。毕竟，会议的重要目标，是寻求所提议的想法或问题的真相。我们希望，我们和陈述团队对备忘录共同做出的所有调整，都能使它变得尽可能地完美。

在讨论阶段，还必须有人做记录。这个人最好是非常了解相关领域的人，而且不是主要陈述者。通常，陈述者太专注于回答问题，因而无法有效地做记录。在讨论阶段，如果发现没有人做记录，我会礼貌地叫停会议，询问谁来做记录。记录讨论的要点至关重要，因为与会成员的评论是陈述环节输出的一部分。

作为协作的反馈

事实证明，提供有价值的反馈和洞见，其难度并不亚于叙述体备忘录写作本身。我职业生涯中收到的最珍贵的礼物，是我参与阅读并评论的备忘录的陈述者所送的两支钢笔。（会议结束后，我通常会把写有我的书面评注的纸质备忘录交还给陈述者。）两位陈述者都告诉我，我的评注对他们的业务成功起到了重要作用。我这样说，绝不是夸耀自己，而是要证明：如果阅读者像写作者那样认真对待备忘录，他们的评论就会带来真正重要而长期的影响。你不只是在评论某个文件，还是在帮助这个团队形成某种想法，因而也是该事业重要的团队成员。

优秀的"六页纸备忘录"会作为范本在全公司宣传，而且所有员工都很清楚备忘录的性质和质量要求。因此，很少有团队在会议上陈述的备忘录不符合标准。有一次，我收到了一份不符合标准的备忘录。该团队写的备忘录老生常谈，极力掩饰棘手的问题。我礼貌地予以退还，表示还不能提交讨论，会议延期，并建议他们抓紧时间修改备忘录。不过，如我所言，这种情况少之又少。大多数时候，给出有力的反馈意见就是对团队的支持。杰夫阅读备忘录的能力令人感到不可思议，总是能给出无人能及的洞见，即使我们阅读的是同一份备忘录。一次会议结束后，我问他是如何做到的。他说出了一个令我终生难忘的简单而实用的窍门：他假定自己读到的每个句子都有错，直到找到相反的证据。他质疑的，是句子的内容，而不是写作者的动机。顺便说一下，杰夫通常是最后一个读完备忘录的人。

　　这种批判性思维方式会激发团队质疑自己：当前的备忘录写得对吗？还有其他重要的事实需要说明吗？符合亚马逊领导力准则吗？例如，假设有一份备忘录上写道："我们的退货政策对客户很友好，允许购买后 60 日内退货，而我们的竞争对手通常是 30 日内可退货。"忙碌的高管心里想着下一个会议，草草地读完了这句话，感到满意，然后继续阅读。然而，批判的阅读者会质疑它所隐含的假定：退货期限更长，因而退货政策对客户很友好。这个政策可能优于竞争对手，但它**真的**对客户友好吗？在接下来的讨论环节，这位批判阅读者会问："如果亚马逊真的是顾客至尚，那我们为什么要为难那些诚实的、想退货的 99% 的客户，让他们等待，直到我们的退货部门收到货品并确认货品无误和完好呢？"正是这种思维方式——假定这句话有问题——才催生了亚马逊的"无理由退货"政策：即使亚马逊还没有收到所退货品，客户也可获得退款（对于少数未退回货品的客户，退款会被撤销）。这个例子再次说明，你的公司不必有"杰夫",也可采用这种"吹毛求疵"的、批判性思考想法的工作方式。

对叙述体备忘录的最后思考

叙述体备忘录的设计目的,是提高组织高效沟通的数量和质量——比传统方法提升了一个数量级。写作这种高效的备忘录,需要艰苦的工作和某些冒险。好的叙述体备忘录要花费很多天才能写成。写作团队要苦思冥想问题、写初稿、传阅、评议、改写和重写,最后才迈出令人腿软的一步——请教上司和同行:"我们尽了最大的努力。请你看看还有哪些不足之处。"

刚开始的时候,公开备忘录会令人胆怯。但是,如我们所知,这种沟通模式也对与会者有了期望,让他们增强了责任感。他们必须客观而全面地评估想法本身,而不是评估团队或"推销语言",并给出修改建议。会议的工作成果,归根结底是陈述者和与会者共同努力的结果——每个人都认为自己是后盾。讨论时,保持沉默就等于认可陈述内容,但成熟的批评意见同样重要。

如此一来,陈述者和与会者就结为一体,对计划的后续成败或团队业务分析的正误都负有责任。看到亚马逊那些大获全胜的事业,请不要忘记:所有重大的成功,都获得过众多的评议;重大的贡献,可能来自团队,也可能来自与会者。另外,对于所有失败的计划或不足的分析，也有高层领导者听完后心想："有道理。""没错，这个应该可行。"不管是哪种情况，只要叙述体备忘录的流程充分发挥作用，你们就是一个整体。

05 逆向工作：从最佳客户体验出发

> 从客户出发，然后逆向工作——听起来容易，做到很难，
> 但这是创新和取悦客户的坦途。
>
> 高效的"逆向工作"工具：先写"新闻稿"和"常见问题"，
> 再建造产品。
>
> ***

自 2004 年起，亚马逊推出的所有重要产品和计划，大都具有一个共同的、非常鲜明的亚马逊特色：它们的诞生都经历过我们所说的"逆向工作"流程。"逆向工作"对公司的成功起着关键作用，因而我们把它用作本书的书名。"逆向工作"是一种审查想法、创造新产品的系统性方法。其关键原则是：首先思考客户体验，然后由此反复逆向工作，直到团队对要建造的产品拥有清晰的想法。其主要工具是书面叙述体的第二种形式：PR/FAQ（"新闻稿/常见问题"）。

我俩都是这种工作法诞生的见证者。"逆向工作"流程推出时，柯林作为"杰夫的影子"仍任职于亚马逊，他参与了随后12个月内有关"逆向工作法"的所有陈述和审查会议。比尔的经历，是对初期阶段的"逆向工作法"实施和完善。在此阶段，所有的数字媒体产品都得到了开发。

试错带来成功

做杰夫的"影子"，有点儿像用消防水管喝水。我（柯林）很早就注意到，这个工作有一大出乎人意料的挑战：工作场景每天都在变换。每个星期，杰夫（当然还有我）都要参加三次定期会议：持续4个小时的S-Team会议（见上一章）；业务回顾周会（见第6章）；在办公室附近召开的非正式的S-Team周一早餐会。除此之外，我们每天通常还要见2~4个产品团队，用1~2个小时对新产品和新功能"刨根问底"。还要不时地了解最新的零售、财务和运营情况，再加上处理一两次类似消防演习的突发事件，这样才算完成了一周的工作。

产品团队会议通常占用的是每周可用的零星时间。杰夫和我需要快速对接上次会议结束时的内容，因此每次产品会议的开始部分都可视为"准备成本"。接下来，我们会讨论上次会后所取得的进展、提问和回答问题、讨论新情况或新问题、就下次会议前需要采取的后续步骤达成一致。虽然每个人都有很好的愿望，但产品会议还是会经常出错、效率低下。有时候，"准备阶段"会耗费大量的会议时间：团队为自己取得的最新成就感到自豪，大谈这些成就，却不谈我们需要知道的重要决策。因此，等到团队谈完所取得的成就后，就没有足够的时间谈真正需要讨论的问题了。有时候，我们很晚才发现，团队没有和杰夫保持一致，偏离了上次会议所确定的路线。如果是这样，每个人都会感到非常沮丧，更不用说浪费了大量宝贵的时间。

我在前面提到过，作为"杰夫的影子"，我的工作职责之一是帮助他尽可能地提高工作效率。首先，我们必须改善产品会议的各个阶段。其次，我们需要在产品会议的"准备阶段"就迅速而准确地获得正确的信息。再次，我们必须关注最重要的问题。最后，我们必须为团队制定出下次会议前要遵循的清晰路线。如果能够做到这些，每个人都会是大赢家。我们可以更高效地解决难题，决策速度会更快，决策质量也会更高。高质量的决策的速度加快了，杰夫就能和更多的团队进行深入交流了。

我忙于努力解决这些问题，而杰夫大多数时候都在忙于亚马逊数字化转型以及后来的亚马逊云计算服务。

我的目标不容易实现，它需要长达数月的不断试错。杰夫尝试过多种方法，有些方法显得很疯狂。比如，编写使用者手册或API技术指南、依赖模型或其他使结果视觉化的方法，据此启动项目计划。我还记得，非技术的产品经理不断地给我打来电话："柯林，我下周要和杰夫开会。你能给我一份使用者手册样本吗？另外，我还要编写一份'API的指南'，但我压根儿不知道那是什么东西！"这些实验性的方法都未能坚持，意识到它们的效果适得其反后，我们便不再采用。

最终，效果最好的，是依靠亚马逊核心准则"顾客至尚"和写叙述体备忘录这种简单而灵活的方法。正是这两大要素构建了"逆向工作"流程：从客户体验出发，然后逆向工作，写产品发布模拟"新闻稿"以及预先解答棘手问题的 FAQ。下面所描述的"逆向工作法"的发展过程，虽然是数字团队的经验，但很多其他团队也有类似的经历。集合这些团队的经验，经过不断打磨和完善，"逆向工作法"最终得以成形。

模型在哪里？比尔与数字业务的推出

2004 年，我（比尔）被选中参与亚马逊数字媒体组织的创建和领导工作。我急切地想推出数字音乐、电影和电视剧的新店铺。我还需要对我们的电子图书店铺加以"翻新"——它于 2000 年上线，业务量很小，因为当时的电子图书只能通过个人电脑阅读，而且比纸质版图书的价格更高。

我原以为，数字媒体业务的推出过程，会与亚马逊的其他新业务（比如玩具、电子产品和工具）基本相同，就是所谓的"品类拓展"。推出这些业务，其过程并不复杂：团队收集资料，建立产品目录，联系卖家，定价，创建产品页面内容，然后就可推出。这虽然并不容易，但我们不用从零开始去打造新店铺或新的客户体验。

正如我后来所发现的，创建数字媒体业务的过程大不相同，因为创造完美的数字媒体客户体验，远不只是简单地在亚马逊网站增加一个新的零售品类。

前期工作进展顺利。我们三四个人的团队采用当时行之有效、MBA 所教授的那些方法制订计划。我们收集资料，了解潜在的市场规模。我们创建财务模型，预测各品类的年销售额，当然也为我们的数字媒体业务设定了不断增长的市场份额。我们设定卖家产品的成本，计算毛利率。我们基于支撑业务所需的团队规模预测运营利润率。我们草拟同媒体公司的交易协议。我们设计定价参数。我们描述这项业务将如何服务于客户。所有这些东西，我们都放入了整洁、漂亮的幻灯片（几个月后才改用叙述体备忘录）和电子表格。

我们和杰夫碰了几次面，陈述我们的想法。每次碰面，他都会仔细地倾听我们的陈述。他会提出追问性问题，研究财务情况。但他似乎从未感到满意或被说服，他觉得我们的计划缺少服务客户的具体细节。最后，他总是会问："原型在哪里？"

杰夫所说的原型，是视觉化呈现，演示这个新服务在亚马逊网站的实际模样。原型必须具体化，展示从登录网页到购买的整个客户体验过程，包括页面设计、按钮、文本、点击序列等。要创建有意义的、内容翔实的原型，你必须全面考虑各个要素：这个服务将提供什么东西，客户会有何种体验，各项功能如何在网页上运行。它需要投入大量的工作全面思考业务，还需要投入更多的工作去创建和完善视觉呈现方式。

我们没有原型。我们只是想向杰夫推销这个业务机会，告诉他数字媒体业务的规模会很大，从而做好预算，获准开始建立团队。获得放行后，我们再处理客户体验和其他问题。

但是，如果杰夫想看原型，那就最好创建原型。

几个星期后，我们带着初步原型去见杰夫。杰夫认真地听完了我们的陈述，然后开始询问每个按钮、单词、链接和颜色的细节问题。关于音乐，他问我们的服务如何优于iTunes。关于电子图书，他想知道它们的价格是多少。他问我们，除了个人电脑，人们是否还能用平板电脑或手机阅读电子图书。

我们照例进行了回答。这些东西，我们还没有想清楚！我们只是需要他的同意，然后我们就能招募团队、开始和媒体公司谈判，并推出某些东西。答案令他不满意。非常不满意。杰夫想知道的，是我们究竟要创建什么、客户体验如何优于竞争对手。他要求我们就这些细节问题达成一致，然后才能招募团队、建立供应商关系和创建服务。

显然，与毫无原型相比，不成熟的原型的效果并没有更好，可能还会更糟糕。在杰夫看来，原型不成熟，就表明想法不成熟。他立即予以否决。为了明确地表达自己的观点，他的措辞很严厉。杰夫希望我们知道：不能选择现有可行的、便捷的道路就冲向这个商业机会。我们必须全面考虑计划细节。

我们回去返工。我们"挖掘"越深入，就越清晰地发现，数字媒体业务不同于亚马逊所有其他的业务。最明显的不同之处是：我们不是为客户递送棕色包装的货品，而是通过电缆输送数字比特。这还不是最复杂的部分，我们还必须想出完美的方式，让客户获得数字比特后马上就能操作、阅读、聆听或观看。这就需要定制应用程序和硬件。

我们继续同杰夫开会，我们尝试过用各种电子表格和幻灯片来陈述和探讨我们的想法，但效果似乎都不太好。有一次（我记不清具体的时间），杰夫建议我下次会议换个方法。他说，要忘掉电子表格和幻灯片，团队的每个成员都写一份叙述体备忘录，阐述自己对数字媒体业务设备或服务的最佳想法。

再次召开会议时，我们每个人都带着叙述体备忘录与会。（如前所述，我们是参与亚马逊叙述体备忘录早期实验的团队之一。那时，它还未成为亚马逊的官方政策。）我们将这些备忘录逐一分发，阅读，然后加以讨论。有人提议采用最新的电子墨水屏技术推出电子书阅读器，有人描述了 MP3 音乐播放器的一个新的应用场景。杰夫自己写的备忘录，是关于他称为"Amazon Puck"的一种设备。它立在工作台面上，可以接收语音指令并做出反应，比如"Puck，订购一加仑牛奶"。然后，Puck 就会向亚马逊下订单。

这个过程带来的最大启示，不在于那些对产品的想法，我们在第 4 章中提到过，真正的突破是备忘录本身。我们得到了解放，不再受制于 Excel 表格的数量要求、PPT 的视觉诱惑和个人表现的分心影响，想法必须呈现于写作之中。

通过写作阐述想法，这是一项艰巨的工作。它需要我们深入思考、表达精确，我们必须描述各项功能、定价、服务的运作方式、客户为何需要它。与 PPT 相比，书面文字更难掩藏不成熟的想法。即使有个人魅力，也无法蒙混过关。

开始采用叙述体备忘录之后，会议发生了变化。讨论的内容和细节更多，气氛更活跃，时间更长。我们不再重点关注预估损益表、预测市场份额,我们详细讨论的,是服务本身、客户体验以及哪些产品和服务对客户最有吸引力。

经过大量试错,随着许多团队持续推进叙述体备忘录实验,杰夫打算更进一步。如果我们把阐述产品概念的备忘录变成新闻稿呢?通常,在传统组织内,在产品开发流程结束后才会写新闻稿。产品经理和工程团队完成自己的工作后,就把它丢给营销和销售团队——这些团队会从客户的角度看待产品,而且往往是第一次接触产品。这些团队的成员负责写新闻稿,描述产品的各种"杀手级"功能和绝妙益处,目的是营造舆论、吸引消费者的注意力,最重要的是让客户从椅子上跳起来下手购买。

在这个标准的流程进行中,公司向前推进。管理层提出某个对公司很重要的产品或业务,然后想办法硬塞给客户,满足他们尚未被满足的需求。

杰夫认为,这种方式会带来某些不利的后果。为了加以说明,他把索尼当作假想例子。假设索尼公司决定推出一款新电视。销售和营销团队在调研客户偏好和市场趋势(但不一定是客户体验)后,认为:索尼应该推出售价为1999美元的44英寸[1]电视。然而,工程团队一直在开发这款新电视,他们关注的重点是电视的画质(高分辨率),没有太关心价格问题。他们提出的电视款型,仅生产成本就高达2000美元。因此,它的零售价格根本不可能是1999美元。

如果索尼的这两个部门启动开发流程前先写新闻稿,他们就必

---

[1] 1英寸=2.54厘米。

须首先就电视的功能、成本、客户体验和价格达成一致，然后逆向工作——先确定要推出什么样的电视，从而预先暴露出产品开发和生产过程中将会面临的各种挑战。

Kindle 新闻稿

Kindle 是亚马逊数字媒体事业部推出的第一个产品，也是亚马逊采用"新闻稿"工作法所创造的首批产品之一，其他的还包括 AWS 的几个产品。

Kindle 在诸多方面都取得了突破：它采用了电子墨水屏；客户可以通过这个设备直接浏览、购买和下载图书——不需要连接个人电脑或 Wi-Fi；Kindle 提供的电子图书的数量，超过同时期的所有其他设备或服务，而且价格更低。今天，这些功能听上去绝对是 Kindle 的标配，但在 2007 年，它可是首创之举。

但是，Kindle 并非一开始就是这样的。开发初期——我们尚未开始采用"新闻稿"工作法，仍在沿用 PPT 和 Excel 的时候——我们并没有从客户的角度描述兼具上述功能的设备。我们关注的是技术挑战、商业约束、销售和财务前景、市场机会。我们向前推进，努力创造一个有利于亚马逊公司但不利于客户的产品。

当我们写 Kindle 新闻稿、开始逆向工作时，一切都发生了改变。我们开始转而关注客户想要什么：给予完美阅读体验的显示屏，使图书购买和下载变得轻松、愉快的下单流程，品类的选择面广,价格低。如果没有"新闻稿"工作法,我们永远无法取得这些突破,从而使客户有完美的体验。因为它,开发团队被迫创造出诸多方法来解决客户的问题。(我们将在第 7 章完整地讲述 Kindle 的开发过程。)

随着我们使用"逆向工作法"日益熟练,我们对"新闻稿"加以改良,增加了一个要素:"常见问题"(FAQ),当然也包括答案。

经过不断发展,"常见问题"部分既包括对外"常见问题",也包括对内"常见问题"。对外"常见问题"是媒体或客户希望获得答案的问题:"哪里可以买到新推出的亚马逊智能音箱 Echo?""语音助手 Alexa 是如何工作的?"

对内"常见问题"是你的团队和公司高管们可能会提出的问题:"44 英寸、高清显示、零售价 1999 美元、毛利润 25%,这种电视我们如何做?""我们如何做一个 Kindle 阅读器,使客户不必协议入网就可连接运营商网络下载图书?""实施这个新计划,我们需要新招多少软件工程师和数据科学家?"

换言之,"常见问题"部分是写作者站在客户的角度分享计划的细节,同时又从内部运营、技术、产品、营销、法务、业务发展和财务等角度应对各种风险和挑战。

"逆向工作法"的文案,就是人们熟知的 PR/FAQ("新闻稿/常见问题")。

PR/FAQ 的功能与益处

"逆向工作法"的根本出发点，是从内部 / 公司的视角转变为客户的视角。客户随时都在被推销新产品。这个新产品为何足以吸引客户下手购买呢？在审查新闻稿中的产品功能时，高管们常问的一个问题是："那又怎样？"如果"新闻稿"中所描述的产品没有明显优于市面上的现有产品（更快、更便捷、更便宜），那这种产品就不值得打造。

"新闻稿"让读者拥有最精彩的客户体验。"常见问题"提供关于客户体验的所有重要细节，同时又能全面而清晰地评估公司打造该产品或创造该服务将面临多大的成本或挑战。正因如此，亚马逊团队通常都要对 PR/FAQ 修改 10 次以上，和公司高层开会 5 次以上，对某个想法加以"迭代"、辩论和完善。

PR/FAQ 流程为反馈的快速"迭代"和吸收搭建了框架，强化了基于细节、数据和事实的决策方法。我们发现，它不但可用于产品和服务开发，也可用来"开发"想法和计划——比如新的薪酬制度。你的组织一旦学会如何使用这个宝贵的工具，就会"上瘾"。人们会开始用它来解决各种问题。

随着时间的推移，我们对 PR/FAQ 的规范进行了完善和标准化。PR 部分的篇幅较短，通常不超过 1 页，FAQ 部分的篇幅不超过 5 页，多余的篇幅或文字不会有任何奖励。其目的不是汇报你做了哪些出色的工作，而是分享你从出色的工作中所提炼出的想法。

职业写作者或专业编辑都清楚新闻稿精简的重要性，但产品开发者往往不明白这一点。在采用 PR/FAQ 的初期，人们常犯的一个错误是认为写得越多越好。他们会写出长篇大论，附上一页页备忘录、图像和表格。至少从写作者的角度来看，这种做法具有一大好处：它能展现他们所做的所有工作，不用艰难地决定哪些内容重要、哪些不重要——而是交给与会者决定。然而，借用我们讨论叙述体备忘录时所用的那个术语，PR/FAQ 的篇幅限制是一个"强制函数"——如我们所见，这样做可以促进思考、提高交流效果。

首先，想到某个点子或计划的人写作 PR/FAQ 初稿。写好后，他安排相关人员参加一个小时的会议，进行审查、听取反馈意见。在会上，可以分发电子版或纸质版的 PR/FAQ，然后大家默读。大家读完后，写作者征询大家的反馈意见。层级最高的与会者往往最后发言，以避免影响其他人。

所有与会者都给出反馈意见后，写作者逐行、逐段地询问具体意见。讨论细节是这个会议的关键部分。人们会提出刁钻的问题，就主要想法及其表述方式进行激烈的辩论和讨论。他们会指出哪些东西应该删掉，哪些东西要补充。

会议结束后，写作者将会议纪要（包括记录的反馈意见）分发给所有与会者。然后，他开始修改，加入对与会者反馈意见的回应。完成修改后，呈交给公司高管。接下来，还会有更多的意见反馈、讨论、修改和会议。

不管这些反馈意见是多么不偏不倚、多么具有建设性，PR/FAQ 的审查过程都会充满压力。随时都会挑出漏洞！准备付诸实施的 PR/FAQ 尤其需要经过多次修改，和领导层举行多轮会议讨论。负责监管 PR/FAQ 写作者的高级经理、主管和公司高管们，都会成为这个流程的出色评估者和贡献者。他们审阅的 PR/FAQ 越多，采用 PR/FAQ 流程建立和推出的产品越多，就越能够识别写作者的思维漏洞和瑕疵。因此，随着想法被审查和强化、从各个贡献者到 CEO 的所有计划参与者结成"同盟"，这个过程本身就会创造一群评估专家。此外，它还能使计划更有可能得到批准和资金支持。你要准备好对 PR/FAQ 进行多次修改，甚至在计划正式实施后也要修改，以反映情况变化和新的因素。

示例：

"蓝色公司"宣布推出智能邮箱 Melinda

Melinda 是一款智能邮箱，用于安全收取和存放各种网购商品和食品快递。

佐治亚州亚特兰大市，美通社，2019 年 11 月 5 日

今日，"蓝色公司"宣布推出可安全冷藏存放网购商品和生鲜食品快递的智能邮箱 Melinda。有了 Melinda，你无须再担心门口的快递丢失或食品变质。而且，快递一经送达，你立即就会得到通知。Melinda 采用智能科技，售价仅为 299 美元。

今天，23% 的网上购物者声称放在门廊的快递包裹丢失，19% 的网购者投诉快递食品变质。这些问题如果没有好的解决方案，客户就会放弃和停止网上购物。

Melinda 采用智能技术和隔热材料，使包裹丢失和食品变质成为历史。每个 Melinda 邮箱都安装了摄像头和扬声器。快递员到达你家后，Melinda 会告诉他将包裹对准摄像头、扫描快递条形码。如果条形码有效，邮箱的门就会打开。然后，Melinda 会指引快递员放入包裹并关好邮箱门。Melinda 底座内置的电子秤可以核对包裹重量与你所购物品的重量是否相符。快递员收到语音核实后，你所购买的物品就是安全、可靠的。Melinda 会给你发送信息，告诉你所购物品已经送达，同时还会发送快递员投放快递的视频。

你回家后如果想收取快递，使用内置的指纹识别器就可以打开邮箱的门。Melinda 可存储和识别 10 个以上的指纹，因此，你所有的家人都可使用 Melinda。

你通过 Instacart、亚马逊和沃尔玛网购生鲜食品吗？你讨厌烈日下生鲜食品变质吗？Melinda 可以低温保存你的生鲜食品。Melinda 柜板的厚度为 2 英寸，采用顶级冷藏器同类型的压注泡沫，可以冷藏食品 12 个小时以上。

Melinda 安装方便，可安装于门廊或露台，占用空间仅为几平方英尺。Melinda 有多种颜色和涂饰供你选择，可以让你的家看上去更加漂亮。

"蓝色公司"CEO 丽莎·莫里斯说:"在网购安全性和便捷性方面,Melinda 是一大突破。为了打造 Melinda,我们采用了大量的最新科技,而它的售价仅为 299 美元。"

网购达人、Instacart 的客户珍妮特·托马斯说:"Melinda 是'救命'神器。我曾经有一个放在门廊里的包裹被人偷走了,这让我感到非常沮丧。联系客服退款也会消费时间。我每周都要从 Instacart 网购生鲜食品,很多时候,快递到达后,我不在家。知道它们会安全地冷藏在我的 Melinda 里,这种感觉我很喜欢。我选择的是天然柚木棕色漆面的 Melinda——安装在门廊里,看上去非常漂亮。"

欲购买 Melinda,只需登录 keepitcoolmelinda.com、amazon.com、walmart.com,或直接去沃尔玛超市及各大零售商场购买。

对内"常见问题"

问:Melinda 的客户需求量预计有多少?

答:根据我们的研究,我们预计美国国内以及欧洲和亚洲有 1000 万个家庭愿意在 299 美元的价格点购买 Melinda。

问:价格定位为什么是 299 美元?

答:目前,市场上没有直接可比的产品。有一个类似的产品是"亚马逊钥匙"（Amazon Key），快递员通过智能门锁技术将快递放入客户的家里、车库里或汽车里。另一个类似的产品是智能门铃（Ring Doorbell），其售价为99~499美元。我们的定价是基于客户调查和"焦点小组"访谈确定的，同时确保能够盈利。

问：Melinda如何识别包裹条形码？

答：我们可以从"绿色"公司获得条形码扫描技术许可，每年的费用为10万美元。此外，我们还需要开发应用程序接口（API），链接Melinda客户的账户和各大电子商务公司（亚马逊、沃尔玛、eBay、Offerup等），从而从电商或快递公司那里获得货品追踪号码。这样，我们就可通过包裹的追踪号码来识别条形码，知道货品的准确重量或估计重量。

问：如果客户收到电商的订单，但尚未链接账户，怎么办？

答：客户很容易链接订单，因为我们会为Melinda的客户提供浏览器插件。只要客户在电商处下单就可探测到，然后客户的账户和订单详情就会链接到他的Melinda上。

问：亚马逊、沃尔玛等电商为什么愿意同我们分享快递包裹的信息？这对他们有什么好处？

答：我们相信可以说服他们：好的客户体验有助于提

高销量。此外，我们会和他们的业务和法务部门紧密合作，确保我们对客户数据的处理符合他们的严格要求。我们会为客户提供操作简单的界面，他们可选择将电商的所有追踪号码复制、粘贴到他们的 Melinda 应用程序上。

问：如果客户一天收到的快递超过一个呢？

答：Melinda 每天可以接收多个快递，直到放满。

问：如果包裹太大、无法放入 Melinda 呢？

答：体积超过 2 英尺 ×2 英尺 ×4 英尺的包裹无法放入 Melinda，但 Melinda 仍然可以记录快递员的操作，只是包裹会放在 Melinda 外面。

问：Melinda 如何防止快递员偷走原本存放在里面的快递？

答：这有几种方式。第一，前置摄像头可以记录针对 Melinda 的所有活动或接触。第二，Melinda 底座内置有电子秤，可以探测货品的重量，核实是否与所购货品的重量相符。如果一天有两个快递包裹，Melinda 会知道第一个包裹的重量以及第二个包裹的预估重量。因此，如果重量减少，Melinda 就知道快递员取走了包裹，然后就会发出警报。

问：每个 Melinda 的物料成本（BOM）或制造成本预计是多少？单位利润是多少？

答：每个 Melinda 的制造成本为 250 美元，也就是说，单位毛利润为 49 美元。生产 Melinda 最昂贵的物料是外壳和绝热材料（115 美元）、指纹识别器（49 美元）和电子秤。

问：Melinda 使用什么电源？

答：Melinda 需要配备标准的交流电插座。

问：打造 Melinda 需要多大的团队规模？

答：我们估计需要 77 人，每年开支为 1500 万美元。打造 Melinda 需要几个团队，可以分为硬件团队和软件团队。

硬件方面，我们需要的团队包括：

· 外壳、颜色和涂饰（6 人）

· 指纹识别器、摄像头、自动锁、扬声器等智能和机械部件安装（12 人）

软件方面，每种新服务都需要一个团队。下面是我们目前估计所需的团队及其人数，包括产品经理、工程师、设计师等：

· 语音控制（10 人）

· 指纹采集及存储（8 人）

· 包裹追踪与货品重量信息（11 人）

· 条形码识别（7 人）

· 将电商账户链接到 Melinda 的 API（12 人）

· 浏览器插件/链接账户的 Web 界面（5 人）

· 苹果和安卓 Melinda 应用程序（6 人）

* * *

虚构这份 PR/FAQ，是为了说明 PR/FAQ 的写作者和阅读者应该考虑的思维方式和问题。

这个产品本身既是真实的，也是不真实的。客户的包裹丢失和食品变质问题是真实存在的（虽然这里的研究和统计是虚假的），所用的部件和技术也都是存在的。这里描述的 Melinda 不真实，是因为成本肯定被低估了，其潜在的市场规模也可能极小。

不过，这个例子可以说明 PR/FAQ 流程如何有助于写作者评估打造新产品的可行性，迫使他们思考和写下各种要素和限制条件，包括（但不限于）客户需求、潜在的市场规模、单位经济效益与损益表、主要的依存关系及可行性（打造该产品的挑战有多大）。好的 PR/FAQ，写作者必须清楚地思考并解答这些问题，对每个问题都求真，求解。

"新闻稿"的组成部分

"新闻稿"主要包括下列部分。

标题：以阅读者（你的目标客户）容易理解的方式点出产品的名字。标题为一句话：

"蓝色公司"宣布推出智能邮箱 Melinda

副标题：描述产品以及客户使用该产品的益处。副标题只写一个句子：

　　Melinda 是一款智能邮箱，用于安全收取和存放各种网购商品和食品快递。

摘要：首先写明城市、媒体渠道以及计划发布的日期，然后简述产品的情况及其好处。

　　佐治亚州亚特兰大市，美通社，2019 年 11 月 5 日。
　　今日，"蓝色公司"宣布推出可安全冷藏存放网购商品和生鲜食品快递的智能邮箱 Melinda。

问题：描述产品要解决的具体问题。一定要从客户的角度写这个部分。

　　今天，23% 的网上购物者声称放在门廊的快递包裹丢失，19% 的网购者投诉快递食品变质。

解决方案：较为详细地描述你的产品，以及它如何便捷地解决客户的问题。对于较为复杂的产品，可能需要写两段以上。

　　有了 Melinda，你无须再担心门口的快递丢失或食品变质……

引用及购买：引用公司发言人的一句话，再引用假想客户的一句话，表明他们使用你的新产品所获得的各种好处。要表明购买该产品方便、快捷，给出网站链接，以便让客户获取更多信息和购买产品。

在网购安全性和便捷性方面，Melinda是一大突破……

"常见问题"的组成部分

与"新闻稿"不同，"常见问题"部分的形式更为自由——没有任何强制性的问题。"新闻稿"通常没有视觉资料，但"常见问题"部分最好包括图示和表格。新业务或新产品必须有预估损益表。如果你有高质量的模型或示意图，可以把它们作为附录。

"常见问题"通常可分为对外"常见问题"（关注客户）和对内"常见问题"（关注公司）。对外"常见问题"是客户或媒体会对有关产品提出的问题，包括产品的工作方式、价格、如何及何处购买等更为细节的问题。这些问题是针对具体产品的，因而每份PR/FAQ的"常见问题"都是独特的。对内"常见问题"则有更标准化的、需要予以解答的问题清单。下面是一些通常需要解答的问题。

客户需求与潜在市场规模（TAM）

- 多少客户具有这种需求或这个问题？
- 需求量有多大？
- 这个问题严重到愿意掏钱解决的程度，这样的客户有多少？
- 他们愿意掏多少钱？
- 在这些客户中，有多少人具有使用这种产品的特征、能力、约束条件？

这些问题可以帮助你过滤掉那些无法满足约束条件的客户，从而识别核心客户群体。例如，在 Melinda 这个例子中，你可以剔除下列客户。

- 门廊没有足够的空间安装这个产品。
- 没有门廊或连通街道的类似户外空间（比如，大部分公寓居住者）。
- 没有合适的电源。
- 不喜欢在门廊安装大型的储物柜/邮箱。
- 不会接收大量快递包裹或需要冷藏的包裹。
- 居住区域没有快递丢失的问题。
- 没有兴趣或没有能力掏 299 美元解决这个问题。

经过上述过滤，只会剩下少数人属于潜在市场规模。

研究这些问题（例如，某个区域有多少独立住宅），可以帮助你预估潜在的市场规模，但所有研究都有可能出现大的"误差棒"。PR/FAQ 的写作者和阅读者最终必须基于收集到的数据和判断力确定潜在市场规模的大小。对于 Melinda，得出的结论很可能是：它的潜在市场规模其实相当小。

经济效益与损益表

- 单位产品的经济效益如何？也就是说，单位产品的预期毛利润和贡献利润是多少？
- 产品价格定位的依据是什么？
- 打造这个产品，人力、技术、库存、仓储空间等前期投入会有多少？

对于 PR/FAQ 的这个部分，最好请财务团队的成员参与写作，弄清楚相关成本，以便加入单位经济效益简表和损益表。如果没有财务经理或财务团队，足智多谋的企业家或产品经理也可以自己完成。

对于新产品，产期投入是要重点考虑的问题。打造 Melinda，需要 77 人解决硬件和软件问题，每年开支接近 1500 万美元。这意味着，这个概念产品的年毛利润必须远超 1500 万美元才有打造的价值。

客户的问题和效益分析都会影响产品的价格定位，而价格定位又会影响潜在市场的规模。

写作 PR/FAQ 时，价格是一个主要的可变因素。你可能基于某些特别的想法或考虑来计算价格点——可能较低或特别高——对此，你需要加以指出和解释。有些优秀的新产品计划会设定最高价格点，迫使团队在价格限制内创新、提早面对艰难的取舍。与价格定位相关的问题，应在"常见问题"中予以充分的解释和探究。假设你经过研究 Melinda 得出结论：要拥有最大的潜在市场规模，产品定价就不能超过 99 美元。然而，物料成本就已高达 250 美元。现在，你有两个选择。第一，更改规格，剥离功能或采取其他措施，将物料的成本降至 99 美元以下。第二，编制财务计划，说明产品推出初期会出现重大亏损，但同时也要说明：随着产品实现规模化生产，或通过增值服务（如关联服务或会员费）获得额外收益，物料的成本就会降低，最终会减少亏损。

依存关系

- 我们如何说服快递公司（USPS、UPS、FedEX、Amazon Fulfillment、Instacart 等）采用这个设备，而不使用他们现有的标准快递方式？
- 我们如何确保快递员（不为你工作，不受你控制）愿意使用人机交互的 Melinda，不嫌麻烦地将包裹放入其中，而不是像平常那样把包裹放在门廊上？
- 快递员用 Melinda 投放快递，不是比现有的投递方式更花（宝贵的）时间吗？
- 我们需要依赖哪些第三方技术，才能实现 Melinda 的预期功能？

缺乏经验的产品经理常犯的一个错误，是没有充分地考虑拥有自己的议程和动机的第三方如何同他们的产品理念互动，以及会出现哪些潜在的规则或法律问题。

对于Melinda而言，第三方这一角色的存在是一个重大的问题——在很大程度上，Melinda的成功取决于第三方的积极参与和有效地执行。没有正确的包裹追踪数据，没有与拥有数据的公司合作，没有快递员的配合，Melinda将变得毫无用处。唯一的替代办法，是客户自己操作，将所有快递的追踪信息输入Melinda应用程序。但客户是不可能这样去做的——即使客户愿意去做，也需要快递员愿意和能够使用Melinda。好的PR/FAQ需要如实而准确地评估这些依存关系，并描述具体的解决方案或计划。

可行性

- 我们需要解决哪些有挑战性的工程问题？
- 我们需要解决哪些有挑战性的操作界面问题？
- 我们需要解决哪些第三方依存问题？
- 我们如何管控所需前期投入的风险？

提出这些问题的目的，是帮助写作者为阅读者厘清打造这个新产品需要多大程度的创新、会面临哪些挑战。创新程度因产品而异，挑战也会多种多样，从技术、法律、财务，到与第三方合作、如何设计操作界面和潜在客户的接受度。

Melinda面临的工程挑战，也许还是较为可控的，因为不需要开发或使用任何全新的技术。操作界面也是我们熟悉的。第三方依存关系是 Melinda 发挥作用的最大挑战。

推出产品？

必须指出，我俩任职亚马逊期间，大多数 PR/FAQ 都未能进入下个阶段作为真实的产品推出。也就是说，产品经理投入大量的时间研究的概念产品，最终根本没有进入市场。这可能是因为：亚马逊公司每年都有数百个 PR/FAQ，因而资源和资金竞争非常激烈。只有最优秀的 PR/FAQ 才会排在前面、得到优先安排和资金支持，不管资金来源是亚马逊这样的大公司还是初创公司的投资人。大多数 PR/FAQ 都未被批准，这不是亚马逊的缺陷，而是亚马逊的一大特色。前期花时间全面思考产品的各种细节问题，决定不打造哪些产品（因而不会浪费宝贵的软件开发资源），这样就可以保存公司的资源，用于打造那些可以对客户和公司产生最大影响的产品。

书面 PR/FAQ 还有一大好处：团队可以真正理解那些妨碍产品可行性的制约因素和问题。此时，产品团队或领导团队就必须决定：是解决 PR/FAQ 暴露的那些问题和制约因素，找出提高产品推出可行性的解决方案，从而继续打造该产品，还是搁置该产品？

对于 Melinda 而言，写作者和他所在的团队肯定会得出结论：

这个产品不具有可行性，原因有很多。不管价格如何定位，它的潜在市场规模都太小。即使大多数客户都熟悉这个产品的设计功能，但使用起来也会过于麻烦。亚马逊和沃尔玛提供数据反馈，快递员不嫌麻烦使用 Melinda，这些都不太现实。不管市场规模变得多大，该产品的生产成本都太高，定价 299 美元才能盈利。

经过这个流程，产品团队和公司领导层就能够全面地理解商业机会及其制约因素。领导层和管理团队的职责，往往不是决定要做什么，而是决定不做什么。清楚自己不做什么和清楚自己要做什么，两者往往同等重要。

PR/FAQ 流程走完后，如果领导团队仍然相信这个产品，希望把它变成现实，那他们就已经完全清楚：推出这个产品需要解决哪些问题？有的问题，可以通过收购或合伙得到解决；有的问题，可以交给时间解决——可能会有新技术诞生、某种技术的成本可能会下降。公司可能会认定某个问题或制约因素是可以解决或排除的，尽管会有风险和成本，但他们愿意承担风险和成本，因为潜在市场的规模巨大，潜在的回报也会巨大。

这种想法，我和杰夫在采用 PR/FAQ 流程纠结于产品概念时经常出现。审查 PR/FAQ 期间，某个团队可能存在不知道如何解决、不知道是否能够解决的难题。此时，杰夫就会说："如果解决这些难题可以释放巨大的价值，那我们就应该迎难而上。"

要记住：PR/FAQ 是"活文件"。可以肯定的是，即使得到领导团队的批准，PR/FAQ 仍然需要不断地修订（修订过程必须接受领导团队的指导和审查）。PR/FAQ 呈现出的想法再出色，也不能保证能顺利变成现实，变成产品。我们前面说过，只有少量的想法会被

"放行"。但这并不是"逆向工作法"的缺陷,而恰恰是它的巨大益处——用于决定何时及如何投入开发资源的一种深思熟虑、全面思考和基于数据的工作法。"逆向工作法"的真正好处,是催生和评估伟大的想法。

06　绩效：管理投入类而非产出类指标

为什么公司越发展，绩效指标越重要？

绩效指标的生命周期。

投入类指标与产出类指标的差异。

确保绩效指标的公正性。

业务回顾周会如何使用绩效指标。

业务回顾周会的主要缺陷。

* * *

有一次，我（柯林）和杰夫去拜访一家"财富 500 强"公司，和这家公司的 CEO 在他的办公室里有过私人会面。会面期间，他的助理冲进来，将一张纸交给了老板。这位 CEO 匆匆看了一眼，然后朝我们挥舞着那张纸，骄傲地说道："今天早上，我们的股价上涨了 30%！"他情绪高昂，仿佛股价上涨都归功于他一个人。

我们驱车赶往下一个会面地点时，杰夫说："公司的股价上涨

30%，和那位CEO毫无关系。"我完全赞同，并补充说道："如果股价没有那么大涨幅，助理肯定得将大量打印资料扔进垃圾桶里。"对此，我一点儿不会感到意外。如果股价下跌了30%，这一幕还会发生吗？本章将讨论的深刻教训是：公司的股价是亚马逊所说的"产出类指标"。那位CEO（以及大多数公司）是无法直接控制产出类指标的。真正重要的，是关注那些最终影响股价等产出类指标的"可控的投入类指标"——你可以直接控制的那些活动。

很多公司通常关注的都是错误的信号，或者缺乏看清关键业务趋势的能力，即使它们自我感觉数据充分。在本章中，我们将告诉你如何选择和衡量绩效指标，赋能你关注那些推动业务有意义地、积极地发展的活动。我们将看看亚马逊如何选择绩效指标，如何关注可控的投入类指标。这些指标是驱动器，管理得当，就会带来盈利增长。我们将讨论亚马逊如何呈现和解读数据，还有严格的指标所有权如何驱动责任。本章还会分享我们在优化错误指标过程中所学到的惨痛教训，我们有时为什么要小心地善用哪怕再好的数据。我们将指出你的公司关注错误数据趋势会有什么结果，还会描述某些常见的问题。

与前面数章讨论的问题不同，本章没有任何操作手册或成文的规则告诉你亚马逊是如何利用绩效指标来管理业务的。我们下文要讨论的材料，是基于我们在亚马逊的工作经验以及我们同亚马逊其他现任和离任高管们的谈话内容。

紧盯业务

我们在前面间接地提及了亚马逊的"成长痛苦"。公司进入高速成长后,杰夫很快就无法再亲自监管业务流程的所有部分了。亲力亲为和直接监管被各管理层和千篇一律的报告所取代。新客户的数量、各品类的销量等关键业务数据可以直接获取,容易收集,但其他的数据,我们只能通过各种"定制"的特别报告进行"生产"。"业务趋势如何?"对于这个问题,我们很难迅速地给出可靠的答案。

亚马逊的这段早期历史很精彩,各项指标的发展也各有故事。让我们快进到 2000 年,亚马逊当年的营收已达到 27.6 亿美元,数据驱动型文化也在整个公司得到推广。第四季度(销售净额同比增长 44%),亚马逊每天都要举行"作战室"会议,公司的高管们分析长达 3 页的指标文档,决定要采取哪些行动来满足逐渐旺盛的、破纪录的节日旺季购物需求。这份指标文档的一个关键部分是"积压订单量"——已获得的订单减去已发送的订单。积压订单量表明我们需要完成多少工作量,才能确保客户在节日前收到礼物。这需要付出巨大的、集中的努力,很多公司员工被临时调配到订单履行中心和客服部。柯林去了肯塔基州康伯斯维尔订单履行中心,每天从晚上 7 点工作到第二天早晨 5 点 30 分,回到酒店还要远程了解自己负责工作的最新情况。比尔留在了西雅图,白天负责录像带店铺的正常运营,每天晚上还要向南驱车 2.5 英里去西雅图订单履行中心工作。

情况一度很严峻。如果我们承诺过度，就会毁掉客户的节日。如果我们留有余地，不再接受订单，那就等于告诉客户去别的地方购买节日礼物。

业务量接近饱和，但我们做到了。这个节日购物旺季结束后不久，我们举行了事后分析会，由此诞生了"业务回顾周会"（WBR）。业务回顾周会的目的，是提供更全面的"透镜"，借此分析业务状况。

多年的事实证明，业务回顾周会非常有用，已被全公司广泛采纳。我们会在下文中说明如何建设和实施业务回顾周会，让公司每周都有进步。它具有分形性，易于适用于各种情况，小团队和价值数十亿美元的业务部门都可采用。在亚马逊，小团队、业务部门和网上零售业务部都有自己的业务回顾周会。除了讨论业务回顾周会的各种益处，我们还会指出它在设计和执行方面的某些常见错误，包括我们自己所犯的几个严重错误。虽然本章重点讨论的是业务回顾周会，但只要你通过审核数据做出了明智的决定，这些原则和方法就同样适用。

绩效指标的生命周期

最初，亚马逊的零售、运营和财务团队建设业务回顾周会时，他们会借助著名的"六西格玛"（Six Sigma）流程改进工具：DMAIC（定义—衡量—分析—改进—控制）[1]。如果你决定采用业务回顾周会这种会议方法，我们建议你也遵循 DMAIC 的各个步骤。这些步骤的顺序很重要。按步骤完成绩效指标的生命周期，可以避免很多挫折和返工，有助于更快地达成目标。

定 义

首先，你需要选择和定义你希望衡量的指标。指标只有选择正确，才具有明确而可行的指导作用。如果指标选得不好，结果就是陈述明显之事、泛泛而谈公司的事务。唐纳德·J. 惠勒（Donald J.Wheeler）在其《理解变异》（*Understanding Variation*）一书中指出：

> 任何系统改进之前……你必须理解系统的投入类指标是如何影响产出类指标的。要得到理想的结果，你就必须改变投入类指标（可能还要改变整个系统）。这需要持久的努力、坚定的目标以及把持续改进作为运营哲学。[2]

这种运营哲学，亚马逊始终牢记于心，大部分精力所关注的，是关键指标（我们称之为"可控的投入类指标"），而不是那些滞后指标（产出类指标）。投入类指标追踪的是选品、定价、便利性等问题——这些因素，亚马逊可以采取行动加以调控。比如，增加品类、通过降低成本来降低价格、通过库存定位来提高配送速度。产出类指标（订单、收入、利润等）也很重要，但长期而言，这些指标通常是无法直接而持续地控制的。投入类指标衡量的，是能为产出类指标带来理想结果的那些东西。

谈到亚马逊推出的新计划时,我们无数次听到人们说:"这个计划,亚马逊可以做,因为你们不关心利润。"这种说法完全是错误的。利润对于亚马逊而言,和对其他大公司一样重要。每周营收、客户数量、金牌会员数量、股价(更准确地说,是每股自由现金流)等其他产出类指标对于亚马逊来说也是非常重要的。那些最初的贬低者错误地认为,亚马逊强调投入类指标就是不关心利润,并断言亚马逊注定会完蛋。结果,亚马逊随后数年的高速发展让他们目瞪口呆。

1. 飞轮:投入类指标驱动产出类指标

2001年,杰夫在餐巾纸上画出下面这幅草图,用以说明亚马逊的良性循环,也被称为"亚马逊飞轮"(Amazon Flywheel)。吉姆·柯林斯(Jim Collins)在《从优秀到卓越》(Good to Great)一书中提出了飞轮概念,这个草图模型受此启发,演示了可控的投入类指标如何驱动单个关键的产出类指标(增长)。在这个闭环系统中,只要对某个或所有要素注入能量,飞轮就会加速转动。

它是一个圆环,因此,你可以从任何投入类指标开始启动。例如,"客户体验"指标可能包括配送速度、选品广度、产品信息丰富度、使用便捷度等。我们来看看提升客户体验会发生什么。

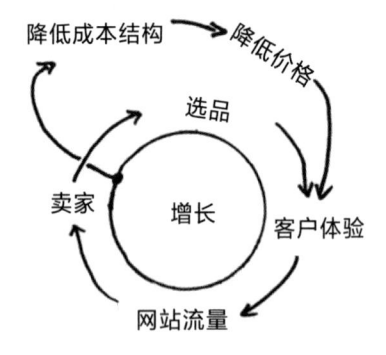

```
        降低成本结构 → 降低价格
           ↑              ↓
              选品
         ↗         ↘
       卖家   增长   客户体验
         ↖         ↙
              网站流量
```

- 客户的体验更好，网站流量就会增加。
- 网站的流量增加了，就会吸引更多的卖家来找买家。
- 卖家增多，选品广度就会增加。
- 选品的广度增加了，就会提升客户体验，从而完成了循环。
- 这个循环会驱动增长。反过来，增长也会降低成本结构。
- 成本降低，价格就会降低。价格降低，客户体验就会更好，因而飞轮就会转得更快。

亚马逊零售业务如此成功，主要就得益于"亚马逊飞轮"。因此，毫不奇怪的是，业务回顾周会讨论的所有指标，几乎都可归入这个飞轮。事实上，业务回顾周会文档的首页就印有上面那个"飞轮"。

2. 选择正确而可控的投入类指标

这个步骤听上去容易做到，但非常具有欺骗性，而且细节很重要。亚马逊开始从图书扩展到其他品类时，我们在关于选品（亚马逊销售的商品数量）的投入类指标上犯过错。每个产品都有描述"页面"，包括品名、图片、客户评论、可达性（24小时内发货）、价格以及购物车或购物按钮。起初，我们的一个选品指标是新品"页面"创建数量，以为"页面"创建越多，就意味着选品工作做得越好。

这个指标一经选定，立即就对选品团队的行为产生了影响。他们过分地关注新品"页面"的数量——每个团队都增添了数十、数百甚至数千个亚马逊此前从未卖过的产品。对于某些产品，零售团队必须联系新的生产商，往往还得采购，然后堆放在订单履行中心。

很快，我们就发现，随着产品"页面"数量的增加，似乎选品在改进，但并没有带来销量（产出类指标）的增长。分析发现，为了追求产品数量的增加，零售团队有时会采购需求量不大的产品。这种做法确实造成了一个产出类指标（库存成本）升高——需求量小的产品占用了宝贵的订单履行中心仓的储空间，而这些空间本该用于需求量大的产品。

我们意识到，选品团队选择了错误的投入类指标（业务回顾周会表明了这一点）。于是，我们更改了指标，以反映客户需求。在多次业务回顾周会上，我们自问："改变现有的选品绩效指标，会得到理想的产出类指标吗？"随着更多数据的收集和业务观察，这个选品指标经历了如下发展过程：

- "页面"产品数量；
- "页面"产品的客户访问量（产品页面没有客户浏览，就没有绩效分）；
- 库存产品占客户浏览"页面"产品之比（只添加新品，但没有库存，就没有绩效分）；
- 两天内可配送的库存产品与客户浏览"页面"产品之比，也叫"快速通道库存"（Fast Track In Stock）。

你会从中发现绩效指标的试错模式，而试错是这个过程中的重要部分。一定要不断地测试和讨论。例如，杰夫曾担心"快速通道库存"指标过于狭窄，而杰夫·威尔克则认为，这个指标可以全面而系统性地改进零售业务。他们同意坚持试用一段时间，结果正如杰夫·威尔克所料。

有了"快速通道库存"指标和库存维持成本，选货团队就拥有了一套正确而可行的投入类指标，使选品既能增加销量，又能盈利。绩效指标一经确定，你就可以制定标准并以此求"衡量"团队。例如，我们规定，可立即配送的库存产品占客户浏览"页面"产品的比重要达到95%。

这个新的投入类指标对选品团队的工作和行为产生了重大影响。他们的工作重心发生了转变，他们开始查阅其他网站和零售平台，梳理亚马逊的搜索日志，以确定人们搜索了哪些亚马逊没有的产品。由此，他们就可以创建要优先接触的生产商的名单以及要采购的客户最看重的产品清单。他们不再简单地关注新增产品的数量，而是增加那些对销量影响最大的产品。这听上去很简单，但如果投入类指标错误或者过于粗略，那你付出的努力就可能白费，产出类指标也不会得到改善。如果投入类指标正确，整个组织就会关注最重要的事情。寻找正确的投入类指标是一个迭代的过程，每个投入类指标都需要经历这个过程。

提示：我们在本章中提及的例子，大部分都是资源丰富的大公司，不过，DMAIC 和业务回顾周会流程具有很强的扩展性，你的投入类指标应该和拥有的资源相匹配。

如果是一家非营利性组织，那就可以确定适量的、能可靠表明工作绩效的关键指标。比如，多久联系一次捐助人？这种联系频率对募捐有何影响？

人们常犯的一个大错，是不开始做。大多数业务回顾周会开始时都不太理想，都需要不断地加以调整和改进。

衡　量

打造收集所需指标数据的工具，这听起来比较简单，但我们发现，和选择指标本身一样，要获得正确的数据收集工具，同样需要时间和努力。我们在第 2 章中讨论过，识别和消除面试流程中的偏见很重要。同样，消除绩效指标中的偏见也很重要。管理着某个事业部的杰夫的直接下级，在选择绩效指标和收集数据时，不可避免地存在着偏见，他会收集那些反映自己事业部积极趋势的数据。渴望成功，这是人性。

21世纪初，杰夫和首席财务官沃伦·詹森（Warren Jenson）——2002年由汤姆·斯库塔克继任——明确指出，财务团队必须不偏不倚地揭示和报告财务真相。杰夫、沃伦和汤姆都坚持要求，不管业务状况是好是坏，财务团队都应该基于数据揭示的信息"实话实说，不应掺杂个人私利"。这种求真的态度在整个财务团队"弥漫"着，起着至关重要的作用，因为它能确保公司的领导层在做出重要决策时拥有未经粉饰、不带偏见的财务信息。有"独立"的人或团队参与测评，可以帮助你找出并消除数据偏见。

要使用的工具确定后，下一步就是收集数据，并以可用形式呈现出来。你需要的数据通常散布于不同的系统，可能需要某些软件资源才能加以正确编写、汇总和展现。在这一点上，不要妥协，要舍得投资。否则，你就会发现自己对业务的某个方面是在"盲飞"。

在开发数据收集工具的过程中，要确保它们测评的是你认为它们要测评的东西。要"刨根问底"，要能准确地理解数据的收集方式如何有助于发现潜在的问题。比如，"库存"这个指标要回答的问题是："我的产品中，能够立即购买和配送的产品所占比例是多少？"关于库存的产品，定义和数据收集的方式有很多，比如：

- 每晚11点，我们为产品目录创建快照，确定哪些产品有库存，然后给每个产品加权最近30天的销量。也就是说，如果产品A过去30天销量为30组，产品B过去30天销量为10组，两种产品在库存测评时均为缺货，那么，产品A对库存指标的影响度就会是产品B的3倍。

- 我们为产品页面添加了软件，完成下列操作。每次产品的页面有了显示，"产品页面显示总量"的指标就加1。如果该产品的页面显示是"有库存"，"库存产品页面显示总量"就加1。当天结束时，我们用"库存产品页面显示总量"除以"产品页面显示总量"，就可得到当天的总体"库存"指标。例如，假设你目录产品的页面显示总量为100万，而有库存的产品页面显示总量为85万，那么当天的需求加权库存产品占比则为85%。客户浏览量越多的产品，对这个指标的影响度就比浏览量很少的产品越大。

这些指标从不同的方面测评库存的情况，即使同一天对同一业务进行测评，结果也会不同。第一种指标基于的是公司每天收到库存的时间，因而库存数据可能会失真。如果大部分库存产品是夜间到达，而该产品白天大部分时间都处于缺货状态，只是赶在库存数据收集之前完成了补货。结果就是：库存的业绩看上去很好，但客户当天的实际体验很糟糕。如果某个热门产品长时间缺货，那它对每天的库存指标的影响度会降低，因为库存指标基于的是该产品最近30天的销量。

第二种指标虽然数据收集成本高（至少短期而言是这样），但可以更准确地描述客户当天的体验。它从客户的角度捕捉客户浏览亚马逊库存产品的时间占比。

第一种指标是向内的、以运营为中心，而第二种指标是向外的、以客户为中心。绩效指标要对标客户体验，从客户的角度出发，然后逆向工作。

经常被人忽视的，还有一块"拼图"：如何审核绩效指标。如果没有定期的、独立确认指标有效性的流程，随着时间的推移，指标数据就会因为某些原因而出现偏差和失真。对于重要的指标，要想办法进行单独衡量，收集客户体验，看看这些信息是否与指标相符。各地的新冠肺炎核酸检测数据就是最近的一个例子。只看你所在地区相对于另一个人口规模相当的地区的阳性检出数量，这是不够的。你还必须看看这两个地区的人均检测数。两个地区的阳性检出数和人均检测数量都会不断变化，因此，审核测评数据的方法也需要不断更新。[1]

分 析

对于这个步骤，不同的团队会给出不同的标签——降低误差、流程可预测性、流程可控性等。不过，"分析"这一步骤归根结底是全面了解绩效指标的驱动因素。不清楚影响这个流程的所有外部因素，就很难实现积极的变化。

设置这个步骤的目标，是分离数据信号中的"噪声"，然后识别根本原因并加以解决。为什么订单履行中心的一个班次可以每小时拣选 100 件产品，而另一个班次每小时只能拣选 30 件产品？为什么大多数页面显示只需 100 毫秒，而有些页面显示需要 10 秒钟？为什么星期一的每单客服联系数量总是高于其他日子？

---

[1] 如果你像本章开头提到的那位 CEO，仍然坚持每天早上要拿到公司的股票价格数据，那就应该要求每天定时打印股票价格数据，盖上时间戳，然后不时地查看数据收集时的股票价格，看看它是否和纸面上的价格相符。我们不推荐这种做法，但它比以前的做法更好。

碰到数据方面的意外情况或令人困惑的问题，亚马逊团队会坚持不懈地查明根本原因。在此情况下，亚马逊使用最广泛的方法，可能是"误差校正"流程（COE），它基于丰田公司开发的"五个为什么"方法——已被全球各大公司采用。看到反常的现象，就要问为什么会这样，反复问"为什么"，直到找出潜藏的真正"元凶"。根据这种"误差校正"流程，出现重大误差或问题的团队需要书面描述该问题或误差，问五遍"为什么"，并给出答案，以此挖掘出真正的根本原因。

亚马逊云服务副总裁、运营大师查理·贝尔（Charlie Bell）说得很好："碰到某个问题，最初 24 小时内寻找问题的真正的根本原因的可能性几乎等于零，因为每个问题背后都有一个非常有趣的故事。"

只要坚持挖掘偏差产生的真正的根本原因并加以消除，最终，你就会拥有一个可预测的、可控的、可优化的流程。

改　进

一旦有了健全的指标体系、理解流程运作方式的可靠工具，你就可以投入精力改进流程。例如，如果库存产品与客户浏览"页面"产品之比稳定于 95%，那就要问："我们需要做出哪些改变，才能达到 98%？"

如果你已经完成了前三个步骤（定义、衡量和分析），那改进指标成功的可能性会更大，因为你在回应的是信号而不是噪声。如果你直接跳入"改进"阶段，那你在处理的，就是一个尚未完全了解的流程的不完美的信息。因此，即使采取行动，也不太可能获得理想的结果。我们将用下面的内容说明：亚马逊的一个大型部门如何忽略了前三个步骤而获得大量垃圾信息和毫无意义的结果。

实施业务回顾周会一段时间后，你可能会注意到，某个指标不再产生有用的信息。如果是这样，那就把这个指标从数据显示中删掉。

控 制

这是最后一个步骤，旨在确保流程正常运转、绩效不会随时间的推移而降低。随着你从根本上加深理解业务驱动因素，业务回顾周会往往就变成基于例外的会议，而不是讨论各个绩效指标的例会。

这个阶段还会出现一种情况：业务流程自动化。一旦某个流程被清楚地理解，决策逻辑被植入软件或硬件，那它就很容易自动化。预测和购买就是亚马逊最终实现自动化的两个流程。经过品类买手和软件工程师多年的通力合作（以及大量试错），亚马逊数以亿计的各类产品都实现了预测和购买决策自动化，而且决策精准度超过了大型买手团队的人工决策。

业务回顾周会：指标付诸实施

在亚马逊，业务回顾周会是指标付诸实施的地方。我们先讨论如何设计数据陈述方式（大部分是图表），将注意力导向最需要关注的地方。然后，我们将讲述会议本身、如何组织会议以实现结果最大化以及一些可能导致会议失败的注意事项。

数据整合平台

会议开始时，分发可视化或纸质的数据包，包括当周各项指标的图像、表格快照以及注释说明。在本书中，我们用"数据整合平台"来指代这个数据包。自业务回顾周会数据整合平台诞生以来，数据可视化软件已经取得了巨大发展。小型组织拥有很多不错的选择，有免费软件，也有收费软件，而大公司可以选择更为高级的软件。实际上，今天的许多组织并没有装配单一的数据整合平台。不同的部门依赖不同的数据可视化平台，使用其数据可视化工具生成各自业务领域的信息。我们将在下面给出几个图表示例，不过，我们先来看看亚马逊数据整合平台几个鲜明的特征。

数据整合平台是对业务进行数据驱动的、端到端的回顾。 公司组织架构表中的各个部门分工明确，相互独立，但业务活动通常并非如此。数据整合平台所呈现的，是连贯的、端到端的每周业务回顾，目的是跟进亚马逊的客户体验。话题的流动性可以表明看似独立的业务活动之间的相互关联性。

数据包主要是图示、表格和数据表。业务回顾周会上要回顾的指标非常多，因此，书面叙述或解释性说明的文字会降低阅读效率。我们后面会讨论一个明显的例外情况：如何处理异常数据。

应该回顾多少指标？没有任何魔法数字或"配方"。找到正确的指标需要时间，你应该尽力不断地改进你的那些指标。随着时间的推移，你和你的团队应该根据各个指标所发出信号的强度和质量，对它们加以修改、补充和删除。

主要关注苗头。单个的数据点可以告诉我们有用的信息，尤其是和其他时段加以比较。在业务回顾周会上，亚马逊会分析趋势线，以凸显有苗头的挑战，而不是等到年度或季度业绩会上才加以总结。

图表纳入可比的前期业绩。指标是为了更好地预测业务随时间变化的趋势。一定要确保图表纳入前期业绩，进行同类比较，这样就不致突出假期、周末等可预测因素引起的不真实的变化。

图表显示两个以上的时间线，比如过去 6 周和过去 12 个月。短期趋势线可以放大那些长期平均线很难发现的细小而重要的问题。

客户故事和异常报告被加入数据包。人们经常谈论的亚马逊业务回顾周会数据包的一大特色，是可以自由地使用两种工具——客户故事和异常报告——对超出标准范围或正常范围的数据进行描述。这两种工具都可以让你对事例"刨根问底"——对那些偏离自然或惯常模式的东西，以及那些有时但不经常出现的某种缺陷、某个崩溃进程或某个系统逻辑问题。借助客户故事和异常报告，领导者能够非常详细地进行大规模审核。我们注意到，这种对大型组织多种问题进行标出、评估、审查和寻求具体解决办法的能力，是亚马逊的一大特征，但对中小型公司也会有帮助。在下文中，我们将提供一些例子加以说明。

会 议

业务回顾周会内部讨论的，是外界通常无法看到的关键指标的执行情况。好的业务回顾周会，具有高度以客户为中心、对复杂挑战刨根问底、（坚持）最高标准和运营卓越等特征。有人可能会问，管理者们应该在多大程度上将关注的重心转向产出类指标？毕竟，对公司和高管的评判标准，通常都是营收、利润等产出类指标。

杰夫非常清楚这一点，部分原因是他有在一家华尔街投资公司工作的经历。答案很简单：各个管理层的关注重心并没有转移。是的，管理者们非常清楚产出类指标的重要性。但如果他们不持续关注投入类指标，那些带来产出类指标的工具就会被无视和失控。因此，从员工到 CEO 的所有亚马逊人都必须非常熟悉投入类指标，以便知道公司的产出类指标是否做到最优。

数据包一般由财务人员掌握。更准确地说，数据包里的数据要经过财务核准。不过，由于与会人员较多且分管各自的数据部分，因此，会议本身并不由某个人"主导"。除了营收数百亿美元、拥有多个大型事业部的大公司，大部分公司的业务回顾周会的"听众"都是 CEO 和首席财务官。其实，会议的参加者应该包括高管团队及其直接下属，以及具体数据的拥有人或讲解人。借助现有的虚拟会议技术，与会者也可包括更多的人。如果让公司的中层人员参加业务回顾周会，让他们观摩经验更丰富的领导者如何讨论和思考，可以提高他们的业务参与感，促进他们的成长和发展。

值得一提的是，即使是亚马逊的最高层管理者，也要完整地审查业务回顾周会的指标数据包，包括所有的投入类和产出类指标。高管们体现"刨根问底"这一领导力准则，最明显的地方就是绩效指标（以及客户体验故事）。他们会仔细地审查指标所反映的趋势和变化，审阅意外情况、失败之事和客户故事，考虑投入类指标是否需要某种更新才能改进产出类指标。

在亚马逊，业务回顾周会是指标付诸实施的重要方式，但并非唯一的方式。公司的所有工程、运营和业务事业部都建有指标看板和指标报告。在很多情况下，指标实行实时监控，所有关键的技术和运营服务都会收到"警报"，确保故障和服务中断能被立即发现。在某些情况下，团队会依赖每时或每日更新的指标看板。亚马逊的业务回顾周会及其流程在赋能亚马逊飞轮加速运转并进而产生骄人业绩方面具有与众不同的特征。

使用统一而熟悉的格式，加快理解速度

好的数据包会始终使用统一的格式——图表设计、时段、调色、符号设定（现年/上年/目标）以及每页图表数量尽量一样。当然，有些数据适合不同的呈现形式，但默认设置的都是标准格式。

因此，亚马逊每周看到的数据都是同样的格式和顺序，用这些数据对业务进行全面的回顾和分析。团队会逐渐提升发现趋势的专业能力、学会掌控会议的节奏，异常数据会更加凸显，会议效率会更高。

关注异常数据，不浪费时间讨论意料之中的东西

人们喜欢谈论自己的领域，尤其是谈论达成期望的事情。如果结果超过预期，那就更是如此。但是，业务回顾周会的时间非常宝贵，如果事情进展正常，就说"这个不必讨论"，然后继续推进。会议的目标，是讨论异常数据以及如何应对。正常状况是无须详加讨论的。

业务的"主人"拥有绩效指标并负责解释异常数据

亚马逊业务的"主人"负责根据绩效指标跟踪各自事业部门的进展情况。在业务回顾周会上，负责明确解释不符合预期的异常数据的，是业务的"主人"，而不是财务团队。因此，业务的"主人"很快就熟练地发现趋势。每周，他们都要在业务回顾周会上分析数据并做出回应，讨论要采取什么行动来解决异常情况。

这是一个来之不易的教训。我们见过指标的"主人"在一大群人面前展示自己的指标，而他显然是第一次见到那些指标。这是非常错误的做法，是在浪费大家的时间，肯定会受到与会高管们的批评。在业务回顾周会开始前，指标的"主人"应该对自己的指标有过全面而深入的分析。

有时候，即使准备非常充分，也会碰到某个问题无法给出明确的答案的情况。在这种情况下，指标"主人"可以说："我不知道，我们还在分析这些数据，稍后会给出答复。"最好不要凭空猜测，更不要即兴编造。

运营讨论和战略讨论分开

业务回顾周会是讨论运营战术的会议，分析过去一周的绩效趋势。在亚马逊，我们不会在这个会议上讨论新的战略、项目更新或即将发布的产品。

不要威吓（这里不是裁判所）

可以对某个有意义的、需要更多关注的异常数据"刨根问底"，也可以指出尚未达成的高标准。而且，成功需要人们可以大胆谈论自己所犯错误的氛围。在这个方面，亚马逊的有些团队起到了很好的示范作用——坦率地说，这也是亚马逊可以改进的地方。有时候，业务回顾周会的氛围明显充满敌意，尤其是因为某个重大的错误，与会者的评论针对的是陈述者而非错误本身。短期而言，恐惧也许是不错的激励因素，但最终而言，恐惧造成的问题比解决的问题还多。

对所有人来说，犯错都应该是学习的机会。如果人们因为恐惧而不敢当众表明自己的错误，那他们今后就会想尽办法掩盖这些错误。异常数据被掩盖，每个人就会失去学习的机会。为此，我们应该将犯错视为承担主人翁责任的机会，弄清楚犯错的根本原因并从中学习。氛围有些紧张是不可避免的，但我们认为，最好是建立一种允许犯错且鼓励公开讨论错误的公司文化。

转换顺利

我们参加过很多高管会议，这些是亚马逊最"昂贵"的会议，却浪费了宝贵的时间。比如，由于第二个陈述者的数据面板未能顺利载入或其他原因，造成了转换混乱。陈述者要做到转换迅速而无缝衔接，就必须做好前端工作。业务回顾周会是亚马逊最"昂贵"、影响最大的每周例会，每一秒钟都很宝贵——要提前做好计划，才能使会议顺利而高效地进行。

绩效指标表解析

在业务回顾周会上，经常包含数以百计的表格，因此，陈述的连贯性对很多数据而言大有裨益。在下面这个样表中，为说明这种方法的灵活性，我们纳入了不同功能性业务的多个绩效指标。

放大：每周指标和每月指标同在一张表上

如前所述，在亚马逊，我们会在 X 轴上同时列出过去 6 周和 12 个月的绩效指标。这就像是为静态的图示增加了"放大"功能，较短时间内就能获得"快照"。不但能看见月度情况，同时还能看到"放大"版的情况。我们来举例说明这种双重视角的实践情况。（下面这些图中的数据并非实际数据，仅为说明所用。）

页面访问量（单位：千）

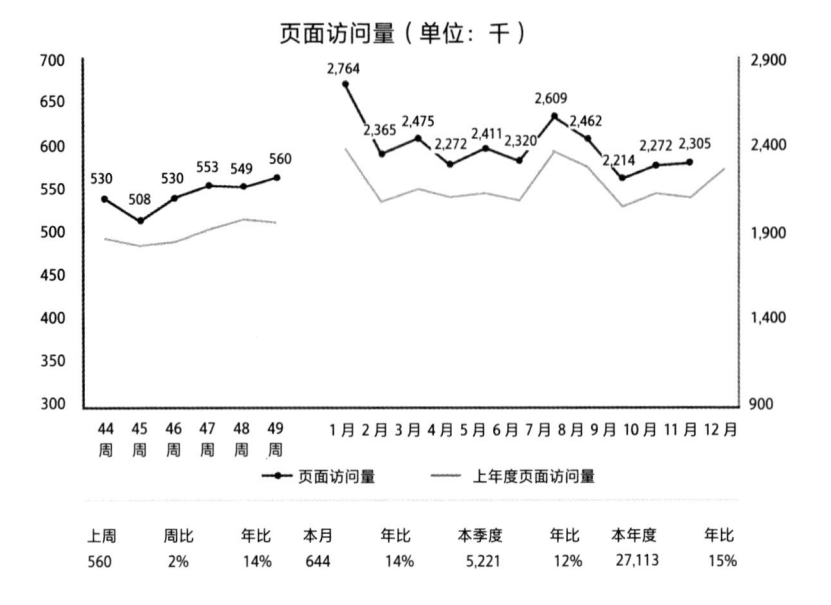

上周	周比	年比	本月	年比	本季度	年比	本年度	年比
560	2%	14%	644	14%	5,221	12%	27,113	15%

本表测量的是某个业务的页面访问量，图表虽小，但包含大量数据：

- 灰色线条是上年度数据，黑色线条是本年度数据。
- 图表左方（前 6 个数据点）是过去 6 周的数据。
- 图表右方（12 个数据点）是过去整年的月度数据。
- 这种内置的"放大"功能可以放大最新数据，并将上年度的数据用作背景，从而可以提高清晰度。

图表下方，我们列出了关键的数据点，其中大部分都是同比数据。

我们为什么观察年比（YOY）趋势

下面这个图表，同你见过的月度业务分析会（月度版的业务回顾周会）的常见图表类似，它对比列出了月度营收、计划营收和上年度营收。如你所见，我们在超额完成计划，年比增长也相当不错。

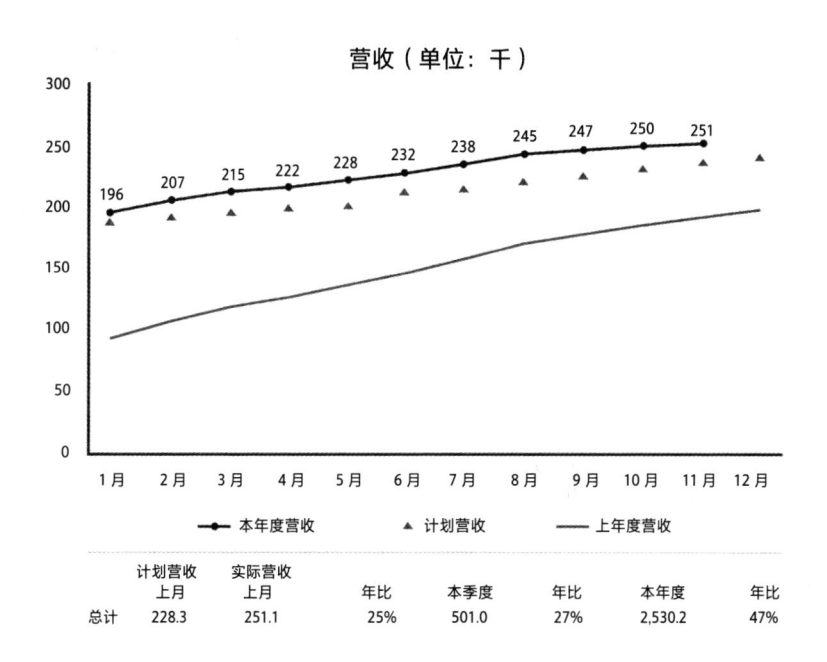

营收（单位：千）

	计划营收 上月	实际营收 上月	年比	本季度	年比	本年度	年比
总计	228.3	251.1	25%	501.0	27%	2,530.2	47%

这也看不出什么，那我们继续吧——果真如此？也许不是。下面是同样的图表，只是增添了一条趋势线——在 Y 轴上用虚线画出了年比增长率。

营收（单位：千）

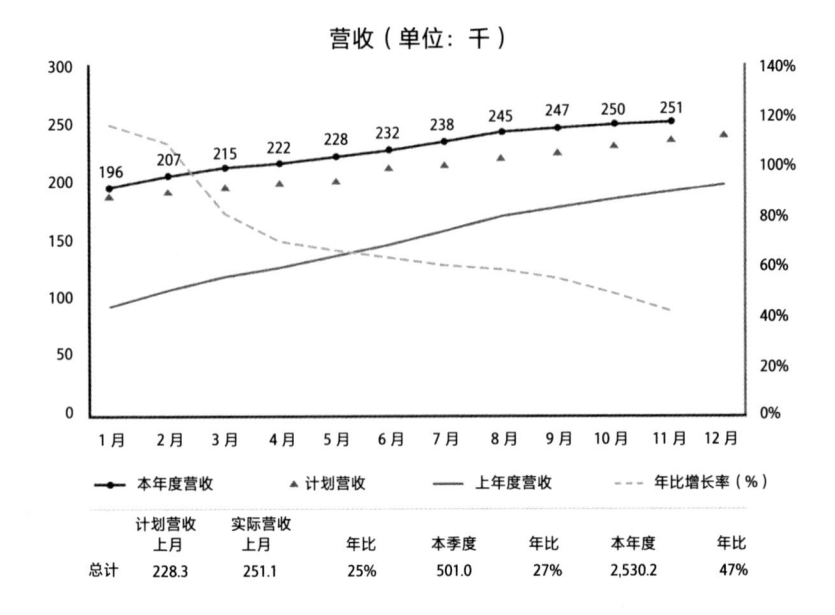

	计划营收上月	实际营收上月	年比	本季度	年比	本年度	年比
总计	228.3	251.1	25%	501.0	27%	2,530.2	47%

图例：本年度营收、计划营收、上年度营收、年比增长率（%）

月份数据：1月 196，2月 207，3月 215，4月 222，5月 228，6月 232，7月 238，8月 245，9月 247，10月 250，11月 251

如果没有这条虚线，你可能还没有注意到，本计划年度的营收增长率正在缓慢下降。在指标数据之上添加年比增长率，就能很好地发现趋势。在这个例子中，年比增长率自1月以来实际下降了67%，而且没有任何企稳的迹象。粗略一看，这个业务貌似还健康，但麻烦正在逼近。这个增强版的图表表明需要采取行动，而简化版的图表却掩盖了这种需要。

产出类指标表明业绩，投入类指标提供指导

这个图表还能告诉我们一个教训：产出类指标（表中给出的那些数据）对于趋势原因的指示作用，远远不如投入类指标。这个图表表明，增长率下降的原因，是获得新客户的速度下降，但我们

从前面那些图表中根本无法察觉到这个原因。对于规模较大的业务，如果你只关注"营收"这个产出类指标，那么，在相当长的时间内，你都不会发现新客户数量下降的影响。然而，如果你关注投入类指标——"新客户的数量""新客户营收""现有客户营收"等——你就可以及早发现这个信号，也就能更早地采取行动。

并非所有图表都要进行目标比较

业务回顾周会的有些图表并不包括目标，这通常也是可以的。如果这项指标的目的，是发现趋势、关注某个失控的流程，或者根本就没有任何目标（比如，安卓和苹果手机用户的比例），那就没有必要目标比较了。

数据和客户故事结合，讲述完整的故事

结合客户的真实故事，数据的力量会更加强大。"刨根问底"领导力准则指出："领导者要深入各个环节，随时掌控细节，经常进行数据审核，在数据和客户故事（客户体验）不一致时要提出质疑。领导者要不遗漏任何工作。"

亚马逊采用多种方法，确保客户故事能"通达"某个服务的所有者和运营者。"客户之声"（VOC）就是这样一个例子。客服部门会定期收集和整理客户的反馈，并在业务回顾周会上做陈述——尽管不必每周都这样做。被选中的客户反馈，往往不是最常见的那些投诉意见。对于陈述的内容，客服部门也拥有广泛的自由。客户故

事在业务回顾周会上被读出来的时候,听上去往往让人心痛,因为它们说明了我们让他们多么失望。不过,它们也为我们提供了学习和改进的机会。

有一个"客户之声"故事是这样的:我们的软件"攻击"了极少数信用卡,反复进行 1 美元的预授权交易,而通常每个订单只会预授权一次。这些客户不会被扣款,几天后预授权就会失效。但是,待处理期间,它们会被算入信用额度。通常,这并不会对客户造成多大的影响。但有一位客户写信告诉我们,她刚在亚马逊购买一件商品后,去给孩子买药时,信用卡被拒绝了。她想问,我们能否帮她解决这个问题,好给孩子购买急需的药物。亚马逊经过初步调查,发现是一个边界情况漏洞——换言之,是极为罕见的情况——造成信用卡余额超限。对于这种情况,很多公司都不会处理,将其视为不值得关注的"分外"之事,认为它们很少发生,而且修复的代价太高。在亚马逊,这种情况都会得到处理,因为它还会发生,而且调查表明还存在需要解决的相关问题。我们起初认为只是边界情况的问题,结果却是大问题。这个系统漏洞在其他领域也造成了并未引起注意的问题。我们很快为她和其他受影响的客户解决了这个问题。

这些故事提醒我们:我们的工作会直接影响客户的生活。我们还有类似的计划,想获取亚马逊第三方卖家和 AWS 客户的体验故事。

"例外报告"多种多样,但下面这个"贡献利润"(CP)的例子可以表明其基本概念和价值。所谓"贡献利润",是指销售出一件产品并扣除相关成本后所产生的增量收入。换句话说,公司销售该件产品所获得的收入,支付固定成本后,所剩下的就是理论上的贡献利润。"贡献利润例外报告"会分类别列出亚马逊前一周贡献利润 10 大负面产品(没有产生任何利润)清单。通常,这 10 大产品每周各有不同。对它们进行"刨根问底",可以显示非常有用的信息,揭露需要解决的问题。分析这个 10 大负面产品清单,可以有如下发现。

- 贡献利润为负,源于某个产品采购的数量过多、占用宝贵的订单履行中心的仓储空间和资金而必然引起的降价。采购的数量过多,是因为自动采购系统获得了错误的输入数据。采取行动:调查错误输入数据的根源,修正自动采购系统。
- 贡献利润为负,源于人工采购订单错误而引起的降价。买手输入的采购订单量太大,而且因为缺乏培训而未能执行正确的程序。采取行动:利用这个事件培训买手。
- 贡献利润为负,源于成本分摊错误。财务系统对某类产品未能正确地分摊成本。采取行动:修正财务系统。
- 贡献利润为负,源于物流提供者对某类产品不合理地加倍收费。物流提供者收取高额费用,是因为产品目录所列的尺寸和重量信息错误。采取行动:修正产品目录数据,制订到位的机制计划,防止其他目录产品出现同样的错误。
- 贡献利润为负,源于所售产品的价格较低而运费很贵。白色书写板和庭院耙子就是这样的产品例子。采取行动:评估是否应该销售这类产品,或者是否应做出其他改变,比如更改供货商或改变默认的送货方式。

数据与客户故事如果同步，就会产生强大的作用。如果不同步，就是宝贵的相互核查的机会。

在这个方面，最为强大的客户故事也许是杰夫自己。虽然它发生在业务回顾周会之外，但有必要在此提及。亚马逊有一个叫作"客户连接"（Customer Connection）的培训计划，达到一定层级的公司员工都必须参加。虽然计划细节逐年变化，但其理念从未改变。每两年，公司的员工都必须担任几天客服代理。他要接受客服代理的基本培训，接听电话，查看电子邮件/聊天记录，然后直接处理客户问题。一旦学会这些工具和政策，他就要在客服代理的监管下承担某些或所有客服工作。（我接听的一个电话，是客户的亚马逊包裹被邻居的狗吃掉了。为了证明自己，他主动提出要把剩下的碎片寄给我们。）

这个培训计划，杰夫也不例外。担任他的"影子"期间，等到他的"客户连接"计划应该重新认证时，我俩就老老实实地每天驱车一个小时，赶到位于华盛顿州塔科马市的亚马逊客服中心。在电话里，杰夫对待客户特别友善，尽管有时候过于慷慨——他给了一个客户全额退款，而根据政策只能退运费。

培训第一天，我们倾听客服代理如何处理客户电话。有一个电话，客户投诉他收到的草坪家具受损。客服代理询问他的产品编号。客户寻找产品编号期间，客服代理将通话设置为静音，指着亚马逊网站对我们说："我敢打赌，他说的是这个草坪躺椅。"没错，客户读出产品包装上的编号时，就是客服代理预料的那件产品。我和杰夫都感到很惊奇，但不想打断这通电话。

问题得到解决，通话结束后，杰夫问道："你怎么知道那个客户说的是这个东西?"客服代理回答说,这个新上架的产品经常出现这种情况。由于包装不当,这件家具在运输过程中经常会受到撞击和擦伤。

那段时间,杰夫一直在了解丰田的质量控制和持续改进方法。他们在汽车装配线上采用的,是一种叫作"按灯"(Andon Cord)的管理制度。装配中的汽车沿着装配线向前移动,每个员工都会添加一个零件或完成某项任务。只要发现有质量问题,任何员工都有权"按灯",停止整个装配线。技术专家团队会聚集在"按灯"者的工位,排除故障,找到解决办法,不让这个问题再次出现。

亚马逊当时的情况也是如此,只不过还没有"按灯"制度。那个客服代理知道问题存在,却没有办法改进流程。客服代理所做的,就是让步、道歉、寄送一件新产品。我们确实有一个流程,各品类经理都会查看月度绩效情况,包括退货率和客户投诉率较高的产品。因此,这个问题最终会被发现和解决。但在此之前,很可能几个星期过去了,还增加了很多不满意的客户。

下一通电话打进来之前,我们都在思考草坪家具的受损问题。杰夫脱口而出:"我们需要客服'按灯'制度。"我们不用停止"装配线",但客服代理有权点击控制屏上的我们所称的"红色按钮"。该按钮一旦被点击,就会发生两件事情:"添加到购物车"和"一键下单"按钮会从产品页面消失,因而客户就无法购买该产品了。产品经理马上会注意到,调查和解决问题之前,他们无法再采购该产品。

杰夫的想法,过了一段时间才被付诸实施。我们必须建造清除"立即下单"和"添加到购物车"按钮以及提醒相关内部团队的工具，装配必要的报告基础架构，培训客服代理何时及如何按下"红色按钮"。有人担心，"红色按钮"会被频繁按下。毕竟，对于公司的健康发展而言，正常销售产品是非常重要的。

事实证明，这种担心毫无必要——客服代理并没有热衷于按下"红色按钮"。亚马逊版的"按灯"制度将权力赋予了正确的人——直接和客户交谈的一线人员。重大问题一经发现，就会浮出水面。它再次证明：赋予员工解决问题的正确工具，依赖员工的正确判断，这两者结合在一起具有强大的作用。现在，"按灯"制度已在亚马逊全面推广。

这个故事经常被提及，证明客户故事可以"照亮"数据，使人牢记数据。

***

业务回顾周会流程虽然很高效，但也存在问题，包括以下几个方面：会议管理糟糕，关注正常变化而不关注异常信号，数据正确但看待方式错误。

陷阱1：灾难性的会议

我们至今还记得，有一位高级领导者（现已不在亚马逊）主管的一个大型软件团队的业务回顾周会开得很糟糕。学习、承担问题及解决办法的"主人翁"责任,这是业务回顾周会流程的两大目标。在这个方面,他的那些业务回顾周会错失了巨大的学习机会,浪费了大家的很多时间。

还存在的一个问题是:与会人员的名单越来越"膨胀",为了容纳每个人,我们只得不断地寻找更大的会议室。同样,绩效指标的数量也在不断地"膨胀"——有时候效果会更好,但更多的时候效果更糟糕。

那些会议还令人非常不快。缺乏基本的规则和礼貌,发言时常被别人打断,充满火药味儿。只要指标有异常,陈述者就会受到责难性问题的攻击。交谈很快变了味儿,很多人开始附和,却往往没说什么新的东西——似乎就是为了自我炫耀,或者就为了拍马屁。更糟糕的是,有些离题的长篇大论,似乎就是为了消耗会议时间——发言者拉长毫无建设性的发言,让自己的问题来不及暴露在"炮火"之下。

参加这样的会议,令人非常痛苦。"赢得信任"这条领导力准则的存在,部分原因就是为了预防这种情况发生。该准则指出:"领导者要用心倾听,坦诚交流,尊重他人。领导者要敢于自我批评,即使这样做会让自己尴尬或难堪。领导者要不迷恋自己或团队身上的香水味。领导者要以最优标准要求自己和团队。"但那些会议在初期明显违背了这一准则。业务回顾周会设立的初衷,是逐周地改进软件系统,但它有时候会将一屋子探讨问题的聪明人变成愤怒的"暴民",吞噬了创新者,并夺走了他们成功的意愿。

我们本应怎么做呢?如前所说,业务回顾周会没有主导者——不同的人负责不同的陈述,但职位最高的与会者应该负责为会议确定基调和基本规则。他还应该将与会人员限定于业务"主人"和关键的利益相关者,将会议回顾的绩效指标限定于具体的、必要的范围——不相关的指标要予以删除。该软件团队的所有领导者(不只是那一个人)都应该相互审核并严格地审核会议陈述的内容。经过集体努力,我们应该会意识到,衡量的许多指标在运营时尚未可控、不具可预测性。很多团队跳过了 DMAIC 的前三个步骤(定义、衡量和分析),直接从"改进"阶段开始。结果,他们的图表充满"噪声"。他们虽然很努力,但没有获得多少信息。我们应该——礼貌地、有建设性地——建议他们完成必要的苦差事,将指标从"噪声"变成"信号"。

我们还应该意识到,这个新团队第一次组织业务回顾周会,肯定会一团糟,因而需要试错。我们应该确保与会者对自己的错误畅所欲言,积极鼓励他们发言,让其他人从中学习。业务回顾周会的关键是达成平衡,既要坚持极高标准,又要营造轻松讨论错误的氛围。

即使那些灾难性的会议发生于15年前,今天,仍有亚马逊人这样回忆道:

> 你看见的团队,真的愿意解剖自己,愿意当众袒露自己,说:"我搞砸了。这个不对。应该这样做。"但我记得,有一个领导者却这样说:"这个是谁做的,判断力太差!"
>
> 这句话的问题在于,人们还没来得及回应,就被审判定罪了。领导者应该保留判断而不是言语攻击,然后去弄清楚实际的情况。人们肯定都想做正确的事情,不会有意

破坏业务，也不会仇视客户。他们对自己亲手建立的业务是具有强烈的责任感的。

从那以后，我们变得更加成熟，赋予与会者免于恐惧的自由。他们每次提出自我批评时，我们都会给予奖赏。团队越自我解剖、自我批评，我们就越给予奖赏。如果团队想掩盖错误，没有考虑客户体验，那你可以提出刁难性的问题。

这段回忆，有两点非常明显：第一，这么多年过去了，它还是那么生动——这证明，惩罚性氛围会给人留下难以忘却的印记；第二，这个团队从初期的过失中学习，做出调整，最终取得了很大的进步。

陷阱2：遮蔽信号的噪声

数据异常是正常的、不可避免的，这虽然听上去有些矛盾。因此，必须区分正常的异常数据（噪声）与流程的某些根本变化或缺陷（信号）。想为正常范围内的异常数据赋予意义，这种做法是浪费精力，甚至是危险的、误导性的。有人骄傲地宣称，经过不懈努力，他们的关键指标这周提升了0.1%。这种做法实在是太糟糕了，因为它没有将宝贵的时间用于更重要的事情。更糟糕的是，如果该指标下降了0.1%，你就会浪费时间去寻求根本原因，"解决"原本属于正常变化的某个问题。

在亚马逊，理解正常数据是指标的"主人"的责任，不管是个人贡献者还是管理数千名员工的经理。XMR 控制图[3]等诸多统计方法都可以凸显某个流程何时失控。不过，对我们而言，经验和深入理解客户需求常常是过滤信号背景"噪声"的最佳方法。在多数情况下，绩效指标每天都有"主人"审核，每周都有业务回顾周会审核。因此，"主人"对预料之中的波动会越来越熟悉，而异常情况就会凸显出来。

* * *

亚马逊的绩效指标管理，体现了"顾客至尚"这一领导力准则。公司重视的，是投入类指标而非产出类指标，这清楚地表明了"顾客至尚"的实质性。看看亚马逊的投入类指标，就会发现：它们所描述的，通常都是客户关心的事情，比如价格低、产品种类多、配送速度快、客户投诉少、网站或应用程序速度快。营收、自由现金流等诸多产出类指标，一般只会见于公司的财务报告，客户不会关心这些东西。不过，正如我们在本书开头所言，亚马逊毫不动摇地坚信：股东的长期利益同客户的利益是完全一致的。可控的投入类指标是衡量公司满足客户利益程度的定量方法（对数据"刨根问底"）和定性方法（客户故事），而产出类指标反映的是公司期望的结果。

要想每周都对你的公司加以正确评估并努力改进，你就需要愿意公开讨论失败、从失败中学习并随时寻求提升客户体验的创新方法。

下篇

高效的创新引擎

下篇导语

现在，我们进入实战部分——证明亚马逊工作法能够产生创新成果。2015年，杰夫在"致股东的信"中写道："我们要成为一家大公司，也要成为一部创新引擎。我们要将规模赋能的、卓越的服务客户的能力，同行动迅速、敏捷性、愿意承担风险等初创企业精神结合起来。"[1]我们将会看到，"上篇"列举和考察的那些工作法，直接关系着亚马逊诸多的巨大成功和重大突破，包括Amazon Prime、Prime Video等服务，Kindle、Alexa等硬件设备（Kindle也是一种服务），还有抬杆者招聘流程、逆向工作法等做法以及AWS、Amazon Echo、Alexa等子公司。

当然，在同一封"致股东的信"中，杰夫也写道："我相信，我们是世界上最能够失败的公司（我们拥有大量的实践！），而失败和创新是连体双胞胎。要创新，就得实验。如果事前就知道它会有效，那就不是实验。大型组织大都接纳创新这一理念，但不愿意遭受系列的、通向成功所需的实验失败。"因此，对亚马逊而言，Fire智能手机等不那么成功的创新也具有宝贵的价值。Amazon Unbox（后来演变为Prime Video）、Amazon Auctions和zShops（后来发展为Amazon Marketplace）等初期"脱靶"但后来经过迭代获得成功的事业也是如此。这些"失败"是公司传奇的重要部分，不但是后期成功的"先驱"，也证明实验在真实地进行着。

当然，如果你没有创新预算，那就不要创新。不过，即使预算有限，只要有耐心，勤俭节约，假以时日，也会获得成功。亚马逊工作法意味着创新要有长期思维并坚持顾客至尚，确保将领导力准则作为指引，利用这些工作法来驱动管理。杰夫写道："长期思维和坚持顾客至尚具有很好的互动性。如果我们能识别客户的某种需求，并坚信这种需求是有意义的、可持续的，那我们就愿意耐心地奋斗多年，直到交付解决办法。"[2] 关键词是：耐心！如果某个计划几年内没有得到期望的回报，很多公司就会选择放弃。亚马逊会继续坚持5年、6年、7年——同时保持投资可控、不断地学习和改进——直到这个计划获得动能和被接受。

另一个关键词是：勤俭节约。如果你将资金用于展览摊位、扩大团队规模、吸引眼球的营销活动等并不能提升客户体验的事情，那你的创新努力是不会持续太久的。Amazon Music、Prime Video等例子就能说明，我们是如何通过勤俭节约长期保持投资可控的：小团队，持续注重提升客户体验，限制营销支出，严格管理盈亏。一旦拥有清晰的产品计划和愿景，知道这些产品会成为数十亿美元的生意，会给数千万甚至数亿客户带去愉悦的体验，我们就会大规模投资。长期保持耐心和严格管理投资，会带来巨大的回报。

创新并不能解决所有的问题。例如，成立之初，亚马逊公司没有创建自己的计算机硬件。而在计划电子书业务时，我们决定推出kindle，进军硬件市场。原因在于：差异化重要的地方，创新才会重要。公司成立初期，亚马逊数据中心采用的硬件并不是客户差异化的点——创造有吸引力的在线购书体验才是差异化。对于Kindle而言（第7章将详细讨论），别人也在销售电子图书，因此，创新、拥有并控制客户用来阅读电子书的优质设备才具有真正的价值。客户差异化常常是创新的关键原因之一。

　　昨天是正确的，今天未必正确。事实上，亚马逊今天的确会生产某种计算机硬件来驱动它的数据中心。原因在于：这种硬件是为AWS数据中心专门设计的，可以极大地降低成本、提高可靠性。通过降低价格、提供更可靠的服务等方式，这些益处还会传导给AWS客户。

　　我们的长期思维和保持耐心的创新方法——由客户需求驱动——与传统的"技能驱动"创新方法有着根本的区别。采用传统的创新方法的公司，寻求的是与其现有技术和能力完全匹配的新商业机会。虽然这种方法也能带来回报，但它有一个根本的问题：公司永远不会主动掌握新技术、发展新能力、招募新领导者、创建新型组织。借用杰夫的话说，亚马逊的逆向工作流程——从客户需求出发，而不是从公司需求或公司能力出发——常常要求我们"锻炼新肌肉，永远不在意第一步会多么让人难受和难堪"。

　　本书"下篇"部分将讨论亚马逊的四大成功创新案例——Kindle、Amazon Prime、Prime Video和AWS，此外，还有很多其他重要的案例，但本书并未提及，包括FBA、Amazon Echo、Alexa、亚马逊自出版平台KDP。

我们不会专章讨论某个失败的案例，不过，有个失败的案例值得在此简单地提一提——亚马逊智能手机 Fire 是一个执行流程优秀却成为"哑弹"的失败案例。推出 Fire 手机，是亚马逊实施的规模最大的新产品项目之一。这款手机的主要差异点，是所谓的"动态视角"功能（配置有 4 个摄像头，能获得 3D 成像效果）和定位陀螺仪。上千人参与开发这款手机的 3D 功能、大量的技术小创新，以及更标准的、会影响客户体验的各种特色功能。涉及的应用程序约有 30 种，包括一键式客服、免费照片云存储、时钟、日历、音乐播放器、Kindle 等。

Fire 手机于 2014 年 6 月推出，2015 年 8 月终止。为什么会这样？

首先，即使有"新闻稿／常见问题"流程，Fire 手机也没有解决客户关心的重要问题，没有带来非常愉悦的客户体验。我（比尔）还记得，2012 年第一次听闻这个项目时，我还纳闷：3D 效果虽然很酷，但为什么人人都需要带 3D 效果的手机？这款手机推出当天，有一则新闻稿这样写道：

> 西雅图—（商业资讯）—2014 年 6 月 18 日—（纳斯达克：AMZN）—今日，亚马逊揭开了由其设计的第一款智能手机 Fire 的神秘面纱。Fire 是唯一带有"动态视角"功能和物体识别功能 Firefly 的智能手机，借助这两项新技术突破，你可以通过全新的镜头看见这个世界，并和它互动。"动态视角"功能采用新的传感系统，可以对手机的手持、观看和移动方式做出反应，带给你其他智能手机

无法媲美的体验。Firefly功能可以快速识别现实世界里的物体——网址、电子邮件地址、电话号码、二维码、条形码、电影、音乐和数以百万计的产品,让你数秒内就可采取行动——这一切,只需简单地按下Firefly的按钮。[3]

其次,这款手机以高价销售。亚马逊的一条指导原则是勤俭节约,而且我们已经向世界宣告,我们是一家追求成本效益、创新商业模式的公司。对客户而言,这条核心原则意味着价格低。当时,这款手机的售价为200美元,与iPhone的售价相同,还需要和移动运营商签订两年的合约。(200美元现在听上去很便宜,但当时手机享受补贴,价格要低得多。)后来,我们将售价降为99美元。再后来,干脆免费赠送。无所谓了,反正没人想买它。

最后,Fire手机上市较晚,只有AT&T这一家移动运营商。而当时的iPhone手机有四家移动运营商,而且还提供其他品牌的手机。市场竞争非常激烈。

如果我们的Fire手机定价低于iPhone,具备大多数功能并签约金牌会员,那情况会不同吗?很有可能。

然而,这个故事的重点在于:流程可以提高成功的概率,但绝不能保证成功。杰夫本人深度参与了Fire手机的开发。实际上,他和项目领导者伊恩·弗里德、卡梅伦·简斯共同起草了这款手机的"新闻稿/常见问题"。他和手机团队认为并坚信客户会喜欢这款手机,但他们错了。即使是最好的流程,也只能提高决策的质量——任何流程都无法替你做决策。

事实上,杰夫并没有因为Fire手机项目的失败而质疑开发流程。他写道:"我们都知道,要打出全垒打,就得多次被三振出局,但也会打出一些全垒打。"棒球全垒打最多只需要跑四个垒,但商业"本垒打"则不同,要跑无数的"垒位"才会得分。一定要明白:大成功者为数甚少,是因为他们愿意付出代价,去进行大量的不太成功也不太失败的实验。

Fire 手机项目终止后,杰夫在接受采访时被问及项目为何失败。他回答说:"如果你认为这是一个巨大的失败,那我要告诉你,我们目前正在做更失败的项目——我没有开玩笑。"[4] 创新的量级和失败的量级要和组织的成长同步。否则,你的创新就不够重大,不足以驱动公司成长。

随着公司不断地成长壮大,创新的引擎要保持轰鸣就会变得更加困难。创新的一大阻碍是"一刀切"决策。2015 年,杰夫在"致股东的信"中写道:"有些决策会导致出现一些不好的后果,而且是不可逆的或几乎不可逆的——'单向门'。做出这种决策,就得有方法、审慎和稳妥,需要认真思考和讨论。如果你走过这道单向门,发现里面是你不喜欢看到的东西,你是无法回到原点的。我们称之为 1 型决策。但是,大多数决策并非如此——它们是可改变的、可逆的——它们是'双向门'。就算做出的 2 型决策不够理想,其后果也不会长期存在。你可以重新开门回去。判断力强的个人或小团队可以也应该做出 2 型决策。"金牌会员服务 Prime 就是一个"双向门"决策。如果 Prime 的订阅、包邮、快速配送等服务套餐不起作用,我们就会不断地调整"配方",直到获得正确的服务套餐。事实上,Prime 并不是我们尝试解决问题的第一种办法——在它之前,还有"超级省邮服务"(Super Saver Shipping),后来才演变为 Prime 服务。Fire 手机更像是一个"单向门"决策：手机退市后，亚马逊没有返回去，说"好吧，已经这样了，我们试试另一款手机吧"。

大公司往往会建立一套决策流程来管理"单向门"决策，原因在于：糟糕的决策会引发大问题，甚至是灾难性后果。这个流程通常很缓慢，很复杂，要规避风险。在大公司，它往往处于主导地位，习惯性地甚至完全被用于"双向门"决策。结果就是：决策速度变慢，抑制创意产生，扼杀创新，开放周期变长。

正因如此，亚马逊才强调行动迅速、敏捷性、要承担风险，同时坚持最高标准等初创企业精神。自公司创立初期，这些精神就已经融入亚马逊工作法。1999 年，杰夫写道："对于所有项目，我们都必须致力于不断改进、实验和创新。我们喜欢做开拓者，这是亚马逊的基因，也是一件好事儿，因为成功需要开拓精神。"[5]

07　电子书阅读器 Kindle

比尔接到一个不受欢迎的任务。
亚马逊的数字化转型例证了逆向工作法。
亚马逊能建造硬件？
外包，还是不外包？
打造轻松阅读的设备。
设备发布与奥普拉的助推。

***

亚马逊高级副总裁（咄咄逼人地质疑）：你打算为 Kindle 再投多少钱？

杰夫（平静地转向首席财务官，微笑，耸了耸肩）：我们有多少钱？

2004 年 1 月，我的上司史蒂夫·凯塞尔请我（比尔）去他的办公室，然后就向我扔出了"序言"中提及的那个"炸弹"。加盟亚马逊四年以来，史蒂夫一路晋升，成为主管全球媒体（书籍、音乐、录像带）零售业务的副总裁，现在马上又要升任公司高级副总裁，直接对杰夫负责（加入 S-Team 团队），承担创建数字媒体新公司的重任。他希望我加盟，担任数字媒体团队的领导者（H. B. 西格尔负责管理工程团队）。这个人事变动，杰夫已经批准。

起初，我对接任史蒂夫让我担任的职位感到有些不快。当时，我担任亚马逊美国图书、音乐和录像带事业部主管——年营收占当时亚马逊全球营收的 77%[1]——感觉自己的事业就要腾飞了。现在，我的老板却邀请我协助领导亚马逊规模最小的公司。当时的亚马逊数字媒体事业部只拥有"书内搜索"功能和电子书团队（只有 5 个人），在杰夫的组织机构中毫不起眼，年营收只有数百万美元。而且，从当时的电子图书市场的情况来看，似乎也没有任何增长前景。史蒂夫、西格尔和我要带领这个小团队脱离零售组织，创建亚马逊数字媒体公司。

然而，随着史蒂夫解释杰夫的想法，我开始有了不同的感受。史蒂夫告诉我，杰夫已经认定：亚马逊已经到了重要的十字路口，现在必须采取行动。虽然实体媒体业务正处于增长中，但我们都清楚：随着媒体业务向数字化转型，它的受欢迎程度和重要性迟早会下降。当年（2004 年），苹果公司销售了 130 万台 iPod——比上一年增长近 4 倍——网络共享数字音乐文件的数量激增，导致音乐 CD 销量下降。纸质图书和 DVD 销量下降并被数字下载取代，这似乎只是时间问题。

杰夫认为，我们必须马上行动。一旦下定决心，杰夫就会践行

"崇尚行动"这一领导力准则。

对于我的职业道路而言，这可能意味着我坐上了"火箭飞船"的最佳位置，也可能意味着要为一个永远无法"起飞"的小公司奋斗多年。如我后来发现的，数字媒体的成功道路很漫长，充满了挫折、深刻的教训、错误的启动和痛苦的失败。但正如前面提到的，我们以为没有什么不同。有时候，对于要打造什么样的产品、如何打造，我们会进行激烈的争论。应该专注于图书、音乐，还是视频？应该提供订阅服务、借助广告免费服务、让客户照单购买，还是这些全部提供？应该自己建造设备，还是和设备生产商合作？还是应该收购公司，以加速进入数字媒体业？在整个组织过程中，领导者们（包括一些董事会成员）都在质疑：为什么要为数字媒体投入那么多的时间、精力和资金？如你所见，数字媒体业务成功所需的技能，与出色地交付网售实体商品所需的技能大为不同。

但是，我们（数字媒体团队的领导者和员工）没有放弃，而是随时准备创新方法、改变战术、迭代战略。指引我们的，是绝不动摇的长期目标——投入客户喜欢的新服务（和新设备），创建大规模的数字媒体事业——以及杰夫无时无刻不在提醒的：不管做什么，都必须持续推进，找到完美的客户体验。

我们花了几年的时间，数字媒体公司才站稳了脚跟，成长为有意义的事业。

同史蒂夫见面几天后，我接受了数字媒体公司的职位。几个月后，我升任公司副总裁。经过一两次组织变动，我的职位最终确定为亚马逊数字音乐和视频公司副总裁，直到我2014年离开亚马逊。在此期间，我监督、参与和执行开发的产品包括：电子书阅读器 Kindle、Fire 平板电脑、Fire 电视、会员视频服务 Prime Video、音乐服务 Amazon Music、电影服务 Amazon Studios 和语音智能音箱 Echo 及其内置的语音助手 Alexa。

创建亚马逊数字媒体事业的漫长征程，让我们获得了一个有效的经验：创建新的业务、驾驭利益根深蒂固的成熟产业的变革时代，这是一个漫长的过程，要坚持下去，就需要特别有耐心和绝不动摇的领导力。进军数字业务时，我们完全是新手，后来成长为行业的领导者，这在很大程度上得益于我们坚守亚马逊独特的领导力准则和思维方式，包括"远见卓识""长期思维""顾客至尚""愿意长期被误解""勤俭节约"——面对季报压力和每天的股价波动，很少有公司能够坚持这些准则。很多公司的资金比亚马逊雄厚得多，也曾尝试创建数字业务，却以失败告终。即使你公司的规模小于竞争对手，但只要坚持这些原则，也能同高重量级别的对手较量。

数字化转型

并非只有亚马逊意识到需要投资数字媒体业务，从而获得新的增长能力。1999 年 6 月成立的 Napster 公司提供数字音乐共享服务，它的日益普及向每个人发出了信号：客户需求正从实体媒体转向数字媒体。

2003 年秋的一个傍晚，杰夫、柯林和迭戈·皮亚琴尼（Diego

Piacentini，苹果公司前副总裁、时任亚马逊国际零售事业高级副总裁）离开位于西雅图的亚马逊总部，赶往位于加州库比蒂诺的苹果公司总部，去会见史蒂夫·乔布斯——他邀请我们前去拜访。乔布斯和另一位苹果公司的员工迎接了我们，然后催促我们进入一间毫不起眼的会议室，里面摆放着一台 Windows 电脑和两盘外卖寿司。晚餐时间已过，我们一边大口吃着寿司，一边闲聊数字产业的现状。乔布斯用餐巾擦了擦嘴，然后进入这次会面的正题。他宣布说，苹果公司刚创建完第一个 Windows 应用程序。他平静而自信地告诉我们：即使这是苹果公司为 Windows 打造的第一个应用程序，它也是迄今为止最好的 Windows 应用程序。接着，他亲自演示了这款即将发布的 Windows 数字媒体播放应用程序 iTunes。

演示期间，乔布斯谈到了这个举措将如何改变音乐产业。在此之前，想从苹果购买数字音乐，你就得有 Mac 电脑，而该电脑在家用电脑市场所占份额还不到 10%。苹果首次尝试在 Windows 平台推出软件产品，这表明他们非常看重数字音乐市场。现在，只要有电脑，任何人都可以从苹果购买数字音乐。

乔布斯说，CD 会走上盒式磁带等过时音乐格式的宿命，它们的重要性和销量份额会很快下降。他接下来的评论，完全可解释为表达愤怒与反驳的事实性陈述，或者是想通过过激的言行刺激杰夫做出糟糕的商业决策。他说："亚马逊很可能是购买 CD 的仅存之地。这个业务的市场规模小，但边际利润很高，因为现在很难找到 CD。"杰夫没有"咬钩"。我们是客人，接下来的会面平静无事。但我们都清楚，独家销售老式 CD，这听上去并不是什么有吸引力的商业模式。

我们想说，这次会面影响了杰夫的想法，但是只有杰夫才能回答这个问题。我们能说的，是杰夫随后采取或没有采取的行动。他没有停掉（很多公司都会这样做）某个如火如荼的项目，以便全力迎战这个竞争威胁——发布新闻稿宣称亚马逊的新服务将获得成功，以及加速仿造数字音乐服务。相反，杰夫花了很长时间整理这次会面学到的东西，然后制订计划。几个月后，他任命了一位单线程领导者（史蒂夫·凯塞尔）来主管数字事业公司，直接向他负责，以便共同努力制定数字媒体事业的愿景和规划。

换言之，杰夫采取的第一个行动，不是决定"做什么"，而是决定"谁来做""如何做"。这是有着重要区别的。他没有立即仓促地关注要打造什么产品，尽管这似乎是最快的方式。相反，他做出的选择表明：他认为这个商机规模很大，同样，获得成功所需要做的工作也很多、很复杂。他首先关注的，是如何组织团队、谁是取得理想结果的正确领导者。

虽然数字化转型已经开始，但谁也无法预测数字化浪潮何时才会真正到来。谁都不想过早地进入，推出尚没有市场的产品。但谁也不想错过这波浪潮，否则就无法赶上。我们知道，我们需要弄清楚这个新范式的最佳客户体验是什么，然后创新方法以摆脱困局。在这个案例中，关注客户、长期思维、注重创新等内在基因是我们的重要资产。

沃尔玛、巴诺书店、亚马逊媒体网店等零售商——以及迪士尼、环球音乐、华纳、兰登书屋等媒体巨头——都是实体媒体产品的主要创造者或分销者。在随后的数年里，微软、苹果、谷歌、网飞、沃尔玛、迪士尼、三星、索尼、华纳等众多公司纷纷为数字媒体砸下数十亿美元。这些公司都清楚：变革正在到来。有些公司的资本力量强于亚马逊，而有些公司的条件不足，无法利用或引领这场变革。这些投资，有些获得了成功（YouTube、Hulu、Spotify以及苹果系列产品），而大多数都被注销或以失败告终（微软播放器Zune、索尼电子阅读器、Nook、PressPlay、MusicNet）。当时，亚马逊根本没有数十亿美元投入数字媒体或其他项目。因此，要和那些大玩家继续玩这个游戏，我们就必须依靠"勤俭节约"准则。

杰夫酷爱历史，他经常提醒我们：一家公司如果没有或无法自我变革，主动适应和满足新的客户需求，那就注定会失败。他说："你肯定不想成为柯达。"他所指的，是曾经强大无比但错过胶片数字化转型的那家摄影业巨头。我们绝不会毫无作为，坐视亚马逊也变成这样。

从理念上讲，我理解和接受这个历史教训。我不明白的是，我和史蒂夫为何要更换职位，创建一个全新的组织。为什么不能把数字媒体纳入现有的媒体组织呢？毕竟，同我们打交道的，还是那些合作伙伴和供应商。媒体产品得有来源之处，而这个来源就是媒体公司：图书出版公司、唱片公司和电影制片厂。我已经和这些公司建立起了市场合作关系，因此，按道理讲，我们应该在现有组织框架内做这件事情，利用现有强大团队的知识和成功经验打造数字媒体。否则，亚马逊就会有两个不同的团队同合作伙伴和供应商保持商业关系。

但是，杰夫认为，如果我们把数字媒体纳入现有的实体媒体公司，它就永远不会享有优先地位。毕竟，规模更大的业务是公司的支撑，随时都会得到最多的关注。史蒂夫告诉我，做好数字媒体对杰夫来说至关重要，他希望史蒂夫只专注于此。史蒂夫希望我加盟，帮助他创建这家新公司。

这个组织变动，是亚马逊单线程领导者组织结构概念的首批实践案例之一。史蒂夫调任数字公司之前，亚马逊数字媒体公司的最高领导者只是一位产品经理，比史蒂夫低四个职级。这个级别的人，肯定无法领导和开发来年就要推出的新产品和新项目。数字媒体要成为亚马逊最大、最重要的事业，杰夫就需要史蒂夫这位经验丰富、久经证明的副总裁（当时已升任高级副总裁），直接对杰夫负责，单线程领导数字媒体公司。反过来，史蒂夫也需要建立自己的下属高级领导者团队，单线程领导硬件设备、电子书、音乐、视频等业务领域。

最终，我领会了这种组织调整的重要性。如果我们当时既要管理网上实体媒体业务，又要弄懂如何交付数字媒体，我们就无法迅速行动了。我们建造电子书阅读器设备和服务时，就不会远见卓识地思考如何创新客户体验。毫无疑问，客户体验肯定会非常糟糕，变成实体媒体和数字媒体体验的大杂烩。我们必须从零开始。

事实证明，这个有些突然的、曾让我深感失望的工作变动，不但对公司而言是正确的决策，也是我职业生涯中最美好的时光之一。

亚马逊数字媒体与设备的启动阶段

为了解决打造数字图书、音乐和视频的各种细节问题，我们花了约6个月时间研究数字媒体场景。公司领导团队每周都和杰夫开会，审查和探讨无数的想法和概念。

我们和媒体公司（图书出版公司、唱片公司、电影制片厂）的合作伙伴见面，讨论电子图书、数字音乐和视频的现状和未来。电子图书业务已经存在，但图书出版公司不愿加大投资，显然认为它不会有增长。图书出版公司制作的电子图书目录很少，而且定价与纸质图书一样高。盗版行为正在快速消灭 CD 产业，苹果公司通过 iTunes 向数百万 iPod 用户销售数百万首歌，因此，唱片公司迫切地希望我们快速进入这个产业，这样他们就会有更多的零售商——而不是只有苹果公司。

当时，数字电影和电视剧产业还没有诞生。内容生产商天生就讨厌风险，善于从现有交易中获得最大化的现金流，但不擅长创造新的交易。因此，对于亚马逊等数字服务提供商希望获得其电影或电视剧的使用授权，他们并不感兴趣。

2004 年 12 月，史蒂夫、杰夫和我参加了在环球城希尔顿酒店举行的数字音乐产业大会"Music 2.0"。当时的杰夫已经是商界和媒体界的名人——《时代周刊》提名他为 1999 年"年度人物"。这样一位高调的 CEO 出席这样的会议，当然非比寻常，因此，我们所到之处，都能引起骚动。人们不断地接近我，希望我能帮助他们见到杰夫。

我们听了很多人的发言，包括环球音乐高管拉里·肯斯维尔（Larry Kenswil），他的演讲内容是数字音乐产业的现状。当时的数字音乐产业分为两大阵营：一个是提供免费音乐共享服务，比如 Napster；另一个是苹果公司，通过 iPod 销售歌曲，每首 99 美分。

拉里希望更多的大科技公司进入这个产业，因为这意味着环球音乐的营收会增加。他显然知道我们就在会场，因为他有几句话就是说给杰夫听的，还取笑亚马逊在数字音乐业尚无一席之地，催促我们快快加入。

第一年，我们必须做出一大决策：是创建一家公司，还是收购一家数字音乐公司？我们和杰夫多次开会，我和史蒂夫向他陈述我们对音乐产品的想法，或提出可能收购的公司。每次开会，杰夫都会否决他所认为的模仿思维，再三强调：无论打造什么样的音乐产品，都必须为客户提供独特的价值主张。他经常提到所有公司开发新产品和新服务时都必须做出选择的两大方法：我们可以做快速的跟随者——也就是说，仿造其他公司的成功产品；也可以替我们的客户创造一种新产品。他说，这两种方法都会奏效，但他希望亚马逊是一家创新公司。

为什么？就数字产业而言，部分原因是：数字产业的变革速度非常快。如果采用跟随战略，等到我们建造并部署出竞争对手的服务复制品时，他们或别人早已造出更好的东西了，而我们还没有足够的时间从现有服务中获取收益，就得再打造新的复制品。苹果公司的音乐服务产品演变速度极快，从使用受限的iPod，到Mac电脑，再到iPhone和iPad的快速搜索与回放功能，这个例子本身就说明：数字公司采用跟随战略是不可取的。杰夫明确地指出，数字音乐大会上那位"刺激"他的高管不会驱动我们的进程。他认为，打造iPod和iTunes商店那样的仿制产品是没有成功的希望的。他没有兴趣召开新闻发布会，向公众宣布亚马逊正式进军数字业。他选择的创新道路超越了音乐领域，使亚马逊进军数字产业之初，重点关注的是电子书和电子书阅读设备。杰夫的这种做法表明了他的信念：真正的创新，要为客户和股东创造更大的长期价值。

我和我的团队很快就发现，创新道路比跟随战略更具挑战性。跟随战略的路线图是相对清晰的——研究竞争对手的产品，然后加以模仿。创新没有任何路线图。

创新需要持久而有耐心地评估和舍弃大量的选项和想法。因此，考虑要走哪条路（创建还是收购）的过程中，我们和不同的数字媒体公司举行了无数次会议。这些会议不但让我们清楚了潜在的收购选择，也是我们加速了解数字媒体业务各个方面的高效途径，因为这些公司的创建者和领导者战胜过各种产品的挑战，我们可以分享他们的经验和深刻见解。与此同时，我们也在撰写数字媒体产品的"新闻稿/常见问题"，交给杰夫审查和讨论。这两个进程并行不悖，相互强化。到2004年年底，我们的想法和愿景变得更加清晰。随着这个愿景成为焦点，我们开始设计组织架构、组建团队。

杰夫邀请史蒂夫主管数字媒体公司的时候，他对亚马逊高层架构也进行了改组。在此之前，史蒂夫对亚马逊全球零售事业高级副总裁迭戈·皮亚琴尼负责，而后者对杰夫负责。现在，史蒂夫直接对杰夫负责，这是一个清晰的信号：数字媒体公司具有很高的优先地位。

这样做有两大好处。第一，史蒂夫不再受制于过多的职责，参与管理亚马逊当时现有的业务或运营，他被赋予自主权和权威，单线程地专心致力于创建数字媒体公司。第二，迭戈及其同事也无须花任何时间管理数字媒体公司，他们被解放出来，继续单线程地专心致力于管理零售和市场业务以及订单履行网络。此外，在这个重要关头，杰夫明确地表明：他会投入大量的时间同史蒂夫和数字媒体公司的领导者一起工作，共同校准产品方向，确保他们拥有成功所需的各种资源。这必然意味着杰夫会减少对零售和市场业务的时间投入和监管，赋予迭戈、杰夫·威尔克等领导者更多的自主权。

我要感谢亚马逊的那些工作流程（本书"上篇"已进行了讨论），使得杰夫能够做出这些调整。例如，"六页纸备忘录"和S-Team目标使杰夫能够持续校准所有重大的零售和市场项目并给出有效的反馈，即使他对这些业务投入的时间减少。对于数字媒体（以及AWS）这些新项目，"新闻稿/常见问题"工作流程使他能够花上数周或数月的时间，清楚地了解各个项目的具体细节。一旦他和他的团队就"新闻稿/常见问题"达成一致，数字媒体和AWS的领导者就可竭尽全力地组建自己的团队、发布新产品，因为他们知道，公司的CEO和他们是同步的。因此，杰夫可以同时指导和影响多个项目。这种"结盟"关系的存在，不是因为杰夫是公司CEO，而是因为我们拥有既定的工作流程。采用同样的工作流程，任何公司的团队都可以自主工作，同时又可以和公司领导者的意图保持同步。

在组织层面，我们采用了"两个比萨团队"的架构。因此，我们数字媒体团队不依赖，也不受制于负责零售和市场的工程团队和业务团队。我们可以自主地完成与杰夫讨论后要达成的目标。从杰夫的角度来讲，这意味着他不会陷入困境，去调解基层的资源纠纷和依赖关系。他让"两个比萨团队"的领导者自己负责组建团队并完成目标。此外，他很容易审核某个重要项目的人员配备是否成功。团队之间互不依赖，因此，杰夫可以确保计划工作能实际展开，不会在组织的其他场合搁置、否决。如果没有这些工作流程，他就不可能或很难在组织架构和时间分配上做出如此重大且获得理想结果的调整。因为这些工作法，这位 CEO（或其他领导者）可以同他的组织就创建什么产品、是否拥有资源等问题达成共识，并保持一致。

随着我的组织不断成长，我同亚马逊的其他领导者一样，也学会了如何运用这些工作流程增加控制跨度，在多个复杂产品和项目上获得了理想的业绩。因为这些工具，几年后，我就可以对我的多个团队所负责的数百个 S-Team 年度目标和新产品计划进行"刨根问底"、审核和管理。

史蒂夫及其直接下属的组织架构，都采用的是"两个比萨团队"。组织架构顶端的"两个比萨团队"的结构更为复杂。例如，产品、工程和业务部门都应该对单个领导者负责，还是应该每个部门都有自己的领导者，由这些领导者组成团队负责产品、工程和业务细节？

我们决定，每类数字产品（图书、音乐、视频）都要有独立的业务和技术领导者。各类产品的领导者负责招聘各业务部门的领导者，比如产品管理、营销/销售规划、供应商/内容管理（获得图书出版、电影和唱片公司的数字内容授权）等部门。产品总经理（GM）都有对应的同级工程领导者。各类产品工程都有"两个比萨团队"，分别负责软件服务（内容吸收与转化）的主要组件和客户端软件。这种务实的决策，主要是基于领导者的技能。例如，我当时并没有管理工程组织的经验。同样，我的工程同行也没有业务方面的经验。这种情况，几年之后才有所改变。

几个月后，情况很明显：我们需要增加（直接对史蒂夫负责的）高级领导者来运营和管理公司的各个部门。2004年年初，史蒂夫只有两位直接下属：数字媒体公司的业务领导者比尔，工程领导者H. B. 西格尔。到了2005年年中，史蒂夫已经为各产品和工程团队招聘到水平和专业知识均适合的领导者，并对组织架构进行了相应的调整。每次调整，各领导者的职责范围都会变窄，但各职位的重要性都会增加。在大多数公司，领导者的职责范围缩小，会被视为降职。事实上，很多副总裁和主管都是这样看待每次调整的。在亚马逊，这种调整不是降职，而是一种信号：我们有远见卓识，要长期投入数字媒体业务。

就我而言，到了2005年，我不再领导数字图书、音乐和视频业务团队，而是只专门领导音乐和视频业务。2007年，我的职责范围扩大，除了领导业务团队，还要领导工程组织。这种调整每年都会进行，因为工作范围太大，所以团队必须分拆为小组。举一个简单的例子：2004年，视频客户端开发由一个"两个比萨团队"负责，后来，它被分拆为三个小组，分别负责网络、移动设备和电视设备。接着，移动设备团队变成四个团队（iPhone手机、安卓手机、iPad和安卓平板电脑），电视设备团队变成五个团队（微软电视游戏机Xbox、索尼游戏机PlayStation、TiVo、索尼电视Bravia、三星等）。因此，到了2011年，我们最初的两个"两个比萨团队"已经被分拆为十多个团队了。

数字媒体公司的领导者，有些来自公司内部（包括尼尔·罗斯曼、丹·罗斯），而有的领导者（如埃里克·伦吉沃德）原本任职于公司，后来因为有其他追求而离开了公司。2004年年底，我们说服他返回公司，领导数字音乐工程团队。我们还从棕榈科技（Palm）、瑞尔网络（Realnetworks）等公司招募领导者，包括格雷格·塞尔、伊恩·弗里德。到2005年年中，公司的核心领导团队已经成形。

现在看来，我们采用的组织架构并不比其他公司激进或有何不同。如果说有激进的地方，那就是：这些团队的建立是独立于当时现有的零售和市场业务组织和工程组织；我们有远见卓识和长期思维，招聘和建立了一个大组织来支持三种有些冒险的新业务。

亚马逊：设备制造商？！

通过产品构思环节，我们发现情况很明显：我们不但需要新的团队，还需要拥有开发硬件设备等新能力。杰夫瞄准的，是找到数字媒体零售业务与我们现有的实体媒体零售业务的根本区别。我们的实体媒体的竞争优势，在于单个网站销售的品类最广。但这不会是数字媒体的竞争优势，因为进入的门槛很低。不管是资金充裕的初创公司，还是成熟的老公司，任何公司都可以提供那些服务。当时，只要投入时间和精力，任何公司都可以创建一个电子书店或99美分音乐下载网店，提供与所有其他数字平台有同样广度和深度的图书和歌曲。他们只需要愿意承担烦琐的工作，将所有数字音乐文件或电子书集合为一个网上目录。因此，我们非常清楚：仅仅做好选品和集合度,是无法实现杰夫所要求的独特而差异化的数字媒体业务的。

我们的实体媒体零售业务具有竞争优势的另一大要素,是能够持续地提供低价产品。回想一下那个增长"飞轮",较之于其他零售商,这就与我们较低的成本结构相关,因为我们没有任何店铺。但是,成本结构并不是数字媒体业务的一个竞争优势。不管你是亚马逊、谷歌、苹果,还是一家初创公司,数字文件存储与服务的流程和成本都基本相同。我们还不知道有任何不同的做法,可以让一家公司通过降低数字媒体运营成本,将节省下来的钱以低价数字媒体产品的形式传导给客户,以此获得竞争优势并长期独占鳌头。

杰夫第一次和史蒂夫开会,邀请他领导数字媒体和设备公司的时候,他在白色书写板上画出了下面这张图(为了便于理解,我们在此增加了当时并没有的图形和符号)。

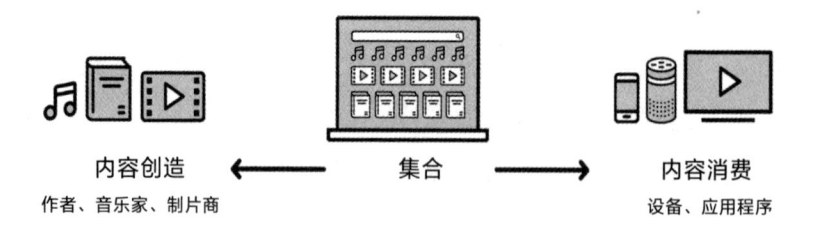

内容创造　　　　　集合　　　　　内容消费
作者、音乐家、制片商　　　　　　　　设备、应用程序

他向史蒂夫解释道,数字媒体的价值链也有重要的区别。在实体媒体零售业,亚马逊处于价值链的中端。我们的附加值,是通过单个网站获取并集合品类丰富的产品(数百万种),然后迅速而便宜地交付给客户获得的。

实体媒体零售业的这些附加值,并不是数字媒体的优势,因此，要想获得成功，我们就需要识别价值链的其他部分，使我们既有差异化，又能为客户提供优质的服务。杰夫告诉史蒂夫，这就意味着我们要远离价值链中端，大胆地走向价值链的两端：一端是内容，这里的价值创造者是书籍的作者、电影制片商、电视剧制作人、出版商、音乐家、唱片公司和电影工厂；另一端是内容的分发与消费。对于数字媒体，这意味着要关注客户端和客户习惯用来阅读、观看和收听内容的设备，就像苹果公司的 iTunes 和 iPod 所做的那样。我们留意苹果公司短期内在数字音乐上取得的成就，并寻求将这些所学用于创造我们产品的长期愿景。

在价值链的两端，我们当时都不具备核心竞争力。

史蒂夫没有让这个成为障碍。有一次开会时，他说，公司要想成长，就应盘点现有的能力，然后问自己："以我们现有的技能组合，接下来能做些什么？"他强调指出，亚马逊的工作法，永远都是从客户出发，然后逆向工作。我们要弄清楚客户需要什么，然后问自己："打造满足客户需求的产品，我们拥有所需的技能吗？如果没有，那怎样才能建造或获得这些技能？"为客户创造价值、与竞争对手差异化所需的技能一旦确定下来，即使缺乏技能，也没有阻挡我们实现最终的结果——开发出我们自己的设备。

因此，虽然我们对打造硬件一无所知，但杰夫和史蒂夫已经决定，就从价值链的消费端开始：硬件，确切地说，是电子书硬件。原因有很多。首先，图书仍然是亚马逊业务量最大的单品，也是最关乎公司命运的产品。音乐是第一个数字化转型的品类，但苹果公司已经遥遥领先，而我们还没有做出数字设备的"新闻稿/常见问题"，也没有找到有足够吸引力的服务理念。视频还没有数字化，这似乎是一个机会，但要创造出极好的视频体验，当时显然存在诸多障碍。比如：获得制作商授权，使用他们的数字电影或电视剧；（当时）互联网的网速慢，下载超大视频文件很耗时；不确定客户如何使用电视播放这些视频文件。基于这些因素，我们决定对电子书和阅读设备投入大量的人力和资金，并建立小得多的团队去做音乐和视频。

从图书做起的另一个原因是：电子书的业务规模极小，除了个人电脑，还没有阅读电子书的好方式，而用个人电脑读书的体验感肯定不好。我们相信，客户阅读电子书，想要的是 iTunes/iPod 那样的体验感：移动设备搭载应用程序，为客户提供所有的出版图书，内容售价低，客户几秒内就可购买、下载和阅读。但我们需要自己开发设备，而潜在的开发时间可能会耗时数年。

作为一家纯粹的产品零售电商，亚马逊要成为一家硬件公司，制造和销售自己的阅读设备，这个想法引起巨大的争议。公司所有的领导者、董事会成员几乎都在质疑，我和数字媒体领导团队之外的所有亚马逊人一样，也很难认为制造自己的设备是一个好想法。我和其他人一样，也认为耗资巨大（没有坚持"勤俭节约"这一领导力准则）、不会成功。现在，我意识到，那个过程和最终的结果已经改变了我对创新的理解。

我非常信任史蒂夫，不过，单独会面讨论时，我会说出自己的忧虑。我坚持认为："我们是一家电商公司，不是硬件公司！"我认为，我们应该同善于设计和生产硬件的第三方设备公司合作，然后坚守我们熟悉的领域：电子商务。我经常向史蒂夫指出：他对硬件一无所知——他不懂机械装置，他那辆老旧的沃尔沃连汽车音响都没有。

每次单独会面,史蒂夫都会耐心地解释这个决策为何正确。我们对电子书店和设备的"新闻稿/常见问题"修改过很多稿,结果很明确:我们要打造一个与阅读设备深度融合的电子书店。这种组合,是为客户创造购买和阅读图书的愉悦体验的关键所在。我们经过研究发现,依赖第三方的运营和财务风险较低,但从客户体验的角度来看,风险要高得多。如果我们从客户出发,逆向工作,那最合乎逻辑的结论是:我们需要创造自己的设备。

他指出的第二点是:如果你认定公司(任何处于十字路口的公司)的生存和长期成功依赖于某种目前尚未具备的特定能力,那就得制订创建或购买这种能力的计划。我们必须弄清楚如何创建硬件设备的制造能力。如果我们想确保极好的客户体验、获得差异化的价值链客户端,那就不能把如此重要的创新外包和转让给他人。我们必须自己做。

成为硬件设备生产商,这个决定对后来的许多决定都产生了影响。很多公司决定进入某个商业领域,但内部缺乏专业知识或能力,于是这些公司会选择外包。电子商务发展初期,实体零售商创建首批零售网站,情况就是如此。他们引入第三方开发者或顾问,有时兼而有之。采用这种方法,他们的行动速度快得多,但会丢掉创新、差异化以及持续体现客户需求的灵活性。外包电子商务,零售商就无法构想和检验"超级省邮服务""金牌会员服务""物流服务"(FBA)等新产品。他们只能从外包服务商提供的"选择菜单"中挑选。从好处讲,他们可以快速地跟上创新者的产品。从坏处讲,为了有效竞争,他们必须完成产品(如"金牌会员服务")

端到端的体验，从网站、订单管理系统、订单履行中心，到交付方式。但是，定制化、一体化、端到端的体验是无法外包的。

此外，这种外包提供了一个经典的例子：短期决策会带来长期的破坏性影响。实际上，亚马逊每天都对服务进行微调，一点点地改进。因此，竞争对手与亚马逊的距离每天都在拉大。外包被证明是代价更高昂的道路。

我们决定自己建造设备，还有一个原因：如果我们将工作外包，即使成功创造出第一代伟大的阅读设备，大部分知识和技术也不会为亚马逊所独有，而会积累于外包服务商。我们需要的这种合作伙伴，通常也会为各种客户（不只是我们）定制硬件产品。因此，外包服务商可能会进一步发展技术，最终为其他公司（包括我们的竞争对手）提供类似甚至更好的阅读器。我们希望保住知识产权。

我们成功的唯一机会，是配备强有力的领导者。于是，史蒂夫开始寻找具有行业知识的主题专家，领导我们这个团队创造伟大的硬件设备。2004年9月，史蒂夫聘请到硅谷资深专家格雷格·塞尔，他曾是"棕榈"科技和苹果公司负责硬件工程的副总裁。

为了充分地利用硅谷的技术人才库，格雷格将自己的独立办公室设在硅谷而不是西雅图，因为硅谷的人才库比西雅图强得多，尤其是硬件开发者。这是我们迈出的重要一步，对外招聘能为公司带来新能力的领导者，在远离总部的地方建立卓越的中心。今天，亚马逊的绝大多数员工都不在西雅图总部，而当时的亚马逊只有两三个外设的开发中心。因此，这对亚马逊来说是相对较新的概念，也有些冒险。我们将这种远程运营视为达成目标的手段，而不是目标本身。我们需要人才，而人才就在硅谷。

将如此重要的职责交给格雷格·塞尔这样的外聘高管，要冒很大的风险。我们如何确保他已经成为亚马逊人？硅谷文化和亚马逊文化大为不同。他如何学习和适应"抬杆者""新闻稿/常见问题""六页纸备忘录"等独特的工作流程？这些问题，通过抬杆者招聘流程都得到了解决——不管你是大学毕业生还是副总裁，公司都会一视同仁。我不记得我们为格雷格的那个职位面试过多少人，但应该是不少，其中大部分应聘者都具备很丰富的硬件设备开发经验。然而，我们的面试流程表明，他们并没有体现亚马逊的领导力准则——要找到符合亚马逊领导力准则的高管绝非易事。就这个职位而言，史蒂夫担任招聘经理的抬杆者招聘流程显然取得了理想的结果。截至本书写作时，格雷格获聘后15年里一直留在亚马逊，负责开发和发布了亚马逊的许多设备。

史蒂夫将创建硬件组织的任务交给格雷格，将其命名为"126实验室"（"1"代表字母"A"，"26"代表字母"Z"），并安排很多"力量"专门用于这个任务。与此同时，尼尔·罗斯曼和菲利克斯·安东尼（两个人均为经验丰富、深受信任的亚马逊工程副总裁）在西雅图建立并招聘软件工程团队，创建驱动Kindle和电子书店的云系统和后端系统。随后，伊恩·弗里德成为产品和业务组织的领导者。格雷格（硬件设备）、尼尔和菲利克斯（云软件）与伊恩（产品与业务）这个组合及其各自建立的团队，对Kindle的成功起到了关键作用。当时，整个亚马逊都缺乏资源、运营捉襟见肘，Kindle新项目及其领导者却招聘了数量庞大的工程师和产品经理（约150人），这让其他团队羡慕不已。

2005年4月，我们还收购了Mobipocket公司。这家法国小公司开发过用于个人电脑和移动设备阅读图书的应用软件，我们将Mobipocket软件用作第一代Kindle阅读器的软件。如果没有收购这家公司，我们就需要招聘团队，自己开发同样的软件。这家公司的创建者蒂埃里·布雷泰思（Thierry Brethes）及其组建的团队令我们印象深刻，因此，我们相信，他们会极大地充实亚马逊的数字媒体团队。Mobipocket团队只有10人左右，所以他们一直作为"两个比萨团队"保留了下来，单线程地专门开发Kindle阅读器的客户端应用程序。

随着Mobipocket团队及其软件的加盟，格雷格、尼尔、菲利克斯和伊恩开始同杰夫紧密联系，筹划第一代Kindle阅读器的各种细节。杰夫告诉这个团队要有大胆的目标：改进这个经受500多年时间考验而没有多大变化的发明——图书。设计阶段的首要主题是：我们的电子书阅读器应该"让路"，让读者和内容建立直接的联系。一旦开始阅读，读者就不应该留意到自己在使用设备读书。

创建初期的某个时刻，这个设备拥有了名字——Kindle。

2004年至2007年期间，专门为数字媒体安排的人力、资金和资源绝大部分都投入了Kindle项目。组织增加了数十人，其中大部分都是第一次任职于亚马逊——包括"瑞尔网络"公司的老人伊恩·弗里德。杰夫深度参与了这个项目，以至于大家都戏称他为"Kindle产品总经理"。

我们知道，开发Kindle需要时间和资金。到了2005年年中，情况很明显：它需要的时间和资金远超预期。2005年的某个时候，一个S-Team小组和财务团队开会，审查数字媒体公司的运营计划

（OP1）。会上，与会人员就公司多年来多个领域（特别是Kindle）的开支意外增长产生了激烈的争论。有人直接问杰夫："你打算为Kindle再投多少钱？"杰夫平静地转向首席财务官汤姆·斯库塔克，耸了耸肩，微笑着问他："我们有多少钱？"通过这种方式，他是在表明Kindle的战略重要性，让S-Team团队相信：亚马逊不会因为这笔投资而处于危险之中。在杰夫看来，现在放弃这个项目还为时过早。

项目开发得以继续。

Kindle 逐渐成形

设计过程中，为了阅读体验，Kindle应该"让路"，这个理念催生了几项关键决策，我们从其他公司（特别是黑莓）开发的设备中汲取了灵感。那段时间，杰夫和亚马逊其他高管（包括我）都痴迷于加拿大黑莓公司的无线电子邮件设备。它后来成为世界上第一款获得商业成功的智能手机。杰夫琢磨了黑莓公司的多款设备，其中不少设备都留有他锻炼时滴淌的汗水。

真正吸引我们的，是黑莓手机的稳定连通性。同所有人一样，杰夫也喜欢手机能够随时连通、自动刷新电子邮件。在数字媒体的发展初期，这个功能是黑莓首创的。当时，MP3或其他便携设备要加载内容，唯一的办法就是通过有线连接个人电脑、同步两台设备。这个过程就是所谓的"侧向加载"（sideloading）。通过便携设备,可以方便地随身携带音乐,但"侧向加载"的过程让消费者大为头痛。我们研究发现,消费者平均每年只连接一次 iPod 和个人电脑。这意味着,大多数人都错过了 iPod 上的最新音乐。这就是为人们熟知的"iPod 过时"综合征。

杰夫认为这是一个商机。他要求 Kindle 要像黑莓手机一样:无线,永远不需要连接个人电脑。他不但要求我们彻底消除"侧向加载",还要求我们将电子书店建在 Kindle 上,方便客户购买和阅读。为此,他要求 Kindle 必须配置 3G 调制解调器,能够连接无线运营商网络(Sprint 是我们的第一个合作伙伴)、第一时间自动下载我们最新的电子书。这个功能叫作"免费无线网络服务"(Whispernet)。

Whispernet 也是 Kindle 项目极具争议的地方。这种功能以前从未有过。出于妒忌,无线运营商要保护他们与手机用户的关系。而我们要做的,是建立直接的无线关系,让 Kindle 的客户根本无须和运营商新建账户。而且,我们不打算向客户收取网络连接费用,亚马逊会承担这个费用。杰夫坚信亚马逊具备这个能力,指示 Kindle 团队在产品总体设计时想办法"消化"这个费用。幸运的是,这个任务没有听上去那么艰巨,因为电子书文件很小,因而无线连接费用不是太高。

开发 Whispernet 这个必备功能并不容易。一个很大的难题,是如何建立无线运营商关系。增加 3G 调制解调器,Kindle 的成本会高很多。要实现这个突破,团队需要进行大量创新。但是,客户体验会得到极大提升。能够立即下载任何图书、永远无须连接个人电脑,客户就可以更快地、更顺畅地陶醉于阅读之中。

我们争论的另一个重要功能,是否使用当时的新兴技术——电子墨水。它由麻省理工学院"媒体实验室"（1997年剥离为公司）开发，但在2005年并没有什么重大的商业运用。虽然杰夫及其团队都渴望使用电子墨水这种新技术[2]，但我们认为尚需仔细权衡。电子墨水屏只有黑白两色，因此，Kindle无法支持彩色图片或视频。页面转换速度也较慢。但与传统电脑的显示屏相比，电子墨水屏会使用眼舒适得多，可直接在阳光下阅读。此外，电池寿命也会更长，设备无须充电就可续航一个星期以上。这两大功能都可实现Kindle"让路"，让客户忘记自己是在用机器阅读书籍。

在反复审查设计的过程中，我们还不断地评估Kindle的"外型因素"——尺寸、形状和使用舒适度。最初的原型机只是采用聚乙烯塑料泡沫、模拟显示屏和键盘。随着外型逐渐成形，我们评估了更有重量感的塑料模型机，使外型和手感尽量接近真实设备。每次审查，杰夫都会花几分钟时间，用一只手掂量一种原型机，然后掂量另一种原型机，再同时掂量两种原型机。他否决某种原型机，通常不是因为设计不够流畅或时髦，而是因为某个因素对客户阅读形成"障碍"。

事实证明，这两大功能（无线传送、电子墨水屏）正是Kindle成为伟大创新的关键所在。无线传送功能，意味着客户在60秒内就可完成搜索、浏览、购买、下载和开始阅读一本新书。电子墨水屏的纸质感显示，意味着它与iPad不同，你可以在泳池边阅读"书籍"。耗电低，意味着12个小时的飞行旅程都可以阅读，无须担心设备中途"死亡"。今天，我们对这些功能都习以为常，但在当时是闻所未闻的。

我们必须解决的另一大问题，是书籍的可获得性——丰富的产品选择非常重要。产品发布准备期间，我们决定：必须催促出版社将更多的图书电子化——当时，他们只有少量图书有电子版本。我们清楚，电子书业务要想获得成功，我们就需要有数百万种电子"藏书"——最好，我们最终可以提供所有出版图书的电子版本。

我们知道，建造如此庞大的"馆藏"是一项不朽的事业，这主要是因为出版社系统非常老式。他们一旦将新书的电子文档交给印刷厂，往往就会嫌麻烦而不保留电子文档。这意味着，成千上万的图书都得重建电子版本。好在，我们在这个方面具有优势。我们已经开发出能力，允许客户预览几页他们感兴趣的图书——最初叫作"书内查看"，后来改进为"书内搜索"。我们和出版社合作，通过人工录入将他们的图书数字化。对于这个过程，我们非常清楚。接着，我们发布了 Kindle，其关联的电子书店可选的电子图书多达 9 万种。相比之下，索尼电子书店提供的电子图书只有大约 2 万种。

然后，我们该考虑价格问题了。我们的目标，是找到一个价格点，推动客户开始购买和阅读电子书。我们希望将电子图书打造为作者、出版社和我们自己的图书市场的增长点——Kindle 推出之前，电子书市场的规模极小（年销售额仅为几百万美元），而且没有任何增长。我们将畅销的和新发行的电子书定价为 9.99 美元，相当于这些电子书在亚马逊的批发价格。Kindle 阅读器的价格也非常接近成本价。我们还要"消化"Whispernet 的成本。尽管我们销售的电子书大都有盈利，电子书销售的总利润率也为正数（即使出版社提高批发价格，意图强迫我们提高售价为 9.99 美元的畅销书和新书的价格，但没有成功），电子书业务的初期盈亏损益表却显示，短期内几乎不会有收益回报。我们对客户体验的前端投资很大，为了让电子书业务和数字媒体与设备事业"起飞"，我们将近期的利润也投了进去。

我们不知道，电子书的单个成本是否会下降以及何时下降，使其成为更盈利、更持续的业务。对此，我们没有像出版社那样目光短浅。我们关注的是：什么才是对客户有意义的？如何才能让客户兴奋地购买 Kindle 并装入自己最喜欢的图书？我们放手一搏，希望假以时日能够降低 Kindle 阅读器和电子书的价格。

2007 年 11 月 19 日，Kindle 首次上市销售，零售价为 399 美元，拥有 6 英寸显示屏、键盘和 250MB 内存，足够装下 200 本左右的非插图类图书。[3] 不到 6 个小时，它就被抢购一空。团队不得不拼命寻找零部件，生产更多的 Kindle。虽然市场似乎很欢迎我们，但初期的评论褒贬不一。有些评论家[4]认为 Kindle 不如售价低 100 美元的竞争对手索尼阅读器。然而，等到团队终于能够扩大产量并于 2008 年 2 月恢复销售时，Kindle 的销售势头依然强劲。

接着，奥普拉登场了。

2008 年 10 月 24 日，她将整整一期节目都献给了 Kindle。她称赞道："它绝对是这个世界上我最最喜欢的东西。"[5] 数百万观众都指望着"阅读女王"奥普拉推荐图书，因此，Kindle 的销量暴增。

经过奥普拉的大力"宣传"，所有的怀疑者、否定者和质疑者都开始跟风——Kindle 是巨大的成功！虽然奥普拉是重要的推动者，但确保 Kindle 长期畅销的，还是卓越的产品本身。将自己的绝大部分时间都投入 Kindle 事业的史蒂夫·凯塞尔，接着受命专注于创造新款 Kindle、开发其他硬件设备。

我们向数字媒体转型的第一个大项目——图书——取得了巨大的成功。但在 2008 年，我们的数字音乐和视频业务（自 2005 年起，我一直是单线程领导者）的规模仍然很小，我们正在努力寻求发展之路。由于资源有限、缺乏突破性想法，以及来自苹果公司的可怕竞争（具有很强的先发优势），我们还需要做大量的工作，然后才能说：数字媒体是我们的未来。

08　金牌会员服务 Amazon Prime

亚马逊需要"营收增长"。

11个星期内完成。

早期迭代取得成功。

控制配送流程中的"一键发货"。

对亚马逊订单履行流程和组织的影响。

杰夫巡查店铺。

亚马逊金牌会员服务 Amazon Prime 的推出。

***

2004年10月中旬,亚马逊的几位高管收到杰夫·贝佐斯发来的电子邮件,大意如下。

我们不应满足于零售业务的增长。这是一个迫在眉睫的问题,我们需要围绕配送服务来显著提升客户体验。

我们需要一个配送服务会员计划。年底之前就要建好并推出。

当时，我们正手忙脚乱，处在假日零售高峰的风口浪尖上。杰夫的这个指示，完全就是公司员工所抱怨的"消防计划"或"CEO拿手好戏"——全体动员的紧急命令、有些草率的决定。一个"拿手好戏"，可能会让公司脱离长期战略航道，后续出现严重的问题。

危机驱动、突如其来的计划与亚马逊的文化和领导力准则是背道而驰的。从表面上看，杰夫的这封电子邮件就是这样的计划，但正如我们将在本章中要讨论的，它背后的故事及其带来的创新完全是亚马逊工作法的典范。

亚马逊金牌会员服务计划 Prime 提供了富有吸引力、改变行业规则的客户体验，因而成为亚马逊零售业增长的最大驱动力。但 Prime 从想法到推出的历程，对亚马逊来说是非比寻常的。直到后期，它才拥有单线程领导者或团队。没有清晰的使命陈述，直到这个项目启动很久之后，它才遵循当时新生的"逆向工作"流程。即使是在正式推出的时候，也几乎没有亚马逊人认为它是一个好的想法。

但完全可以肯定的是：我们依然坚持遵循亚马逊的很多准则，没有这些准则，Prime 是不可能推出的。你会发现，真正驱动 Prime 的，是我们对数据经过长达数月"刨根问底"后意识到：我们花费这 9 年的大部分时间和 6 亿美元打造的订单履行网络的能力，与我们的客户需求不相匹配。我们有两个选择。

第一个选择，坚持到底。亚马逊仍在成长，那就让我们多年用于打造订单履行中心的投资回报最大化，然后随时加以微调和改进。下一季度的业绩会显示：我们的前进方向是正确的。

第二个选择，"两日送达"、最终"一日送达"和"当日送达"会成为配送规范。因此，虽然我们打造的服务是好的，但还不够好。"我们毫不动摇地坚信，股东的长期利益同客户的利益是完全一致的。"因此，我们应该立即开启这个新的征程。

第一个选择是"技能驱动"道路——也就是说，利用公司现有的技能和资产驱动商业机会。如果选择这条道路，大多数公司的领导者可能都会受到赞扬。但其危险在于：虽然他们现在高居局部最优的位置，但因为厌恶风险而没有看见更高的山峰，其他人则会想办法登上去。

对于 Prime 计划，我们选择的是第二条道路。因为意识到了这一点，所以我们采取了大胆的举措。我们知道，这些举措可能被华尔街的投资家和分析师误解，而且需要数年之后才会有回报。但是，如果它起作用，我们就会得到更多客户的信任，建立新的电商服务标准。杰夫坚持走这条道路，因而诞生了亚马逊金牌会员服务。现在，你可能又会想："可我们没有杰夫啊。"好消息是：你不需要有杰夫，也能做出这种决策。你只需要坚持那些简单易懂（但有时很难做到）的原则和流程：顾客至尚，鼓励长期思维、价值创新，随时关注细节。我们（包括杰夫）都不确信最终的结果会如何,更像是:坚持下去,能走多远走多远。Prime 很好地例证了亚马逊大大小小的商业计划的多因素、非线性决策和执行方式。因此,我们无法讲述一个 Prime 如何提出的线性故事,因为没有这样的故事。相反,本章要表达的是:亚马逊"大河"是由诸多小支流汇集而成的。

回到 2004 年 10 月中旬的那一天:通过杰夫的邮件指示,我们得到了答案。**11 个星期内完成,而且是在繁忙的假期购物旺季。**

保守地说,杰夫的这个"宣言",让很多团队成员,特别是那些被要求放下手头工作、立即转向这个尚不明确的新计划的成员感到十分惊诧。相关的讨论、构想和测算已经持续了数月,但他们并未参与其中。杰夫的免费配送计划是一个大胆的决定,但并不是突然或仓促的决策,它的诞生源于亚马逊最基本的驱动力:顾客至尚。

事实证明,2005 年 2 月推出的金牌客户服务计划 Prime 是亚马逊有史以来做出的最佳决策之一。它不但确保了亚马逊得以生存,也成为随后 10 年亚马逊获得爆发性增长的关键驱动力。下单后的几天(后来是几个小时)内就能收到东西,这种服务深受客户喜爱。因此,他们购买很多东西,都从线下实体店转到线上,也确保了亚马逊成为首要的受益者。

增长的需要

要明白亚马逊豪赌 Prime 的决策,你就得理解我们为何要寻求促进增长的激进想法。我们 2004 年 10 月 21 日发布的第三季度财报表明：销售额同比增长 29%，自由现金流增长 76%。看到这样的增长数字，很多公司都会羡慕，但仔细分析当时的财务数据，情况却让人非常担忧。

2004 年全年，亚马逊的销售额都在持续增长，但所有业务的增长率较上一年均有下降。销售收入这个产出类指标的增长速度也不太理想。亚马逊收益业绩报告中的"净销售额补充信息表"就是一个例证。[1] "美国媒体业务"是当时亚马逊规模最大的产品板块，包括图书、音乐和视频销售，年比增长了 12%。而这个业务板块上一年的年比增长率为 15%。从 15% 到 12%，增长率下降了 20%。其他产品板块也都出现了下降——增长速度从未如此之低。

亚马逊产品板块	3 个月净销售额年比增长率（截至 9 月 30 日）	
	2003 年	2004 年
美国媒体	15%	12%
美国电子产品 & 其他一般产品	35%	27%
非美国媒体	50%	41%
非美国电子产品 & 其他一般产品	259%	132%

对于一家正全力参与规模如此庞大、商机无限的市场的新公司而言，这种增长速度的下降趋势可不是一个好消息。2004 年，美国零售业的销售总额估计超过了 3.6 万亿美元，其中网上交易额还不到 2%。亚马逊的增长率放缓，但零售业正加速从线下转向网上商务。这就意味着：如果亚马逊的增长速度继续下降，假以时日，

它在网上商务中扮演的角色就会越来越小。我们决定想办法扭转这一趋势。

要想让亚马逊的营收增长重回正轨,需要做什么呢?对于规模较小的公司而言,推出新功能、进行促销活动、增加品类、扩大新的业务范围等简单的举措,就足以立即对销售额产生显著的影响。如果我们是一家小公司,我们也可以策划全店促销活动,在季度末发起营销战役。这样一来,季度财务数据(至少营收这块)会很好看,但这种一次性举措是无法解决根本问题的。下一季度,我们很可能发现自己又重返故态。

解决增长放缓的问题,规模较大的公司会采用更为激进的办法(比如收购另一家公司),创造销售额的跳跃性增长(尽管可能没有盈利)。但是,对于当时的亚马逊而言,并没有理想的合并或收购对象。我们可能收购的网上零售商的规模都很小,收购之后并不会明显刺激销售。收购线下零售商也没有任何意义——虽然可以增加客户的数量,但我们会背上沉重的包袱:我们极力避免的实体店铺的成本和低效率。这两种办法都具有真正的风险,会使公司变成消耗资源、内部分散的公司。我们要采取的,是说服更多客户到亚马逊网站购物的举措。

我们曾经考虑过一个举措:发起全国性的广告战役,树立亚马逊品牌意识。2002年,我们在波特兰和明尼阿波利斯进行过长期广告测试。广告宣传使销售额猛增,但我们最终决定不再全面推进。我们估计,全国性的广告战役要取得成效,就得花费5000万美元。就算销售额因此而增长,也非常不合理。更好的投资,是将这笔钱用于提升客户体验。

我们如何提供极具吸引力的客户体验，使越来越多的客户转向网上购物，特别是到亚马逊购物？看看这个老掉牙的高管表演桥段：面临财务困境，公司 CEO 召集一位高管紧急开会。这位高管一下子跳了起来，双拳击打着桌子，满脸通红，怒吼道："我们必须加快营收增长！我们要增强紧迫感，推动营收增长！我要求每个团队都开发并推出季末营销活动，这样我们才能实现财务数据增长。"

我得承认，20 世纪 90 年代末，就在开始讨论 Prime 计划几年之前，受困于增长焦虑，类似的场景，我们也发生过几次。我们尝试过很多计划，包括促销活动（购书买 5 送 1！）、推动客户跨品类购物等。最终，我们意识到这些举措并不起作用，因为它们带走了宝贵的资源，都没有提升长期的客户体验。

最后，我们一如既往地寄望于亚马逊领导力准则，当时特别相关的有两条。

- 顾客至尚。领导者从客户的角度出发，再逆向工作。领导者要努力赢得并维系客户的信任。领导者会关注竞争对手，但更注重客户。
- 达成业绩。领导者要关注业务的核心投入类指标，并按时保质达成业绩。即使遭遇挫折，也要迎难而上，绝不妥协。

毕竟，零售客户不会关心公司的营收状况——他们关心的，是花掉辛苦挣来的钱能换回什么好处。亚马逊的客户关心的，主要有以下三点。

- 价格。价格足够低吗？
- 品类。亚马逊的产品范围广吗？——最好是一网打尽所有产品。
- 便捷。产品有库存吗？能很快收到货吗？容易找到或发现产品吗？

因此，价格、品类和便捷是我们零售业务的三大投入类指标，而且都是可控的。

每周，公司的高管们都会详细地审查所有产品线的价格、品类和便捷等指标，盘问团队上述指标是否有不合格的情况。如果我们最畅销的产品的定价上周高于竞争对手，如果我们没有为店铺新增足够多的新品，如果我们没有库存或延迟配送，如果我们网站的反应速度太慢，那团队就必须制订并实施计划加以改进。例如，2003年第四季度，美国亚马逊新增了4万个美食类产品、6万个珠宝类产品、7万个健康和个人护理类产品。在加拿大和法国，我们推出了"市场"功能，允许独立的第三方零售商在亚马逊网站销售他们的产品。在日本，我们推出了"家居与厨房类"产品。其他所有品类，都有新品上线。

这还不够。我们的增长之所以放缓，答案很可能就在"价格、品类、便捷"这个三角内部的某个地方。正是在这个地方，我们耐心地、持之以恒地寻找新办法促进增长。假以时日，答案才会变得更加清晰。我们增加品类，降低价格，还得提高便捷性。而便捷性很可能就与配送有关。

免费配送 1.0 版——"超级省邮服务"

电商人都知道,客户对配送费用非常敏感。在亚马逊,我们知道这一点,是因为我们通过多种方式收集并分析了客户数据。我们调查了新客户、老客户、有网购经历但还没在亚马逊上购物的人以及从未有过网购经历的人。我们请他们列出从未在网上下单以及如何才会经常网购的主要原因。每次调查,得到的主要原因都相同:人们没有网购的一大原因,是他们不想支付配送费用。

我们这些年通过测试收集到的数据,更加印证了这一点。包邮促销对销量的提高作用,明显超过其他任何促销活动。产品免费配送的价值,高于产品直接打折扣。换言之,如果免费配送促销活动的平均折扣率为10%,那么,免费配送服务对需求提高(弹性)的作用,明显高于10%的折扣。两者的差距还不小。免费配送可以促进销售。

长期依赖促销(特别是一次性促销活动),对任何零售商而言都可能引起"滑坡效应"。它会"训练"你的客户延迟购物,等到下次促销的到来。

在杰夫2004年发送那封电子邮件、要求我们做Prime计划的前两年半时间里,我们一直在努力开发既有利于客户又不损害公司财务健康的一系列免费配送计划。我们有所进展,但与我们恢复销售增长的需要相去甚远。2002年年初,我们首次尝试推出"超级省邮服务"计划,为订单金额超过99美元、符合条件的产品提供包邮。所谓"符合条件的产品",是指亚马逊所售而非"市场"卖家的产品以及尺寸和重量没有超过正常配送标准的产品。

"超级省邮服务"计划的创建方式,与后期开发的 Prime 计划大体相同。两大计划均始于一个重大的决策,时间表都被疯狂地压缩,都准备公开推出。这种时间表已经融入公司的基因,如果你还记得,亚马逊招聘第一位员工的职位描述说得很清楚:应聘者必须能够"在顶尖者认为可能的 1/3 时间内"完成大型而复杂的任务。

2001 年 11 月中旬的一个星期五晚上,营销事业部的产品经理莎拉·斯皮尔曼(后来成为柯林的妻子)正驱车从西雅图赶往波特兰去度周末。经过紧张的工作,她完成了当年的假期促销计划,完全应该享受漫长的周末假期。从西雅图开车 3 个小时后,就在离波特兰还有几英里的地方,莎拉接到零售事业部高级副总裁大卫·里舍(David Risher)的电话。

"您好。"莎拉说。

"你好,莎拉。我是大卫·里舍。"

"不,你不是大卫!"莎拉以为有人在跟她开玩笑,在电话里大声笑了起来,"你到底是谁?我马上就到波特兰了。"

"我真是大卫·里舍。"大卫低声笑着说,然后语气变得随意而非常认真,"很高兴能找到你。至于你的波特兰之行……"

他告诉她,公司要废弃她刚费力完成的原有假期促销计划,打算推出新的东西:为 25 美元以上的订单提供免费配送服务。哦,对了,她会掉头返回西雅图重做计划吗?

第二天(周六)早上,他俩碰面讨论了细节问题。接下来的两个星期,除了睡觉,她和她的团队大部分时间都忙于重做这个为 25 美元以上订单提供免费配送服务的假期促销计划。亚马逊从未做过这种促销活动,因此,软件和网站设计都需要加以重大改变。此外,还需要制作和协调发布营销信息——网站发布以及为所有亚马逊客户发去电子邮件。虽然忙碌到最后一分钟,但促销计划如期发布——深受客户欢迎,我们决定将它变成固定的计划。2002年1月22日,"超级省邮服务"计划正式推出,尽管订单包邮的最低数额提高至99美元。(为了最大限度地提高新品的关注度,杰夫在同一场新闻发布会上宣布将它作为季度盈利成果。你会发现,这种模式会反复出现。)

客户反应非常强烈。2002年的前几个月,"超级省邮服务"的订单门槛降至49美元,随后又降至25美元。如我们所预计的,为了利用"超级省邮服务",客户会购买更多的产品,推高了他们的订单总额。

"超级省邮服务"计划,旨在吸引对价格敏感的客户。2005年1月,书籍的标准配送费为每单3美元外加每本书0.99美元。如果你希望加快配送,可以选择每单7.49美元外加每本书1.99美元的"两日达"服务,或者每单12.49美元外加每本书2.99美元的"一日达"服务。这样一来,一单两本书的配送费用,从标准的4.98美元到"一日达"的18.47美元不等。[2] 配送费用更高,反映的是加急配送的成本,包裹通常需要走一段空运,而不是卡车运输。大部分客户选择标准配送服务,这并不出人意料。按照今天的标准,这些配送费用会让人感觉不舒服,但在当时实际上是很有竞争力的。

有了"超级省邮服务",下单后3~5日内,订单就会离开订单履行中心,并通过地面运输到达目的地。这使得亚马逊能够将运输成本保持在低水平，因为不涉及空运。它还使亚马逊可以合并订单——客户分别下单的产品，或者某个订单履行中心暂时缺货的产品——从而减少包裹配送的总数。因此，"超级省邮服务"计划为我们降低了成本，也为客户降低了价格。今天看来，这个计划似乎原始得有些可笑，但它为我们了解客户的需求提供了宝贵的洞见。客户很高兴能选择免费配送，即使要权衡"免费但缓慢"或"昂贵但快速"。我们完全有能力使客户得到很好的体验。"超级省邮服务"设定了新的服务标准，但不会持久有效。客户的期望值不是静态的，会随着时间不断提高。这意味着你不能躺在自己的桂冠上，不思进取。

问题所在

2004年，"超级省邮服务"推出两年之后，似乎大获成功。客户下单的频率逐年升高，每单的产品平均数也有所增加。订单满25美元才能包邮，这个门槛比单个产品的平均价格还高，所以，为了获得包邮服务，客户不会只购买一件产品——我们的数据证实，每单的产品数有了增加——对亚马逊而言，这显然是有好处的。每单的产品数增加，能够盈利的产品也就会增加，从而可以抵消包邮成本。

此外，"超级省邮服务"计划同我们此前建好的订单履行和配送网络（供应链）也能很好地衔接。2004年年底，我们已在肯塔基、宾夕法尼亚、堪萨斯、内华达、北达科他、特拉华等州建设了8个订单履行中心，设施总面积约有440万平方英尺。我们在上述地方建设运营中心，部分原因是它们靠近美国邮政、联邦快递、联合包裹等第三方企业的物流中心。

尽管"超级省邮服务"有利于亚马逊的供应链，也广受欢迎，但我们意识到，它无法驱动零售业务显著增长。首先，这是因为我们的很多大额购买者需要配送速度尽量快——他们不愿意等3~5天才能收货。其次，有些对价格敏感的客户不愿仅仅为了享受"超级免邮服务"而使订单金额超过25美元。在他们看来，虽然节省了邮费，但购物多花钱了，这不划算。因此，他们和当时其他98%的客户一样，去实体店购物。因此，虽然"超级省邮服务"大受欢迎，但对大部分客户群体并没有吸引力。我们意识到，我们需要有所改进，推出能够吸引整个客户群体、与配送时效或价格敏感性无关的"零阻力"计划。

我们跟踪配送绩效的一种方法，是我们所说的"一键配送"指标：从客户下单（"一键"）到包裹送达目的地（"配送"）的总耗时。我们将这个流程分为两段：第一段（下单到发货），亚马逊需要花时间处理订单、打包、交给第三方物流；第二段（发货到收货）是包裹交付配送到客户收取包裹的用时。

"下单到发货"这段流程，我们是可以控制的，而且我们不断地想办法缩短耗时。如果我们能减少订单处理和履行的时间，就能将发货截止时间压进当天晚些时候——比如，"下午7点前下单，当天发货"——这会给客户带去极大的益处。然而，无论我们怎样缩短"下单到发货"的时间，我们都无法控制"发货到收货"这段流程。这意味着客户不得不纠结地权衡"费用/速度"的问题。很显然，要缩短配送总耗时，我们就必须更多地控制"发货到收货"这段流程。而这主要取决于两点：订单履行中心与客户收货地址之间的距离，运送方式。要缩短配送总耗时，我们就需要对供应链做出大的改变。我们当时建设订单履行中心，是为了尽量靠近第三方物流企业，以便可靠而便宜地在3~5天内将产品送达客户手上。这种物流结构会便利于亚马逊，但不利于客户，他们希望产品能够免费而快速地送达。要优化"发货到收货"这段流程，我们需要建设更多的订单履行中心，而且必须建在当地。这样，免费的、1~2日送达服务才会成为可能且费用低廉。这意味着城区周边要有更多的订单履行中心。客户已经尝到了包邮的甜头，因此，他们再也不想纠结地选择"免费但缓慢"还是"昂贵但快速"服务。面对结果均不错的"非此即彼"的选择问题，杰夫表现出不快。参照"顾客至尚""最高标准"等领导力准则，"你愿意选择'免费但缓慢'还是'昂贵但快速'服务"这个问题的唯一答案是："免费且快速"服务。问题在于，亚马逊接下来需要提供"免费且快速"服务，但我们的订单履行能力尚无法完成这个任务。

问题是：如何实现如此重大的转变？如果依靠现有的供应链结构提供"免费且快速"的配送服务，亚马逊承担的成本就会非常高。要缩短配送时间，就需要新的订单履行中心，而这要花数年时间才能完成建设。

会员计划

于是，我们集思广益，寻求如何解决配送这个重大问题的方法。我们的营销、零售和财务团队制定了三条标准，所有新的营销计划都必须达到这三条标准后才能推进。

1. 必须可负担（吸引眼球但财务不可持续的计划不予考虑）。

2. 必须驱动正确的消费行为（换言之，必须推动客户更多地在亚马逊购物）。

3. 资金使用必须优于以前的计划，将同样的资金用于提升客户体验的活动，比如进一步降低价格、提高产品库存率。

打造一个既可负担又能让客户多购物的计划——而不是继续采用我们那个行之有效但既包邮又低价的方法——这在当时即便可能，也很难实现，尤其是受到订单履行和供应链的限制。

不过，当时有一个可行的方法：推出某种"会员计划"（Loyalty Program）。2001年，亚马逊还没有大型的会员计划。对于一家大型电商公司而言，这是很少见的。杰夫要求大卫·里舍、阿伦·布朗（营销主管）和詹森·柴尔德（财务总监）创建一个能驱动销售持续增长的会员计划。财务和零售团队分析了会员计划的几大变量，包括订单满25美元享受标准包邮服务（基本上是"超级省邮服务",但没有3～5天"下单到发货"时间)、所有预售(产品首次正式发货日期前所下的订单)包邮、支付标准包邮服务年费、两日包邮服务。我们也考虑过另一种会员计划,涵盖我们"自有库存"(订单履行中心的库存产品)的不同订单组合和第三方产品(我们得补贴运费或要求第三方卖家包邮)。我们甚至评估过类似于航空公司的积分奖励计划,但零售商和航空公司有一个重大的差异。飞机一旦起飞,空座就没有任何价值。因此,作为客户忠诚度的交换,航空公司会给客户赠送未售机票"边际库存"。然而,对于零售商而言,不管是赠送产品,还是赠送邮费,都会产生成本。这些想法都不会走得太远,因为它们无法达到上述三大基本标准。

这些计划并不限于营销和零售团队。在软件团队会议上,名叫查理·沃德的首席软件工程师在讲述某个问题时想到了一个类似于Prime计划的点子。查理花了大半年时间,努力将我们的订单软件分解为独立的分布式组件。其中两个组件是配送软件和促销软件,这是"超级省邮服务"计划的逻辑所在。查理说,我们为"超级省邮服务"订单创建了最复杂、漏洞百出的归零计算方式。配送软件计算好运费,然后促销软件忠实地清理这些运费,直到归零。他说,必须找到更好的方法。查理讲完这个问题后,另一个软件团队报告说,他们正在为亚马逊DVD租赁业务创建一个订阅平台,即将发布。这激起了查理的兴趣。他问:"我们干吗不让客户支付整年包邮的费用?客户可以从中获利,我们也不用花那么多精力来对账。"时任客服部主管的金·雷切米勒(Kim Rachmeler)很喜欢这个想法。她说:"查理,你的想法很好,你来负责吧。"[3]

查理和同事们讨论，改善想法，写好一页纸的叙述体备忘录交了上去。然后，他就去意大利享受难得的假期了。

杰夫10月发出创建免费配送服务计划的指示前，他是否知道查理的想法，这不得而知，但这并不重要——这个故事有两点值得一提。第一，注重客户的想法来自亚马逊内部的各个领域。很多公司是让业务人员告诉技术人员要创建什么。团队之间几乎没有讨论，各自为政。亚马逊完全不是这样的。"顾客至尚"、创新方法取悦客户，这是每个亚马逊人的职责。

这个故事值得一提的第二点：查理度假回来后，发现我们决定创建的计划与他的想法类似，于是加入负责Prime计划的团队并发挥了关键的作用。Prime计划发布后，查理成为负责该计划技术系统、客户体验和财务业绩的领导者。

换言之，借用亚马逊的术语，查理是"普通强手"（SGA）。这些具有"顾客至尚"、创新和长期思维的员工，以卓越运营为荣，践行亚马逊领导力准则。亚马逊经常将查理这样的"普通强手"推上领导者的岗位，赋予他们成为主题专家的工具。金·雷切米勒也是一位"普通强手"，担任过多个领导者职位。除了管理客服部，她还领导亚马逊的供应链系统和个性化服务部。她也是S-Team成员。

尽管亚马逊内部流传着多个免费配送服务的点子，但这些初步计划都没有达到我们为配送解决方案设定的那三大标准。我们担心的是，标准包邮或两日包邮服务年费会鼓励客户减少每单的购物数量，造成所产生的收益不足以弥补配送成本，因而意味着会员计划不可持续。不计成本但增长不可持续，这当然不是我们寻求的客户行为。回顾会议结束时,往往有人会问:"把这些钱用于降低价格、提高库存率,对客户不是更好吗?"我们知道这些做法可以有效地增加销售量,但我们不太确信,会员服务订阅计划是否也能增加销售量。

引发激烈争论的另一个担忧,是大额购买者对会员计划会有何反应。他们会因为会员计划而增加订单,还是保持原有的订单数量,即使不得不支付邮费?制订这个会员计划的目的,是鼓励增量购买行为,而不是让亚马逊将运费作为感谢大客户的方式。

在我们考虑会员计划期间,人们提出了很多反对意见,认为我们不应该推出免费配送计划。其中一大反对意见是:我们的供应链需要大规模重组,因而代价非常高昂。我们甚至不能准确地估计成本,因为我们的模型无法真正预测客户的反应。因此,我们更多地依靠的是判断和有根据的推测,而不是数据。即使我们的推测是正确的,这个计划也需要数年时间才能盈利。2004年,除了杰夫,没有任何一位高管在推动Prime计划。当时又是假期购物季,我们已经非常忙碌了!几乎就是这样的场景:一家公司选择了充满诱惑但最终错误的道路,并且坚持到底,结果犯下了严重的过失错误。

在这件事情上,亚马逊犯下过失错误,很大的一个原因是"制度性不作为"(institutional no)。杰夫和亚马逊其他高管经常谈论"制度性不作为"及其对立面"制度性作为"(institutional yes)。所谓"制度性不作为",是指大型组织的人员善意地否决新的想法。也就是说,不要做某件事,而不是要做某件事。"制度性不作为"造成的错误,通常都是过失错误。保持现有的轨道,管理者会感到舒适和确定性——即使短期确定性的代价是未来的不稳定和价值破坏。

此外,"制度性不作为"造成的错误也很难发现。大多数公司都没有工具评估不做某件事的代价。如果代价很高,等意识到也已为时已晚,无法改变。"制度性不作为"可以渗透到组织的各个层面。它会导致董事会否决重大的战略变化(想想诺基亚和微软公司错失的智能手机)。它还会驱使一线管理者让高绩效员工继续做现有的计划,而不参与那些可能会失败但未来会带来丰厚回报的高风险实验——如果管理者被调职后回报才会到来,那更是如此。

如果杰夫 2004 年 10 月的那封电子邮件这样写:"我们暂且不急于推出免费配送服务计划,先全力以赴做好 2004 年的假期购物季,把它做到最好!"那他就会犯下这种"制度性不作为"的过失。如果他没有要求团队提出更多的免费配送计划的想法,那毫无疑问,大家就会长出一口气。我们会面面相觑,谢天谢地,觉得终于做出了暂停计划的正确决定。

如果果真如此,10 月中旬的那一天就不会成为亚马逊历史上的转折点,只会在另一方面引人关注——它会成为我们犯下灾难性错误的时刻,而且要多年后才会被意识到。

巡视店铺

只要有机会,大多数零售公司的 CEO 都会巡视店铺,杰夫也不例外。CEO 会视察当地的零售终端——通常不予通知,甚至会"微服"视察——随便看看,了解情况。网络零售公司的 CEO 当然也会随时巡视店铺，杰夫最喜欢的巡视时间是周六早上和周日上午。周末，我通常是早上 7 点起床，查看电子邮件，阅读五六条杰夫发给相关团队的、关于他巡视所发现问题的信息。

2004 年春，就在杰夫 10 月的那封电子邮件发出的几个月后，有关 Prime 计划的正式讨论才真正开始。最初只是在杰夫和几位高管之间零星的电子邮件交流。参与讨论的高管通常有：格雷格·格雷尼（负责财务和零售业务的副总裁，后来担任 Prime 计划的所有人和运营者）、汤姆·斯库塔克（首席财务官）、迭戈·皮亚琴尼（全球零售业务高级副总裁）、杰夫·威尔克（时任全球运营高级副总裁）和我（柯林）。

我们在第 6 章中讨论过，价格、品类和便捷是亚马逊"飞轮"的三大要素。而配送是"便捷"要素的重要部分。亚马逊领导力准则"达成业绩"指出："领导者要关注业务的核心投入类指标，并按时保质达成业绩。即使遭遇挫折，也要迎难而上，绝不妥协。"配送速度是亚马逊一个关键的投入类指标。因此，要做到"顾客至尚"，你就得为客户关注和提升配送体验。在这个方面，杰夫也不例外。因此，毫不奇怪的是，配送问题是这些电子邮件交流的主要关注点。

杰夫在 2004 年春发送的一封关于巡视问题的电子邮件，对 Prime 计划的交流做出了直接贡献，尽管我们当时并不清楚这一点。这封邮件提到了一个似乎是非技术性的问题：每件产品的利润太高。杰夫巡视了我们的电子产品和珠宝店铺。平板电视和宝石首饰的售价高达数百甚至数千美元。由于供应商的关系，我们对很多这样的产品几乎没有任何定价灵活性。

既然我们无法降低价格,杰夫觉得我们应该做好另一件事情:提供免费"次日达"服务。较之于售价为 15 美元的图书或视频,这些产品的毛利润还不错,因此,我们能够提供免费加急配送服务。

杰夫发了一封电子邮件给相关品类的领导者和 S-Team 成员,建议对选定产品提供包邮服务。他交办给团队的想法,虽然不需要执行,但必须进行评估,并把评估的情况反馈给他。有一次,亚马逊前高级副总裁、S-Team 成员杰夫·霍尔顿(Jeff Holden)告诉杰夫:"你的想法太多了,都快把公司压垮了。"(杰夫的反应是:标志性的放声大笑。)

公司刻意选择减少利润,这听上去有违常识,但对亚马逊而言是有道理的。我们必须找出如何在利润微薄的零售业界茁壮成长的方法。因此,毫不奇怪的是,品类经理们都回复杰夫的电子邮件说,他们其实一直在想办法实施这项功能。问题在于,要想增加这项功能,就需要几个软件团队的大量资源,而他们自己的工作已经多得做不完。正如我们在第 3 章中所讨论的,那些年我们发展得太快,我们的软件乱成一团,尤其是促销软件和配送软件。我们的关键系统大部分尚未摆脱技术依赖性。哪怕是做出简单的改变,也会有风险、代价高昂,因为这需要精心设计和测试,要确保改变完成后一切运转正常。这意味着,任何软件的改变计划,只有能够带来巨大的回报,才是合理的。他们说要再看看。

几个星期后,我跟进了杰夫的提议。相关团队一直在考虑会员计划,但认为这是一个复杂的、跨部门的计划,只适合电子和珠宝等少数产品的包邮,因而不会带来足够的回报。有些计划正在筹备中,可以起到类似的促销作用,而且更容易实施,但相关的软件改变需要一年多的时间才能完成。

然而，更大的问题仍然没有解决。当年夏季，特定产品免费配送服务计划正式提上议事日程，我们的增长率仍在下降，杰夫不停地发来电子邮件。每隔几周，他都会带来新的思路，问我们："收取×美元年费并提供标准包邮服务，这种会员计划怎么样？""所有的珠宝首饰能否都免费配送？""满×美元的所有订单都立即免费配送（相比之下，'超级省邮服务'会延迟3~5天），怎么样？"

如果团队的成员考虑过这个想法或已经有了答案，他们就会立即回复邮件。否则，因为杰夫的问题，财务分析师、品类经理和运营分析师就会聚在一起，将这个想法做成模型，推算它的预期成本，分析它的优点、缺点和风险，最后给出建议。格雷格·格雷尼是负责回复邮件的关键人物，他一度要分析六七个不同的方案。10月初，杰夫说，他希望月底能看到所有方案的比较分析。几天后，10月中旬，杰夫发来紧急邮件：我们不是三周后做方案陈述，而是要选出最佳方案并于年底推出会员包邮计划。我想，他认定有瑕疵的，不是方案，而是受制于制度性厌恶风险的决策过程。他发送"10月惊喜"邮件，是因为他意识到，你根本无法先验证免费配送服务会起作用。你只需要努力尝试。

正式推出

到了10月中旬，这场"思维实验"变成了"实际计划"，尽管这个计划缺乏专门的资源和明确的定义，只是"年底推出会员包邮计划"。经过多次反复，11月下旬，大家达成普遍共识：最佳方案是收取会员年费、提供两日达包邮服务。现在，我们需要找到一个团队来实施这个计划。接下来就是清晰地表达另一条亚马逊领导力准则"敢于谏言、服从大局"："领导者有责任质疑自己不认可的决策，即使这样做会感到为难和精疲力竭。领导者要信念坚定，矢志不移。领导者不会为了保持团队和气而选择妥协。一旦做出决策，领导者就要全力以赴。"

如前文所说，很多领导者并不同意杰夫的这个想法。但是，现在不是争论是否推出以及何时推出免费配送服务计划的时候。现在，我们应该执行这条准则的第二部分："服从大局"。每个人都要行动起来。杰夫·霍尔顿负责配置所需的一切资源，在2005年1月底召开"2004年第四季度财报会议"之前建好并推出会员计划。我们得快速行动，做好工作。杰夫本来计划12月3日（星期五）同维杰·拉文德兰、多罗茜·尼科尔斯等执行团队的主管召开会议。唯一的问题是，亚马逊正经历网站技术问题，网站服务大面积中断。维杰采取了少见但正确的措施——取消了这次会议，另行安排时间。杰夫欣然接受，然后说："那明天上午去我家，怎么样？"就在那个时间里，杰夫、杰夫·霍尔顿、维杰和多罗茜开会讨论Prime计划。杰夫说，他希望为我们的忠实客户建造一条"护城河"。Prime将为那些看重便捷性的客户提供优质的购物体验。杰夫·霍尔顿、维杰和多罗茜可以招募任何团队成员，但Prime计划必须和下次财报会议同期推出。

相关团队开始全力冲刺，加班加点地实施这个在亚马逊内部被称为"未来世界"（Futurama）的会员计划。到了这个阶段，会员计划的"新闻稿/常见问题"才完成了写作和修改。完成这个会员计划，需要数十位团队成员（包括刚度假回来的查理·沃德）的英勇奋战。不过，计划执行的故事已见诸媒体，并不在本书的讨论范围。为了配合 Prime 计划的推出，财报会议甚至被推迟到了 2005 年 2 月 2 日。

还需要指出的是，其他团队也打造了用于 Prime 开发的功能构件——没有这些构件，我们是不可能在如此紧迫的时间内完成的。杰夫注意到了我们先行起步所需解决的细节问题。我们利用的第一个构件，是"快速跟踪"计划（Fast Track）。看到客户对亚马逊新开发的"快速跟踪"功能做出的积极评价，杰夫希望加倍下注。也就是说，把它用于 Prime 计划。开发"快速跟踪"计划，是为了让订单履行系统更精准地预估发货时间——从"通常的 24 小时内发货"到"1 小时 32 分钟内下单，今晚就发货"。"快速跟踪"计划历时两年完成，需要开发大量的软件，还要对订单履行中心进行物理改造。因此，对于发货承诺的准确性和成功率，我们没有另起炉灶。第二个构件，是前面提及的将用于 DVD 租赁的订阅平台。没有这两大构件，我们肯定无法于 2005 年 2 月左右推出 Prime 计划。

2005 年 2 月 2 日，在杰夫发出"10 月邮件"不到 4 个月后，亚马逊金牌会员服务 Prime 被正式推出。事实上，它没有像 Kindle 那样一炮打响。首批加入会员计划的，是那些已经每年支付 79 美元获得"加速发货"服务的大额购买者。因此，我们只是在补贴他们的现有购物行为。虽然我们创造了改变行业规则的网上购物体验，但改变客户行为是需要时间的。在随后的数月乃至数年里，

Prime 为全球购物者创造了可行的选择，其重要性很难估量。因为 Prime 计划，亚马逊从电商界的一家较为成功的公司蜕变为零售界的"顶级玩家"。Prime 改变了人们对网上购物——以及购物——的看法。正如一位记者写道："亚马逊以一己之力，永远抬高了网购便捷性的标准。反过来，又永远改变了网购者希望网购的产品种类。需要最后一分钟买到礼物？家里的尿不湿快用完了？现在，亚马逊购物的即时性，可与实体商店相媲美。"[4]

2018 年，杰夫向股东们宣布："会员计划推出 13 年后，我们在全球拥有的 Prime 付费会员已经过亿。"[5]

亚马逊 Prime 计划这个例子很好地证明：坚定地采用"顾客至尚""长期思维"等领导力准则来解决问题——这里的问题是提高营收增长率——就能"解锁"巨大的价值。要做到这些，我们就必须承认：我们这些年费力建设的现有物流基础设施，虽然现在运行相当良好，但从长远来看是不足的。我们必须将决策的预期回报期，从一两个季度延长至未来的 2~5 年，甚至是 7 年。从"顾客至尚"和"长期思维"的角度来考虑，实施 Prime 计划是完全合理的。它可以满足客户长久以来的期望，同时又能为亚马逊产生远高于尽力压缩现有财政支出所获得的自由现金流。

09　会员视频服务 Prime Video

一次灾难性的 Unbox 演示。

霍华德·休斯的榜样作用。

数字权限管理。

寻找通往客厅的道路。

网飞公司改变了行业规则。

作为亚马逊金牌会员权益的会员即时视频服务。

亚马逊电影工作室的发展。

* * *

2006 年 8 月，亚马逊西雅图总部的员工们聚集在"第五大道剧院"，参加公司的全体会议。当天是我（比尔）过去一年全力创建的一个项目"试车"的日子。亚马逊数字视频事业部联合领导者罗伊·普莱斯（Roy Price）和伊桑·埃文斯（Ethan Evans）登上舞台，向大家介绍亚马逊第一个数字影视服务——Amazon Unbox。

此时，面对我的团队队员和其他2000来位亚马逊人，我感到非常紧张。

到达Unbox开发的终点线，我们感到很激动。一个星期后，它就将面向公众推出。

罗伊和伊桑向观众解释Unbox服务是如何运行的。客户登录网站后可以浏览数以万计的影视作品的标题。他们可以购买或租赁任何想看的电影或电视剧。下载到电脑，点击"播放"，然后坐下来欣赏。就是如此简单。

介绍结束后，就该在大荧幕上盛大"开演"了。伊桑走向他的笔记本电脑。我们屏住呼吸。他点击"播放"。荧幕被点亮，视频开始播放……上下颠倒。观众们发出声音，像是紧张的大笑，又像是痛苦的号叫。

这次灾难性的现场演示，只是接下来发生的一切的预兆。仅仅几个星期内，我们就收到了与这些观众完全一样的客户反馈：同情，抱怨，痛苦，迷惑。我原本希望和以为，推出Unbox是我在亚马逊生涯最伟大的成就之一。然而，结果却成了我唯一也是最大的失败。

这个故事讲述的，是我们如何在开始时犯下大错，然后从错误中学习，最终做得很对。

* * *

切换到2011年2月22日：亚马逊Prime用户登录网站后，发现有一个新的会员权益。当天上午，我们（比尔及其团队）推出了会员即时视频服务（Prime Instant Video）[1]，提供 5000 部影视作品的流播观看。这是亚马逊金牌会员的部分权益，而且不额外收费。在此之前，Prime 服务对订阅用户就意味着一件事情：免费快速配送。数百万客户已经订阅了 prime 服务，数千万亚马逊客户都知道 Prime 代表着什么。但是，现在的 Prime 还意味着视频流服务？

我们的愿景很清晰：增加更多的、具有广泛吸引力的会员权益，使 Prime 拥有对客户最有吸引力、不可抗拒的价值。正如杰夫在 2016 年"致股东的信"中所言："我们希望 Prime 具有很好的价值。不成为 Prime 会员，你就是对自己不负责任。"5000 部影视作品只是一个开始，接下来的数月乃至数年里，我们计划增加数千部人人必看的影视作品，让观看 Prime Video 视频成为人们的一种日常习惯。今天，Prime Video 已经成为 Prime 服务不可分割的组成部分，全球用户过亿，流媒体播放的影视作品多达数万部，包括《透明家庭》《了不起的麦瑟尔夫人》《丛林中的莫扎特》《海边的曼彻斯特》等"金球奖"和"艾美奖"获奖作品。

走到这一步，我们同样也碰到过巨大的障碍，包括投资移动和电视设备流媒体技术与应用程序，克服设备生产商的阻力，建立自己的设备生产线，将八九位数的资金投资用于制作电影和电视剧。取得这些成就，是因为我们十多年来坚持着眼长远、不断提升数字视频客户体验。

通往 2011 年推出 Prime Video 的征程，是长达 6 年多时间的艰苦跋涉，遭遇了一连串的失误、挑战，还有彻底的失败。这个征程开始于 2004 年年中，甚至早于 Prime 计划，我们着手创建亚马逊的第一个视频服务项目，其名字早已被亚马逊的客户遗忘，对我们这些创建者来说则是痛苦的回忆：Amazon Unbox。

Unbox 是亚马逊推出的第一个数字视频服务计划。经过无数次集思广益的讨论，我和杰夫·贝佐斯确定了这个名字。其中的"Un"要传达的意思是：它不同于当时人们观看电影和电视剧的方式。问题是，这个名字有些不伦不类。它不像"Hulu"那样是"空瓶子"，除了听上去独特、好记外，并没有任何意义。这个名字的意义，也不如"netflix"（网飞）那样让人马上就懂。

Unbox 的客户体验是一大败笔。在这个方面，我和我的团队都是新手——我们从未推出过数字视频服务。另外，开发新的客户体验，我们也没有任何高标准可循。而且，我们还受制于很多因素。例如，技术限制（互联网带宽、硬件和软件）、制片商愿意提供的影视作品、客户观看的方式及价格。最后，亚马逊当时尚不具备能让我们控制端到端客户体验的软硬件"生态系统"——在这个方面，苹果公司走在我们前面并于 2007 年遥遥领先，销售额比我们高出 10 倍。

Unbox：通往客厅的漫长、曲折道路上的失误

很难想起来，流媒体技术产生前看电影是什么体验。当时，人们想在家里看电影，主要有两个选择：开车去录像带店（还记得吧？）租一部影碟；通过邮箱收到网飞公司寄来的影碟，或者我们当时提供的服务类似于第一种，客户可以在线购买影视作品，然后

下载到自己的电脑。我们相信，我们正在创建的服务将引发新的、有价值的客户体验。毕竟，能够接触各种流行的影视作品，下载到自己的电脑或笔记本上，然后可在家或忙里偷闲观看，可以完全控制观看的方式和时间，而且可以永久观看，这种体验不是很棒吗？

当时，网飞公司的 DVD 服务增长迅猛，但我们打赌：下载电影对客户的吸引力，最终会超过 DVD 租赁，而且肯定会大大优于百视达公司（Blockbuster）的实体店模式。百视达公司当时正处于发展的巅峰，但在我们看来，他们提供的客户体验简直就是个陷阱。虽然百视达于 2006 年推出了 DVD 线上订阅服务，但全美甚至全球的客户仍然要经历可怕的"周五晚演习"。周五，他们下班后吃力地赶到当地的百视达店，希望找到一部好电影，当天晚上观看。好的影片和最新的影片随时都会被租走，因此，他们只能退而求其次，挑些全家至少不讨厌的片子。通常，他们都会迟还影碟，所以不得不支付可恶的逾期罚金，而且是影碟租金的 2~3 倍。

我们认为，Unbox 可以改变这一切。

我来解释一下我们的服务是如何运作的。首先，你登录亚马逊网站，找到"Amazon Unbox"应用程序，下载并安装到你的个人电脑上。我提到个人电脑的原因是：如果你使用的是苹果 Mac 电脑，那就很不幸——Unbox 只支持 Windows 系统，而且只能是不超过 3 年的 Windows 系统。即使你有个人电脑，安装这个应用程序的过程也慢得令人沮丧。不过，一旦安装了这个应用程序，你就可以登录亚马逊网站，挑选并下载电影。

正是在这个地方，Unbox 陷入了很大的麻烦。

2005 年，还没有高质量的流播视频，因此，你必须将电影下载到硬盘驱动器上,然后才能开始观看。这要花多长时间呢?聪明的客户会把笔记本电脑带到办公室,接入当时所谓的"高速"网络。即便如此,一部2小时的电影,也要花一两个小时才能完成下载。对那些忘记到办公室下载或无法接入"高速"网络的人,下载过程会漫长得多。连接当时标准的数字用户线(DSL),完成下载需要4个小时之久。

我们清楚,这种客户体验绝不会有吸引力。于是,我们花了大量时间寻求可能的解决方案。

一种想法是:开发一款客户可在家安装的DVD专用刻录机,购买后的电影可以自动下载到刻录机上。一旦完成下载,DVD就会弹出,用电视机就可以观看。这可以解决Unbox的一个问题——下载到电脑上的电影是无法转移到电视机上的,除非你是电脑高手,能够自己组装连接。

我们放弃了刻录机方案,开发了一个叫作"远程加载"(RemoteLoad)的功能。它可以让你在任何电脑上浏览亚马逊网站——不必是你要用来观看电影的那台电脑——并购买电影,开启下载,就可以随时用你选择的电脑观看这部电影。它的缺点是:如果你想用家里的电脑看电影,这台电脑就必须接通电源,开启Unbox的这个应用程序,而且必须连接到互联网上。几乎没有客户会不厌其烦地这样做。

我们还想增加另一个功能——客户可以将电影或电视剧多次下载到不同的设备,而且不额外收取费用。使用苹果的iTunes音乐应用程序,客户可以将歌曲下载到自己的电脑上。你可以在Mac电脑上听歌,但必须通过网线把歌曲"侧载"到自己的iPod。如果你弄丢了电脑上的某首歌曲或整个音乐库,那就倒霉了。你花去数百美元建起的音乐收藏,就因为硬盘出错、意外删除或其他失误,只能眼睁睁地看着它消失。

我们研究发现,客户会因此而发疯,但这并不是一个技术问题,而是版权问题。制片商获得了 70% 的下载收益,而且每次下载都被视为新的交易。他们不认为自己与客户体验有何关系——他们只想从经销商(如苹果和亚马逊)及其客户手中获得尽可能多的版权费。

为了纠正这个问题,我们同电影制片商谈判。谈判费时耗力,而且也不太有趣,不过我们成功了。我们很自豪,Unbox 推出了其他人都没有的类似于"Whispernet"的功能:你的个人视频库——"Your Video Libary"(我们内部称之为"YVL")——存储在亚马逊网站,可以多次下载到多个设备,而且不额外收取费用。这在今天是标准的服务,但在当时是一大突破。

替客户着想和努力可以给亚马逊带来长期回报,但在短期内,这个功能还不足以帮助 Unbox 克服其缺陷。

我们很快发现,Unbox 要想获得成功,还需要解决太多的客户体验问题。不但下载速度慢得出奇,而且我们依赖的微软 Windows Media 播放器的数字权限管理软件也是漏洞百出,相当比例的客户根本无法播放视频。我们致力于打造具有 DVD 画质和音响效果的完美观影体验,却使得下载速度更慢、更容易失败。

实际上,对客户而言,下载速度比画质重要得多。还记得吧,2005 年 12 月,YouTube 崭露头角。它提供的是用户制作的内容,没有流行电影或电视剧。视频的分辨率低,在个人电脑上的小窗口播放。客户并不介意视频的画质差，YouTube 吸引了数千万的观看者。我们推出 Unbox 几个星期后，苹果发布了 iPod 观看影视功能，其视频窗口甚至比 YouTube 的还小，但客户也非常喜欢。速度快、操作简单、兼容 iPod，这些 Unbox 都不具备。

Unbox 发布几天后，杰夫将史蒂夫·凯塞尔、我和尼尔·罗斯曼叫到他的办公室。他对我们没有设定高标准的客户体验感到失望，为我们让客户失望感到沮丧。

现在看来，要发现这些错误是很容易的。当时，我们还没做好准备就匆忙地推出了 Unbox。推出前的那几个星期，好莱坞和媒体纷纷谣传：苹果公司很快就要推出数字视频服务。我们不想落后于苹果公司，于是，我们在忙乱中就将 Unbox 快速推向市场。这与"领导者会关注竞争对手，但更注重客户"的领导力准则是背道而驰的。我们在员工内部做过 β 测试，但未能利用测试结果延缓推出 Unbox，仔细审阅客户反馈，抓紧时间做出真正的改变，提升客户体验，我们只关注把它推向市场。我们优先考虑的，不是客户体验，而是推出速度、媒体报道和竞争对手。这显然不是亚马逊的工作法。

我在当年的绩效考核自我评价中写道：

> 总体而言，我 2006 年的绩效很糟糕。Unbox 的市场接受情况较差，部分原因是数字权限管理（DRM）和授权问题限制了内容使用和选择，部分原因是我们为客户选择的产品较差（错误地强调画质，而非下载速度），还有工程上的瑕疵。不管是什么原因，我都未能处理好这些问题，

造成产品竞争力弱、客户反馈差、媒体反应负面等结果。

参照绩效目标，我最终完成的绩效可总结为：已完成项目的执行度不够；主要项目（Unbox视频）的客户体验尚缺乏吸引力，市场销售情况很糟糕。我认为，根据绩效目标，我的绩效评为"D级"也不为过。

读上去真是令人心痛！我只能说，它体现了"赢得信任"这条领导力准则的"敢于自我批评"部分。在其他任何公司，我可能就被炒鱿鱼了。幸运的是，亚马逊坚守长期思维，包括人力资源投资。他们理解，创新和创造新事物往往都会失败。如果你开除了那个人，也就失去了从失败中学到的经验教训。对于刚刚经历失败的领导者，杰夫会对他说："我为什么要开除你呢？我在你身上投资了上百万美元。现在，你有责任让这些投资产生回报。弄清楚并写出你出错的地方，和公司的其他领导者分享你从中学到的经验教训。要保证不再犯同样的错误，帮助其他人避免犯这样的错误。"

Unbox的错误推出，让我学到了很多东西，我能够和其他亚马逊人分享我学到的经验。这些经验一直伴随着我，告诉我应该如何思考那次惨痛的"自我评估"事件后参与打造的各个新产品和新功能。

Unbox推出后不久，我的上司史蒂夫·凯塞尔把我叫到一旁。他告诉我，他刚和杰夫有过一次有趣的会面。杰夫明确地指出，史蒂夫的一个基本职责，就是为数字媒体组织设立并坚持高标准。为了加以说明，杰夫问史蒂夫是否看过讲述商界大亨、飞行家和电影导演霍华德·休斯传奇故事的电影《飞行者》(*The Aviator*)。杰夫讲述了其中的一个场景：休斯（由莱昂纳多·迪卡普里奥饰演）前往他的一个飞机制造厂，检查最新项目"休斯 H-1 竞速者"飞机的进展情况——这是一款造型流畅的单人座飞机，设计目的是创造新的飞行速度纪录。休斯仔细地检查这款飞机，用手指抚摸机身表面。飞机团队看着这一切，有些担心。休斯不满意。他说："还不够。不够好。这些铆钉必须完全弄平。我希望机身没有任何空气阻力。它应该更干净。更干净！明白吗？"

团队的领导者点了点头，然后返回了制图室。

杰夫告诉史蒂夫，他的职责是成为霍华德·休斯那样的人。从那以后，史蒂夫都得亲手"抚摸"亚马逊的每个新产品，检查任何可能导致质量下降的问题，坚持要求他的团队保持最高标准。我感觉，史蒂夫告诉我这个故事，有两个原因。第一个原因，可能是想事前警醒我。他希望我知道，作为他的高级团队成员，如果某个产品没有达到标准，我和我的队员就会被他送回"制图室"。第二个原因，是他想委婉地告诉我，我也有责任为产品设定更高的标准。我必须更像霍华德·休斯。

权限问题

现在，我们必须弄清楚如何解决问题。

事实上，Unbox 受到多方限制：我们的竞争对手（主要是苹果公司）；依赖微软公司的媒体回放和 Windows 系统；我们的供应商

（电影制片商）。关键问题是如何使用数字权限管理软件（DRM），控制版权内容下载，防止客户盗窃、分享和复制数字内容。苹果公司已经开发出具有专利权的、可以确保内容安全下载的DRM软件"FairPlay"，而且已经同主要内容生产商达成了交易。要让我们的客户在Mac电脑和iPod上下载并播放电影，唯一的办法是使用FairPlay数字权限管理软件。

我们的Unbox需要DRM软件，但苹果公司肯定不会授权我们使用FairPlay，电影制片商也不会强迫苹果公司这样做。除非开发出自己的DRM，否则，我们就只能使用微软Windows的媒体管理DRM。但它只支持Windows系统设备，而且效果不太理想。

这些障碍已经够难跨越了，然而，让我们感到更加沮丧的，是电影制片厂同HBO电视网、Showtime电视网、Starz电视台等各大付费电视频道达成的、存续数十年的合同中所隐藏的一个小条款——"禁售窗口期"条款（Blackout Window）。该条款规定：电影制片厂推出新片DVD后，我们享有界定明确的窗口期——通常为60~90天——在此期间，我们可以销售或出租数字电影。此后，就进入"禁售窗口期"（通常为3年）。其间，付费电视频道享有电影的独家播放权，我们不得在自己的服务平台上销售或出租数字电影。

对于亚马逊和苹果公司提供的新的数字下载服务，电影制片厂感到不安和犹豫，他们将这种服务称为"交易型视频点播"（TVOD）。没错，他们可以看见"交易型视频点播"服务增长迅速、潜力巨大，但收益流仍然很细小——每年仅有数千万美元。它看上去就是冒险的赌注，因此，他们不愿意修改合同条款。

对我们而言,这意味着数字电影服务的销售窗口期非常短。DVD发行后只有2~3个月,随后3年内一无所有,而这期间的需求是最旺盛的。

我们清楚,要想让视频流长期成为完美的客户体验、成为我们的一大业务,我们就必须改变这个条款。但我们很快就发现:这不在我们的控制范围。同电影制片厂的高管见面后,我解释说,"交易型视频点播"服务很快就会起飞,有朝一日,其价值将大大超过他们的付费电视交易。那些高管点头说,他们完全理解,也认为该条款需要改变,但他们告诉我,他们的老板不这样看。同所有媒体公司一样,好莱坞的高层所做的决定,当时和现在都是为了达成短期财务目标。

仅仅过了10年,由于他们的短期思维,这些电影制片厂纷纷推出Disney+、华纳HBO MAX、全国广播公司Peacock等流视频服务,努力为生存而战,同亚马逊和网飞竞争。

在亚马逊,我们的薪酬不与财务业绩挂钩。我们在第1章中提到过,西雅图总部的基础年薪最高为16万美元,而且根本没有奖金制度。额外的薪酬是亚马逊股票。你获得的加薪都是股票,而且要等18~24个月后才开始授权。

我的动机与电影制片厂和唱片公司的那些同行大不相同。为了得到财务益处,我需要亚马逊获得长期增长。我不敢说,每个亚马逊人随时都对这种薪酬哲学感到满意。取得重大成就后,我们每个人都需要获得奖赏,都希望及时获得奖赏,但对那些具有长期思维和行动的人来说,只要坚持,就会有回报。

我们没有打算说服电影制片厂采用亚马逊的运营方式。对

Unbox 而言，这是一场我们无法获胜，也没有获胜的战斗。事实上，直到 2013 年，禁售条款才被取消。

鉴于上述挑战，"修复"Unbox 是非常困难的。我们的业务位居第二，远远落后于苹果公司。苹果公司发布数字视频服务的时间，只比我们晚几天。对我和我的团队来说，那段"仰望"苹果的日子令人极度沮丧。他们拥有 iPod 和 iTunes，分别是最受欢迎的媒体设备和应用程序。两者无缝衔接，深受客户的喜爱。因此，要找出他们产品的弱点，从而让我们赶上或超越他们，是极为困难的。

寻找通往客厅的道路

2006 年深秋，我和亚马逊 Unbox 团队举行了为期两天的场外会议，制订 2007 年度计划。如果我们任职于同等规模的其他公司，我们整个团队就会飞到阳光谷、赛多那、纳帕谷等风景名胜之地，住在五星级酒店，上午开会，下午打高尔夫球，然后再品尝美酒。但是，要做地球上最以客户为中心的公司，就意味着：你不能把钱花在对客户没有好处的事情上。我们不仅就待在西雅图，甚至没花钱订当地酒店的会议室。我们从第五大道南 605 号赶到西雅图联合车站附近的另一处亚马逊办公楼。甚至，我不认为我们支付了午餐费。

我们花了两天时间，讨论如何修复 Unbox。团队用了两周时间，写好了"新闻稿 / 常见问题"和叙述体备忘录，描述让我们的视频服务获得成功的各种想法和解决方案。有人关注如何改进用户界面,有人认为发起大规模市场营销活动才是解决问题的办法,但谁都没有解决 Mac 电脑接入性或视频禁售等根本问题。我否决了一个又一个提案,感到越来越沮丧。

接着,市场开发部团队的新人乔什·克莱默发言了。

不同于我们其他拥有工商管理和工程学背景的团队成员,乔什拥有好莱坞的实际经验。他是电影《不道德的审判》(*Death and the Maiden*)的联合制片人——该片由罗曼·波兰斯基导演,西格妮·韦弗和本·金斯利主演。但乔什不是脚穿古驰乐福鞋、开着保时捷的那种典型的好莱坞人。不知怎的,他那永远不扎进裤子的衬衫(以前,衬衫不扎进裤子是很酷的),每天都会有咖啡或番茄酱的污渍。他的鞋子也总是不系鞋带,眼镜用胶带粘着。他的办公桌也不符合职业安全与健康标准(OSHA),上面摆满了装有未喝完咖啡的咖啡杯、未吃完的食物以及一堆堆用过的脏纸。乔什富有创造力,也很聪明,曾就读于布朗大学"作为艺术媒介的声音"专业,还拥有宾夕法尼亚大学沃顿商学院工商管理硕士学位。他不但清楚好莱坞的内部运作方式,作为业余爱好,还自学写代码。因此,他既懂商业和技术,又懂内容。

加盟团队后的几个月时间里,乔什约见了很多潜在的合作者,包括数字视频刻录设备(DVR)的开创者 TiVo 公司。结束第三方会议后,乔什这样的市场开发人员,通常都会滔滔不绝地说出似乎很棒,结果技术却不可行的合作想法。然而,乔什带回来的想法是切实可行的——亚马逊的电影可以下载到 TiVo 机顶盒。在会场发言前,他已经请我们的工程团队审查过这个想法。

这个方案，对两家公司和我们的共同客户都有好处。对 TiVo 公司来说，他们可以从一家值得信赖的品牌公司获得更丰富的电影和电视剧，供客户按需购买和租赁。对我们而言，TiVo 为我们提供了一条"通往客厅的道路"。更确切地说，是通往客厅电视机的道路。那个时候，大多数人都喜欢一动不动地躺在客厅的沙发上看电影，眼睛盯着 48 英寸的平板电视，而不是鼻子凑近电脑显示屏。

2007 年 3 月，我们在 TiVo 设备上推出了 Unbox 服务。[2] 果然，我们提供的客户体验令人自豪。你只要在亚马逊网站浏览和购买电影和电视剧，它们就会自动下载到你的 TiVo 设备。下载仍然要花时间，不过，它有一个叫作"渐进下载"的功能：只要已下载内容的运行时间超过剩余内容的下载时间，你就可以开始观看电影了。它不是真正的实时流，但的确可以提高速度。已经拥有 TiVo 设备的亚马逊客户非常高兴，对我们大加赞誉。TiVo 成为我们营收和新客户增长的最大来源。

然而，很不幸，我们的竞争对手并没有闲着。

大变局

两个月前的 2007 年 1 月，网飞公司推出了视频流服务（当时叫作"Watch Now"），开启了娱乐业历史上最深刻的一大变革。当时，网飞流媒体服务提供的选择相当少，只有 1000 来部电影和电视剧，主要是《卡萨布兰卡》等经典影片、外国影片以及 BBC 版

《纸牌屋》这样的几部电视剧——没有任何新片或大片。不过，他们已经取得了重大突破，随着内容的改进，他们就会显出优势。

网飞服务的两大革命性、突破性功能是：订阅和流媒体。亚马逊和苹果是优质影视作品分销的引领者，但我们只提供下载（每部电影或电视剧，你都得购买或租赁）。我们认为流媒体是低质量的东西——是 YouTube 的业务范围，在会议期间用电脑观看几分钟小猫跳舞的视频。因此，网飞发布"Watch Now"后，我们开始重视并详细地讨论这个服务，但我们团队内部和行业其他人的主流看法是：它只是不成熟的测试，还不是正式的服务。

网飞流媒体服务另一个值得注意的功能是：免费。事实上，正如我母亲过去常常用来教我理财理念时说的："这不是免费的，是包含在内的。"网飞的 DVD 邮件租赁订阅计划大都不额外收取费用。

现在看来，似乎明显的是，网飞推出的流媒体服务是一个巨大的威胁，因为事后证明：流媒体加上订阅服务是数字视频业务的神奇组合。而且，网飞推出服务的方式也很聪明：将流媒体服务作为送给 DVD 订阅用户的免费（包括在内）的服务。这样做，就清除了一个主要障碍：人们一开始就得为订阅服务付费。不过，没有认识到这个威胁的，并非只有我们这一家公司。杰夫·比克斯（Jeff Bewkes）说过，网飞对华纳公司（他当时担任董事长）的威胁，无异于阿尔巴尼亚军队对美军的威胁。他告诉《纽约时报》："阿尔巴尼亚军队会接管全世界吗？……我认为不会。"[3] 绝妙的讽刺是，10 年后，杰夫·比克斯和美国电话电报公司（AT&T）的 CEO 都参与了一次公关活动，说服司法部：他们两家公司的合并是必要的，因为两者已经互换了角色——现在网飞是"美军",而华纳变成了"阿尔巴尼亚军队"!结果证明:网飞公司同亚马逊一样,也具有长期思维、愿意被人长期误解,两家公司的巨大成功都缘于这两点。

我们没有重视网飞的流媒体服务,还有一个原因:它没有对Unbox产生直接而明显的影响。不过,2007年10月,随着Hulu的推出,这种影响就变得明显了。与网飞的流媒体服务不同,Hulu提供的是美国最流行的一些电视剧——福克斯和全国广播公司(NBC)当天播出的最新电视剧。不仅如此,Hulu还是免费服务(没有广告),不是我妈妈教导我的那种包含在内的免费——而是完全免费。同样的电视剧,我们在Unbox上的售价为每集2.99美元,这比购买DVD便宜,而且播出后当天就可观看。现在,有了Hulu,这些电视剧大都可以观看,同样及时,而且还免费。转眼之间,我们的2.99美元就变成了令人讨厌的交易,很多以前销量很大的电视剧,现在根本卖不动。[Hulu的推出之所以令人感到有些心痛,可能还有一个原因:这个项目的领导者,是Hulu首任CEO、我(比尔)在亚马逊的上司和好友詹森·基拉尔。]

在这件事情上,我们无力影响电影制片厂,因为Hulu的所有者就是两大电影制片厂——美国新闻集团和NBC环球。2006年,这两大电影制片厂推出这一服务,是为了应对YouTube及其销量的快速增长——仅仅6个月后,谷歌的销售额就达到了16.5亿美元。两家电影制片厂认为,他们也可以打造类似的服务,销售好莱坞的内容,售价甚至会更高,增长同样迅猛。

然而,结果并非如此。虽然Hulu吸引了大量的观看者,但其潜在的买家——苹果、亚马逊、谷歌——意识到,两家电影制片厂永远不会同时出售内容和 Hulu。没有了内容，Hulu 就没有那么大的价值了。最终，Hulu 走上了订阅模式，现在由迪士尼公司控股。不过，它并没有淡出公众的视野，而是继续赢得客户、投入生产，打造出《使女的故事》(*The Handmaid's Tale*) 等大片。它已成为迪士尼公司同网飞和亚马逊竞争的重要长期资产。

智能电视（CTV）

2008 年，进一步的发展显示，"通往客厅的道路"还有更多必须绕过的曲折的路要走。我们决定，亚马逊现在应该在下载服务中增加流媒体视频，并把它视为扔掉"Unbox"这个名字的机会——Unbox 积累了太多的负面看法。[4]2008 年 9 月，我们重新推出这个服务，更名为亚马逊"视频点播"（VOD）服务。没错，这个名字不是太有创意——Unbox 品牌创新失败，让我们感到风声鹤唳，但它表述准确，最重要的，它不是"Unbox"。我们在索尼、Vizio、三星、LG、松下等众多品牌电视上推出了流媒体应用程序以及 Roku 公司的流媒体设备——现在，其家庭用户已经超过 2000 万。[5]

有了流媒体视频点播服务，客户至少可以用自己的电视观看喜欢的电影或电视剧，而不再依赖电脑和手机的小屏幕。不过，每个家庭的互联网连接速度都不同，相关的硬件和软件又多种多样，因此，观看体验因设备和客户而各有不同。有的客户感到非常高兴，有的客户却感到极为扫兴。客户感到扫兴，通常是因为"重新缓冲"现象——下载速度滞后于观看进度，视频就得重新缓冲：画面静止，会看到更常被称为"死亡之轮"的"旋转等待光标"。这种情况相当普遍，于是，我决定：观看一部电影，只要发生三次以上的"重新缓冲"，客户就可获得自动退费。我们仍然得向电影制片厂支付费用，不过，我觉得我们必须表明：亚马逊明白"重新缓冲"是不可接受的。

关于这种退费，我没有经过杰夫的批准，但我想他会同意的。他在"致股东的信"中写道：

> 我们创建了自动退费系统，只要我们提供的客户体验没有达到我们的标准，这些系统就会自动为客户退还费用。一位业内观察家最近收到了我们发去的一封自动邮件，里面写道："我们注意到，您在亚马逊'视频点播'服务系统中观看电影（片名：《卡萨布兰卡》）时，视频回放体验不佳。给您造成不便，我们深表歉意，已为您进行了退费（金额：2.99 美元）。我们希望很快能再次见到您。"他对这笔退费感到惊喜，后来在文中谈及这次经历："亚马逊'注意到……视频回放体验不佳'，就因为这个，他们给我退费？……这才叫'顾客至尚'。"[6]

网飞公司依然是流媒体的引领者。这家公司早就发现了流媒体应用于客厅娱乐设备的前景，并组建专门的工程团队开发流媒体专利技术。到 2008 年，众多生产商的电视、蓝光播放器、游戏机等大量设备都装备了网飞视频服务。网飞还不断地增加影片库。网飞的业务正在爆发性增长。

当时，微软 Xbox、索尼 PlayStation 以及任天堂 Wii 的游戏机用户数量也增长迅猛。美国家庭拥有数千万台游戏机，而且几乎都连接了高清电视和互联网。游戏爱好者每天都要玩几个小时的游戏，但需要偶尔休息一下。因此，对他们来说，观看电影或电视剧就是明显而简单的价值主张。我们希望亚马逊的"视频点播"服务也能用于游戏机。

不过，我们的业务开发团队给我们带来了一些坏消息。微软和索尼都不允许在他们的游戏设备上安装亚马逊流媒体应用程序，因为他们有自己的"菜单式"数字视频商店，而且希望创建这些业务。然而，他们并没有禁止网飞，因为网飞提供的是订阅服务，他们不视其为直接的竞争。最初的两三年里，我们被这些设备排除在外，处于极其不利的地位。一个惊人的统计数据可以告知原因：据我们估计，网飞95%的流媒体业务均来源于微软和索尼的网站、三大游戏设备（Xbox、PlayStation、Wii）或iPad和iPhone。

我们还受到其他零售商的抵制。当时，大多数电视都由沃尔玛和百思买销售给客户，但亚马逊的零售业务对他们越来越构成威胁。自2007年起，他们采用各种战术拖慢我们。比如，拒绝我们在他们的线上商店代售亚马逊礼物卡。他们的采购人员警告一些电子设备生产商：任何搭载有亚马逊"视频点播"系统的设备，都不能进入他们的货架。沃尔玛和百思买主宰着电子设备销售，因此，很多生产商都不愿意同我们合作。2008年9月，我们说服索尼公司，将亚马逊的流媒体服务系统装入他们的Bravia电视。然而，我们又花了4年之久的时间，才说服PlayStation团队同亚马逊合作，开发 PlayStation 的 2000 多万基础用户。

因为这些事情耽误了时间，亚马逊的业务未能快速增长。我们越来越清楚：数字媒体业务和网上实体商品零售业务大不相同。我们无法完全控制自己销售的内容（电影和电视剧）。我们不如网飞，没有专利或独特的内容。我们也不如微软、索尼和苹果，无法控制人们用来播放或展示内容的设备。

如果我们只提供"菜单式"数字视频商店，亚马逊增长飞轮的那些投入类指标（低价、配送速度快、低成本结构）就无法成为我们与竞争对手保持差异化的维度。不过，这个进程有一个方面确实需要技术能力：开发那些能在各种电视和机顶设备上运行良好、提供不会崩溃或重新缓冲的高质量视频的应用程序。为此，我们后来收购了一家位于伦敦的小软件工程公司：Pushbutton。

就连我们的重要资产——亚马逊网站——拥有更大的影响力，也不在于销售数字媒体，而是销售实体商品。没错，亚马逊网站吸引了很多想购买媒体产品的客户，但对于高质量的数字媒体体验，更重要的不在于我们的网站，而是 Mac 电脑、个人电脑、平板电脑、手机和电视所安装的应用程序。例如，苹果销售的所有数字媒体产品，都是通过 Mac 电脑和个人电脑（iTunes）而不是苹果网站实现的。与亚马逊不同，苹果可以控制自己的设备。应用程序和设备相互结合，共同提供高质量的流媒体（下载）和回放体验，因而为客户带来巨大的价值。

至于电影制片厂控制的内容，并没有多大的变化。HBO 等内容生产商具有一大优势：他们可以提供独特的、独占性的内容——比如电视剧《黑道家族》（*The Sopranos*）和《权力的游戏》（*Game* of Thrones）——和电影制片厂拥有排他性的电影授权交易。当时，还没有其他公司参与互联网交付的订阅业务，因此，HBO 在很大程度上垄断了该业务。HBO 可以蓄积和授权大量的优质电影和电视剧，几乎毫无竞争。

但是，正如苹果和 HBO 的商业模式所表明的，有一个重要方面，数字媒体和传统模拟媒体是相同的：依然存在巨大的控制优势。对于传统媒体而言，你可以控制其——内容的分销方法或内容本身（在某些情况下，两者兼具）。NBC、CBS 等广播网络控制着自己的网络，同时开发电视剧、体育赛事、新闻广播等专有内容。华纳、迪士尼等制片商创造电影和电视剧。对于数字新媒体而言，广播网络和制片商会失去分销控制权，被连接了互联网的设备中安装的应用程序取代。

随着时间的推移，我们意识到，亚马逊"视频点播"被卡在了价值链的中端——确实处于低谷。我们没有控制上游端的内容开发，也没有控制下游端的回放设备。我们基本上是一个数字分销系统，没有任何独特之处或所有权，难怪我们不断地在价值链的两端——内容开发和设备配置——碰壁。

我们在讨论 Kindle 那一章中提到过，几年之前（大概是 2004 年），杰夫和史蒂夫画了下面这张价值链草图。

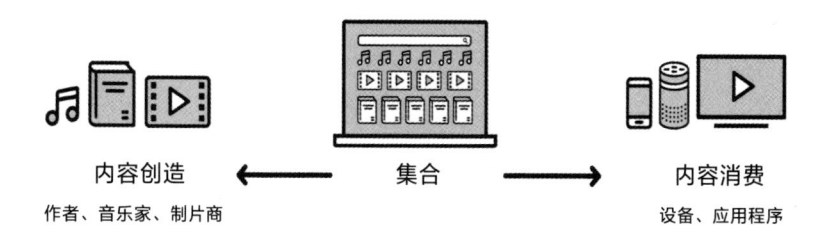

内容创造 ← 集合 → 内容消费
作者、音乐家、制片商　　　　　　　　　设备、应用程序

正是这个价值链洞见,引导我们创造了 Kindle。我们没有通过开发或出版图书(后期出版了图书)来创造内容,因此,我们迈向了消费控制。也就是说,控制阅读体验。对于数字电影和电视节目,我们仍然被困于集合者角色。价格和品类等零售业务的投入类指标,无法提升我们在数字业务上的差异化。我们的产出类指标——视频销量和营收——表明,这种策略是失败的。因此,自 2010 年起,我们将资源投入可以让我们摆脱价值链中端的大量新计划和新项目:会员即时视频服务(Prime Instant Video)、亚马逊电影工作室(Amazon Studios),以及亚马逊的新设备——Fire 平板电脑、Fire 手机、Fire 电视、智能音箱及语音助手 Echo/Alexa。我们还进行了收购,以便增强我们的能力,扩展我们的版图。

会员即时视频服务:赠送的会员权益

2010 年,我们和杰夫举行了一系列会议,讨论如何使我们迈向利润丰厚的价值链两端的想法和方案。显然,消费者喜欢网飞的付费式"自助餐"订阅模式,但我们得知,网飞每年要投入 3000 万~4000 万美元购买授权。虽然今天看来,4000 万美元对亚马逊来说不是一大笔投资,但说真的,对于 2010 年规模较小、收益较少的亚马逊而言并非如此。这个数字让我们感到震惊,似乎是很大的"牺牲"。

但是,杰夫不这样看。在一次会议上,他说过这样的话:"即使还不够明确,我也想看到计划,我们将如何做出类似的投资,进军视频订阅服务。"杰夫还明确地指出,我们应该研究其他重大的数字媒体的想法,包括创造硬件设备。

我并不笨,能够领会杰夫不那么微妙的暗示:我和我的团队应该行动了。

我委派卡梅伦·简斯担任业务领导者,乔什·克莱默重点做电影工作室。两个人都是我的组织多年的关键领导者,拥有丰富的数字娱乐业经验。卡梅伦于2007年7月加盟团队。此前的几年,他一直在沃尔玛网站做电子商务。他是一个全能型商业"运动员",拥有西北大学凯洛格商学院MBA学位,能够解决有关内容、财务、产品以及其他的各种问题。不管是什么任务,只要交给卡梅伦,他都能接住并搞定。

于是,我们开始一周又一周地努力、开会和迭代想法。其中有三个想法是关于硬件设备的。一个想法是设计一种通用遥控器,可以简化电视播放亚马逊视频。另一个想法是连接家庭影院系统的一种冰球形的设备。通过语音检测和控制,它可以学习每个家庭成员的个人偏好,从而为每位客户提供个性化的视频播放服务。几年前,杰夫曾设想过一种冰球形的购物设备(见第5章)。这是它的变体,后来又演变为亚马逊的智能音箱Echo。第三个想法是打造一种预装大部分流行电影和电视剧并能无线更新的机顶设备。我们花了几周时间研究、撰写和修改这些想法的"新闻稿/常见问题",但它们都存在技术授权或定价问题。几个星期后,我们转移了关注点,心无旁骛地研究那些关于内容订阅的想法。

乔什负责的是信息收集。他打电话给各大电影制片厂的熟人,进行面谈，还建立了新的关系。

我们在这个过程中了解到的信息令人沮丧。网飞和我们的预算相当，但已经遥遥领先，我们根本无法集合起他们提供的那些品类。我们还得知，我们以前听说的3000万~4000万美元，这个数字已经"过时"。等到我们启动时，网飞在内容上的支出已经翻倍。

对于订阅业务，跟风提供山寨服务是无济于事的，我们必须提供网飞没有的电影和电视剧。我们提供的服务还必须有别于Hulu，它锁定了福克斯和NBC的大部分最佳电视剧。对于"交易型视频点播"（TVOD）业务，基于品类的差异化是不可能的——亚马逊、苹果、微软和索尼都有同样的影片——而创建独特的作品目录则是订阅业务的关键所在。

我们讨论了无数的概念。一个办法是，深度挖掘恐怖片、纪录片等特殊类型的电影。另一个办法是，每周为客户免费提供一部电影，借此吸引他们加入订阅。鉴于我们的优质影片可选择的非常少，我们讨论从低价做起（每月3.99美元），但这个价格我们无利可图。我们想尽早地提高价格，而这不太符合亚马逊的工作法。

和杰夫进行第四次或第五次会谈时，我们痛苦地发现，我们的硬件和订阅计划毫无进展。数字视频团队的几位领导者，围坐在杰夫位于西雅图南湖联合区Day One北楼六层的小会议室的办公桌旁。就和我们此前的数次会议一样，我们审查了一堆想法，讨论电影类型，并考虑定价和预算方案。

不知什么时候，杰夫提出了一个简单的想法："我们给金牌会员提供免费视频服务。"

这个想法，谁也没有提出过。可行吗？杰夫提醒我们，最初，网飞的 DVD 订阅服务就提供了 Watch Now 流媒体视频服务——免费（其实是包含在内的）。他说："这是赠送的服务。"网飞的电影和电视剧的品类起初也不太丰富，不足以让客户额外掏钱。网飞将这个增值服务送给客户，作为现有订阅服务的一部分。网飞实际上是在说："你的付费服务非常棒。哦，对了，你还可以附带观看视频。"3 年后，网飞的大部分客户都成了流媒体用户，他们不再租赁 DVD。如果网飞开始推出流媒体服务时，就把它作为单独的订阅服务，那这种转换就不会如此顺畅和无缝衔接。事实上，很多客户可能根本就不愿意支付订阅费。

订阅服务存在一个"鸡与蛋"的难题。要吸引付费订户，你就得提供很棒的服务。这是一个有挑战性的"冷启动"问题，通常需要大量的前期投资。通过未来数年的订户增长，才有可能收回这些投资。杰夫认为，即使我们将流媒体视频服务赠送给金牌会员，从长期来看，我们也仍然可以盈利。（长期思维 = 亚马逊工作法。）

如何做呢？流媒体订阅服务的成本是固定的。网飞从电影制片厂手中获得某部电影或电视剧的授权，要支付固定的费用。这笔费用不是基于使用情况——网飞的客户观看一次或数百次这个视频，成本都是一样的。当然，也存在某些可变成本，比如带宽和服务器的费用，但这些成本每次观看只有几分钱。而且，就大多数技术而言，这些成本会随时间的推移而下降。这种成本结构与 DVD 租赁业务大不相同，后者的成本——仓储、薪资、配送、备用影碟——是可变的。创建广受欢迎、成本固定的订阅服务的最大好处是：订户一旦超过某个数量，订阅服务收入的每一块钱都是纯利润。实现这个目标的难点是：一、获得大量的订户；二、建立必看电影和电视剧的目录。将视频服务与我们现有的大量而且持续增长的金牌会员基础整合起来，我们就可以顺利地解决第一个问题。我们不太担心最初的品类不佳，因为我们成功的时间维度是以数年来衡量的。我们完全相信，假以时日，我们能够做出正确的投资，集合起品类丰富的电影和电视剧。如果我们把这一点做好了，客户最终会被吸引成为金牌会员，不仅是因为快速而免费的配送服务，还会因为包含在会员费中的流媒体视频服务。

这种"赠送"的增值服务成为"必备"的会员权益。

杰夫还指出，Prime 如果有了流媒体视频，将成为独一无二的服务和极具竞争力的差异点。亚马逊是一家持续增长的综合性公司，在全球多个市场和领域与人竞争。要把亚马逊打造为各个业务类别和市场中的独特产品，这是一个极其艰难的任务。但是，他认为 Prime 就是做到这一点的"诱人的道路"。竞争对手可能推出克隆版的 Prime 配送服务，也可能创建类似于网飞的服务，但谁也不可能两者兼具。

Prime Video 即将推出，我们仅有几个月的准备时间——推出时间定为 2011 年 2 月。

LOVEFiLM：并未成功

与此同时，我们还在进行其他的工作：收购欧洲影视订阅服务商 LOVEFiLM。它实际上是欧洲版的"网飞"，提供 DVD 邮件出租服务以及流媒体电影和电视剧。LOVEFiLM 可以帮助我们超越网飞（当时还没有在欧洲推出）。完成收购后，我们立即同几大电影制片厂开展谈判，想购买一些优质的好莱坞电影和电视剧的长期独家授权。如果一切进展顺利，我们在英国和德国的影视作品的丰富性，就会超过美国的亚马逊或网飞。

2011 年年初，我们脚下的地板坍塌了。重要的电影制片厂——索尼、华纳等——告诉我们，网飞参与竞标我们想要的那些影片，并且报价是我们的两倍。简直是晴天霹雳，我们发现自己进入了竞标大战。谁是赢家？电影制片厂。为了给英国和德国的客户带去视觉、听觉和心灵的美妙感受，我们和网飞奋力搏斗，而制片厂的收费却在飙升。

这段经历明确了我们对价值链的想法。在我看来，从今以后，我们必须走出同网飞和 Hulu 没完没了的竞标循环。我们不想每进入一个国家，就得向制片厂支付一次费用。我们必须掌控自己的命运。我由此得出的结论让人大吃一惊：我们必须创造自己的内容。现在，我们应该制作自己的电影和电视剧了。

交付端：设备

我们在探索如何走到价值链的上游端、想办法收购 LOVEFiLM 的同时，也在努力建立另一端的存在——消费和回放。为此，我们需要打造属于自己的硬件——赋能客户获得亚马逊内容的设备。数年之前，史蒂夫·凯塞尔已经建立了设计和开发自有设备（首先是Kindle）的组合和功能。因此，我们已经能够创新和建造也支持视频、音乐、应用软件等服务的各种设备。

我们打造的第一个设备，是 2011 年 11 月推出的 Kindle Fire 平板电脑。它具备 iPad 的大部分功能，售价为 199 美元——比 iPad 便宜几百美元。在 Fire 平板电脑上推出亚马逊视频服务并不是一帆风顺的，需要克服各种安全性和权限方面的困难，尤其是这是我们第一次在移动设备上推出高清视频。

Kindle Fire 平板电脑很快就获得了不错的市场份额，为亚马逊在价值链的视频回放端赢得了稳固的立足点。推出后不到一年的时间，2012 年 9 月，Kindle Fire 平板电脑就已销售数百万台，成为第二畅销的平板电脑，仅次于 iPad。[7] 2014 年，我们在名字里去掉了"Kindle"。亚马逊不断地改进和增加 Fire 平板电脑的功能，今天，它已经成为亚马逊提供的主要设备。

Fire 平板电脑获得成功后，亚马逊的设备组织（当时由戴夫·林普领导）着手开发的新设备因为数量太多，所以只得用字母加以识别，以便于交流和跟踪，同时也有助于项目名称和性质的保密。就算有未经授权者碰巧参与讨论项目 A，他们也不会了解太多。Fire 电视是项目 B，这个代号得名于电影《翘课天才》（*Ferris Bueller's Day Off*）中的"Bueller"。

Fire 电视于 2014 年 4 月推出，售价为 99 美元，配备有提升客户体验的诸多功能。特别是我们运用开发应用程序的多年经验，设计了一个流畅而直观的用户界面，使观看者可以跨越 10 英尺的用户界面距离（10'UI）——也就是沙发与电视机之间的距离。Fire

电视带有内置于遥控器的语音搜索功能,使观看者更容易发现、选择和播放自己想看的节目。

结果不言而喻。至本书写作时,Fire 电视已经拥有数百万的全球家庭用户,是全球最畅销的智能电视视频流媒体设备之一。

亚马逊:好莱坞制片人

自 2010 年开始首批实验以来,我们就知道要制作自己的电影和电视剧。我们清楚,从电影制片商和其他方购买内容是多么昂贵和有竞争性,而且以后仍然会如此。要想控制成本,并享有我们为全球用户流媒体播放的那些独有的、首秀的电影和电视剧带来的收益,我们就必须创造自己的内容。

虽然起步有所失误,但亚马逊工作室是我在亚马逊任职期间启动速度最快的新业务创建任务之一。这在很大程度上是因为娱乐业的独特性。软件和硬件工程人才很有限,需求量大,但娱乐业拥有丰富的制片人、导演、演员和制作人员人才库。他们当中只有小部分人在各种组织里担任全职,大部分都是独立的自由承包商,合约期相对较短。剧本的供应其实也是源源不断的,不过好剧本所占的比例很小。

启动电影制作,需要的就是决心以及最重要的资金。亚马逊有资金。困难的是寻找、筛选和竞购好剧本。为了解决这一问题,我们在洛杉矶圣莫尼卡开设了办公室,招聘开发主管团队,每位主管专门负责某个特定的内容类型：喜剧片、剧情片和儿童片。我们并没有因为这是好莱坞就破例，我们采用抬杆者流程招聘工作室团队的每位成员，他们必须适应我们的"勤俭节约"文化，包括共用小办公室或开放的工作间、基础年薪封顶16万美元、没有现金奖励计划、出差坐经济舱而不是头等舱。这着实费了一番口舌。

必须说明的是，环境的改变也使这个新计划变得更容易和可能。流媒体已经变得无处不在。我们拥有现成的硬件。还有一个重大的进展：2013年2月，网飞原创的电视剧《纸牌屋》首次播出。这部13集的政治惊悚片，由好莱坞大牌演员凯文·史派西和罗宾·怀特主演。它引起了轰动，大受欢迎，而且改变了行业规则。《纸牌屋》诞生之前，大多数好莱坞的一线演员根本不想和线上制作有任何瓜葛。他们不屑于做这种事情，就像他们曾经认为广告出镜毫无品位一样。但史派西愿意冒这个险，他和网飞公司共同冲破了这个障碍。虽然他的演艺事业后来因为性行为不端的指控而被毁灭，但他当时成了毫无争议的巨星：荣获奥斯卡金像奖，拥有漫长而受人尊敬的戏剧、电视剧和电影表演生涯。《纸牌屋》也获得了多项大奖。史派西本人成为提名艾美奖的首位网络电视剧演员，还因为出色地饰演了不择手段登上总统宝座的政客弗兰克·安德伍德而荣获"金球奖"。

一扇大门打开了。

我们开始效仿好莱坞工作室的运营方式，同时继续保留与所有亚马逊领导者相同的团队薪酬制度：没有任何短期绩效目标。开发团队很聪明，基于多年的观众数据，专注地寻求最优秀的、能吸引亚马逊观众的剧本。作为试验，我们批准了五部喜剧片和五部儿童片（杰夫参与了挑选）。这意味着我们要试制作 10 部电视剧，其中大部分的制作成本都高达数百万美元。我们采用了一种有趣的新方法：我们让所有的观众在亚马逊免费观看所有的试验电视剧，然后再决定批准哪些电视剧。通过这个过程，我们可以收集观众数据、收视率和客户的真实评价，能够更好地了解哪些电视剧会吸引大多数观众。因此，我们找到的这种制作流程，比电影制片商更以客户为中心，因而也更符合亚马逊工作法。

至于儿童片，我们批准了《创意星系》（*Creative Galaxy*）和《飘零叶》（*Tumbleleaf*），这两部电视剧获得了观众和评论家的广泛好评，分别制作了 3 季和 6 季。我们从制作的五部喜剧片中挑选了两部进行整季制作。《阿尔法屋》（*Alpha House*）由《杜恩斯比利》杂志漫画家盖瑞·特鲁多编剧，讲述了三位共和党参议员一起住在华盛顿一栋排屋里的故事，于 2013 年 4 月首次公演。第二部电视剧《贝塔》（*Betas*）拍摄的是硅谷文化的场景，于第二年公演。这两部电视剧都是精心打造的，但反响并不热烈。

2014 年及 2015 年年初，我们公演了亚马逊工作室的新剧《透明家庭》、《丛林中莫扎特》和《高堡奇人》（*The Man in the High Castle*）。这些电视剧引发了广泛关注，使亚马逊成为高质量的、别具特色的著名内容制作商。

* * *

为了产生增长，我们 2004 年进入订阅服务，2006 年进入数字媒体。两者都是长期事业，开发需要时间，实现其目标更需要时间。我们遭受过真正的挫折——特别是 Unbox。但是，数字媒体的四大计划——会员视频服务、设备、LOVEFiLM 收购和亚马逊工作室——均获得各自的、程度不同的成功。

在这些计划的开发过程中，我们坚持亚马逊特有的管理方法。最重要的是，它们例证了亚马逊的"长期思维""顾客至尚""愿意创新简化""运营卓越"等领导力准则。自始至终，我们既坚持了愿景，又保持了细节灵活性。

10　云服务 AWS

新的客户类别。

云服务源于分公司的数据分享。

柯林接到杰夫的邀请电话。

八人与会的第一届软件开发者大会。

"创新简化"领导力准则如何赋能亚马逊成为云服务的引领者。

我们如何运用亚马逊"逆向工作法"创建云服务。

***

地点：柯林的办公室。他的电话铃声响起。来电显示为：杰夫·贝佐斯。

柯林：您好，杰夫。

杰夫：你好，柯林。我要加快打造我们正在做的云服务，我想到了你的名字。能告诉我你在做云服务的什么东西吗？

柯林：没问题。最好当面给您看。您什么时间方便？

杰夫：现在怎么样？

柯林（马上取消了后面的两个会议，腋下夹起他的笔记本电脑）：现在可以。我马上过来。

我们在前面提到过，21世纪初，实体媒体向数字媒体转向，对亚马逊的业务造成了巨大的威胁。当时，亚马逊约75%的业务都是向客户销售图书、CD和DVD。我们必须创新，否则，就可能成为媒体销售界无关紧要的过气公司。此外，虽然Amazon Prime取得了巨大的成功，但它基本就是我们现有网上实体媒体零售业务的延伸。

不过，亚马逊云服务AWS不同于数字媒体或金牌会员服务，它与核心业务毫无关系。21世纪初，人们还没有广泛地使用"云计算"这个术语——通过互联网按需交付计算能力、数据存储等IT资源，先使用后付费，无须购买、拥有和维护实体数据中心和服务器。[1] 很多人列出的云服务公司的名单中，可能并没有亚马逊。而且，它服务的是全新的客户类别：软件开发者。

在本章中，我们将详尽地讲述AWS的起源和发展的故事。这个话题本身就可写满一本书，不过，我们的目的是回答下述两大问题，帮助你将亚马逊工作法的核心要素整合进你的组织。

亚马逊工作法的哪些要素赋能亚马逊进入这个完全独立的行业？

亚马逊为什么能够领先潜在的竞争对手掌握云计算，包括地位稳固、规模庞大的公司，以及资本雄厚的基于 Web 的科技公司？

这两个问题的答案，都可归结为单线程团队坚持迭代逆向工作流程以及注重客户体验，以便发现软件开发者在云计算这个新领域里的根本需求。

影响因素

Web 服务的概念验证

2001 年，我（柯林）领导着一个叫作"联营计划"的联营者业务。这个计划允许第三方（通常称为"联营者"）在其网站上链接亚马逊的产品。例如，我们在前面提到过的，一家登山运动网站可以挂出登山类推荐书目策展清单，并链接到亚马逊网站上。访客点击这家联营网站的某个链接，就会跳转到亚马逊网站的图书页面。如果访客购买了该产品，联营网站的拥有者就可赚到转介费。在此之前，联营者可以选择自己想重点挂出的亚马逊产品以及这些产品在其网站如何展示的几个参数，类似于今天的广告服务器的工作方式。这个计划很受欢迎。我负责这个计划的 4 年时间，联营者的数量从 30 万增长至 100 万。不过，正如杰夫常说的，"客户是上帝，有权不满意"，"昨天的'惊喜'很快就会变成今天的'乏味'"。[2] 我们根本没有足够的设计资源完成亚马逊产品与所有联营者网站的无缝结合。

也就是在这个时候，我们后退一步，设身处地地从联营者的角度来看待这个问题。我们一直以为该计划最吸引联营者的是亚马逊的产品本身，因而忽略了他们渴望选择产品展示的外观等——比如字体大小、调色板和图像大小。结果是，他们并不想勉强使用"现有最佳"的亚马逊样式。

因此，2002年3月，我们决定尝试推出一个实验性功能，改变我们同联营者分享信息的方式。联营者不再收到完全成形的产品展示，而是可以选择以XML文本格式接收产品数据。然后，联营者可以采用这些XML产品数据编写自己的软件代码，根据自己的设计标准将其并入自己的网站。我们的目的，是退出设计事务，让联营者自己创新，不受我们的约束。

这个功能的新奇性和风险在于两个方面。第一个方面，开展"联营计划"以来，我们的核心客户一直是网站的所有者。成为联营者，他们并不需要是软件开发者，甚至无须能够读懂或编写基本的计算机代码。这就意味着，我们必须简化所有的东西。我们要为客户生成代码，客户只需要点几下鼠标，就可正常运行，根本不需要软件编程。

这个新功能则不同。它针对的目标群体，是技术受众——联营者团队拥有软件开发人员，知道如何编写代码将XML产品数据转化到网站展示。我们编写了使用者指南、技术参数、示例代码等新元素，打包为"软件开发者工具包"（SDK），告诉他们这个系统的运行方式。我们还创建了一个讨论区，软件开发者可以发帖谈论服务体验的细节，并互相提问。这个功能更加复杂，也更加强大和灵活，我们确实不知道联营者会做出什么样的反应。

这个功能具有新奇性甚至是争议性的第二个方面，是它远不只是一个允许网站所有者自主设计亚马逊产品链接的工具。正如其名字所表明的，产品数据 XML 服务包含有亚马逊产品的丰富信息。比如，"购买本产品的客户也购买了产品 ×"。我们费力创建的产品目录拥有数千万个产品，还包含了有关这些产品的客户行为的宝贵数据。很多亚马逊人将这个产品目录视为不能对外分享的竞争性资产。不过，如果我们站在联营者的角度来看，会觉得允许数十万软件开发者基于这些数据创建商业解决方案，其好处会大于潜在的风险。为了降低风险，我们对联营者使用这些数据进行了某些限制。这些数据，他们只能用于销售亚马逊的产品，而且不能永久存储。除此之外，看到联营者创造性地使用这些数据，虽然令人兴奋，但无论做多少分析，都无法预测他们会怎么做。

这里还有一个例子，可以说明单线程领导者和团队的作用。我负责的，是联营者业务的财务绩效和总体状况。我们团队拥有推出这个功能所需的几乎所有的资源：我们有创建这个功能的软件工程师和产品经理；我们有自己的客户服务代表，他们拥有处理联营者问题的专门知识和工具。我们非常了解自己的客户，坚信这个实验值得做，愿意因为尝试新东西而被人误解。如果这个实验失败（可能性很小）了，我们还有回滚计划。

我们决定推出这个功能看看情况。我们没有发布新闻稿，也没有发布任何公告，只是给联营者发去一封电子邮件，说明这个新功能及其潜在的益处，交给他们"软件开发者工具包"。我们明确地指出，这个功能并非针对所有的联营者，运行这个功能，他们必须编写一些代码。

无论何时，给联营者发去这样的电子邮件后，我都会习惯性地追踪他们的反应。我会查看显示这些信息的看板，看看有多少人阅读了这封电子邮件，有多少人点击了电子邮件里的链接，邮件产生了多少转介费增量。我还会询问客服团队，了解他们在与联营者联系的过程中收集到的所有零星数据，阅读讨论区的评价和问题。老实说，在点击这封电子邮件的"发送"按钮时，我感到有些担心——可能的结果很多，从前景光明到整天的坏消息。很快，担心变成了兴奋。这个功能推出还不到一个小时，我就知道：我们做对了，我们的实验将远超预期。在讨论区，联营者们纷纷贴出他们用这个服务功能和代码创建的网页的链接。他们为自己创建的东西感到自豪，希望与他人分享。其他联营者贴出的问题，我们还没来得及回复，他们就已经给出了答案。他们很快就开始提出优化这个功能的建议。

接下来的几天，我整理了那些令人意外地、创新地使用这个服务的网站名单。一位开发者设计了一个让人上瘾的游戏，访问者和时钟、访问者之间进行比赛，根据屏幕上闪过的图片或海报，看谁最先答出作者、艺术家或电影的名字。另一位开发者为人们简化了网页制作方法，包含他们个人媒体收藏的虚拟书架。还有两个网站重建了亚马逊的购物体验，但采用的用户界面与亚马逊网站的完全不同。第一个网站，我们非正式地称为"精简版亚马逊"（Amazon Lite）：简单、不加修饰、重文本，虽然简洁，但在小屏幕和功能手机上运行得特别好。第二个网站，我们称为"图形版亚马逊"（Amazon Graph），看上去根本就不像是网站。它是一个应用程序，用节点以及连接节点的线条显示网络图。每个节点代表一个产品，线条则根据我们的相似性数据指向其他产品。它精彩地呈现了我们的产品目录。如果我们没有推出这个功能，这些 Web 应用程序肯定不会被创建。

接着，我就接到了本章开头提到的杰夫叫我去他办公室的那通"电话"。我抓起笔记本电脑，冲出我的办公室（位于 20 世纪 30 年代装饰艺术大楼，以前用作海军陆战队医疗勤务），跑下一层楼梯，走进了杰夫的办公室。我们坐在会议桌旁，旁边是他的门桌。我简要地说明了这个新功能。我告诉他，最有意思的，不是亚马逊在用 Web 服务做什么，而是我们的联营者在用 Web 服务做什么。接着，我给他看了一些很有意思的网站和应用程序（包括前面提及的那几个网站）以及它们产生的浏览量和销售量。

我告诉杰夫，自从推出这个功能后，每天都有软件开发者在创建应用程序。他们使用功能的方式，让人压根儿就想不到。

结束虚拟"游览"后，杰夫评价说，就单个功能而言，采用率和创新水平非常少见，我们需要在这个领域加倍投入。我回应说，我们正在想办法向更广的受众铺开，功能会更加丰富，时间定在 7 月，离现在还有 3 个月。从那天起，杰夫一直都是热心的支持者。

看出我们所做的事情的前景的，并非只有杰夫一人。在亚马逊，请求增加软件工程师参与你的项目，就如同在自动售货机里选择别人留下的零钱——这种情况几乎不会发生。但是，当我找到我的上司尼尔·罗斯曼，看看是否有可用的软件工程师时，他马上答复我说，罗伯·弗雷德里克领导的一个团队刚刚完成了一个叫作"Amazon Anywhere"的计划，该计划使用 XML 赋能移动设备上的亚马逊商务。罗伯和他的团队同我们一样对 Web 服务充满兴趣，于是热情地加入了这项事业。莎拉·斯皮尔曼领导的是产品管理团队。给予我们支持的，还有首席信息官瑞克·达尔泽尔，以及高级技术专家、亚马逊副总裁埃尔·威尔默朗——他对 AWS 许多关键组件的设计和建造都发挥了作用。罗伯和莎拉卷起袖子准备大干一番，领导技术和业务团队争分夺秒地推出功能齐全的新版本。瑞克和埃尔帮助传播消息，不只是在亚马逊内部，还包括几个在软件业内颇具影响力的早期采用者。

接下来的 3 个月一片模糊。我们觉得自己是先行者，在为我们的新客户（软件开发共同体）创造真正特别的东西。

为软件开发者创建计划，我们并没有太多的经验，因此，我们想寻求经常使用这个服务的软件开发者本人的反馈意见。我们决定在亚马逊总部举行亚马逊软件开发者大会。第一次大会总共吸引到了 8 位开发者。我们为来自欧洲的两位开发者提供了机票。就在大会举行的前一周，我发现，有一位欧洲参会者是青少年。我必须向法务部门确认这是否有问题——幸运的是，我们不需要征求他父母的同意，他可以参加这个大会。

我们制订后勤计划，安排一整天的会议议程。蒂姆·奥雷利和赖尔·多恩菲斯特来自奥雷利媒体公司，他们都是 Web 服务运动的热心支持者，教给我们很多有关这个新领域的东西。另一位与会者是碰巧住在西雅图的热心客户，名叫杰夫·巴尔。他评价说：

> 亚马逊的员工数量比与会者还多。我们坐在那里，听发言者谈论他们要打造的计划、推广他们的 Web 服务。有一位发言者（可能是柯林·布里亚）展望未来说，他们今

后还会透露其他的服务计划。

对我来说,这就是人们所说的灵光乍现的时刻!很显然,他们在思考的,是开发者、平台和应用程序接口。我要加入其中。[3]

几个星期后,杰夫·巴尔加盟了亚马逊,现在仍然在亚马逊工作,担任副总裁和 AWS 首席布道官。

对参会者来说,最难忘的可能是当天最后一项议程——杰夫·贝佐斯的"新闻稿/常见问题"。不用说,有机会近距离地见到杰夫、听到他对这个服务的深刻见解,很多参会者都感到激动和惊喜。在 2006 年的"致股东的信"中,杰夫阐明了他的理由。

同所有公司一样,我们也有企业文化。它的形成,不只是因为我们的意愿,也因为我们的历史。亚马逊的历史不太长,幸运的是,有几个项目小种子都长成了参天大树。我们公司的很多人都见证过数个价值 1000 万美元的"种子"变成价值 10 亿美元的事业。在我看来,这种第一手经验以及围绕成功而形成的企业文化,是我们能够白手起家创业成功的重要原因。亚马逊的企业文化要求这些新业务具有高潜力、创新和差异化,但不要求它们诞生之日就很大。

我还记得,1996 年,我们的图书销售额突破了 1000 万美元,我们当时是多么激动。很难不激动——我们从零开始做到了 1000 万美元。今天,如果亚马逊的某个新业务做到 1000 万美元，那整个公司只是从 100 亿美元增长到 100.1 亿美元。那些管理着价值数十亿美元的成熟业务的高管，对此很容易嗤之以鼻。但他们没有这样。看到这些新兴业务的增长率，他们会发去电子邮件祝贺。这是很酷的事情，它是我们文化的一部分，我们为此感到很自豪。[4]

在本章的开头，我提出了一个问题：亚马逊为何首先进军云计算并成为最大的 Web 服务提供商？在这封信中，杰夫给出了答案：是因为亚马逊的创新精神以及伴随长期思维而来的耐心。即使某个业务是全新的，规模很小，我们也会意识到它具有高潜力，是我们可以创新和差异化发展的领域，我们有耐心坚持做下去。

2002 年 7 月，我们发布了第一版 AWS。如果说我们几个月前发给联营者的产品数据 XML 是测试版，那 AWS 就是 1.0 版。它包含了某些搜索和购物功能，以及一个齐备的软件开发工具包。不只是针对联营者，人人都可获取。而且，它仍然是免费的。对于这个服务，我们还召开了新闻发布会，杰夫说道：

> 我们为软件开发者铺好了欢迎的红毯——对我们来说，这是一个重要的开端，也是一个新的方向……现在，软件开发者可以将亚马逊网站的内容和功能直接整合于自己的网站。我迫不及待地想看到他们即将带给我们的惊喜。[5]

在此之前，亚马逊有两个客户群体——买家和卖家。现在，我们有了新的客户群体——软件开发者。

AWS推出后，随着我们对反应的跟踪，我们又有了惊喜。我们最大的客户中，有些并不是联营者，也不是外人，而是亚马逊的软件工程师。他们发现，相比于他们用来创建亚马逊网站的某些现有的内部软件工具，AWS的使用更加容易。毋庸置疑，Web服务将成为新的创建方式。我们只是还不清楚它的规模会有多大，软件开发者会多快采用它。一年后，我们就有了答案——超过2.5万名软件开发者参与了这个项目。[6]他们创建的东西，总是让我们感到惊喜。

尽管这个项目叫作"AWS"，但它和今天的AWS几乎没有相同之处。事实上，我们2002年推出的Web服务后来被更名为"亚马逊产品应用程序接口"（API），具有巨大的局限性——它只能用于亚马逊产品的交易，因而被专门用来改进亚马逊零售"生态系统"。

还有其他计划也帮助我们意识到了Web服务的市场规模有多大。同样是在2001年，我们启动了一个叫作"3环活页夹"（3-Ring Binder）的计划，目的是创建和保存一套应用程序接口，让合作伙伴将其产品快速添加到亚马逊网站、创建受亚马逊技术支持的网站，但只能在自己的URL上，并由自己控制。最终，这个计划赋能我们为塔吉特等合作伙伴以及其他零售企业创建了网站。此外，我们还有一个叫作"卖家中心"（Seller Central）的项目，提供Web服务，供亚马逊的第三方卖家用以管理自己的业务。亚马逊的API、Amazon Anywhere、3环活页夹、卖家中心，这些项目都证实了我们的猜测没错：软件开发的方式正在发生重大的转变。

2003年夏，正当AWS开始起飞的时候，我离职了。应该说，我换了个职位。我在本书的"序言"中提到过，杰夫问我是否愿意担任他的技术顾问——他的"影子"——这个邀请，我无法拒绝。

此前的18个月里,一直是安迪·杰西担任杰夫的技术顾问,现在他即将调任新职。他本来可以选择公司的其他任何职位,包括任何大型事业部的领导者。幸运的是,他决定为我们的实验创建并领导一个新的团队。安迪和他的团队构想并创造了更为强大的成套产品,这些产品将开启云计算时代,使今天的AWS大获成功。AWS的爆发性增长及其复杂的成套产品的问世都发生在我赴任他职之后,这个例子生动地说明了亚马逊工作法。

值得一提的是,我们面临过竞争。当时,其他几家公司也在推出基于Web服务的开发者计划。同亚马逊的产品API一样,他们的计划也是为了改进自己的"生态系统"。例如,eBay的开发者API计划,就为开发者提供创建eBay产品买卖应用程序的工具。谷歌的搜索API,和亚马逊产品API在同一周内推出。亚马逊还有一个Web服务计划——"市场"卖家可以用来管理他们在亚马逊网站销售的产品。这些计划在软件开发者群体中引起了较大的轰动。

这些计划有个共同点:它们的最终目标,都是让合作方创建新的软件,这些软件都会以某种方式助益其核心业务。比如,亚马逊联营者的销量增长、eBay的交易增长、谷歌的搜索量增长、亚马逊"市场"卖家的交易量增长。我们以及其他公司的开发者和领导者都在寻找相似的数据和趋势。我们在开发者大会上碰面,参加小组讨论,分享正在使用我们的开发者计划的客户。我们都在同样的"原生浆液"中游泳。不过,迈出Web服务第一步的,是亚马逊:"我们为什么不建造一套工具,让所有开发者都可以用来创建自己想要的任何东西,哪怕它与我们的核心业务毫无关系?"正如前面提到的,这在很大程度上是因为亚马逊注重创新。"创新简化"领导力准则就包括："领导者愿意为创新而可能被长期误解。"尽管质疑者说亚马逊不属于这个领域,但我们亲身体验过开发者群体的激情,我们要加倍充满激情。

影响我们决定下注 Web 服务的,还有另外两个因素。

基础构件已经具备,只是尚未呈现为 Web 服务

几十年来,成熟的硬件和软件公司已经为商业软件开发必然面临的那些常见问题创建并销售了可行的解决方案——存储(用于保存和检索数据的数据库)、消息队列(MQ)和通知(后两者是计算机程序用以沟通彼此的不同方法)。如果软件开发者要使用其中某个构件,就必须购买软件授权。不管使用该产品的时间多长,都得一次性支付不少的费用,每年还得支付维护费。此外,他们要么得购买硬件并建造自己的数据中心,要么付钱给合作伙伴去做。

我们不必创造这些构件——它们被称为"基础构件"——我们只需要弄清楚如何将它们通过云提供 Web 服务。例如,如果你想使用亚马逊的 S3 存储服务,你只需要注册免费账号并提供信用卡号。通过几行代码设置好自己的存储区域(叫作"配置"),你就可以开始检索和存储数据了。然后,你只需要为自己使用的数据付费。这意味着你不用浪费时间去选择供应商,也没有谈判费用(很多公司软件授权的定价只是谈判的起点)。你不必一定要有计算机和数据中心才能运行你的新数据库。这一切,都由云服务提供者(亚马逊)处理。

即使转为"杰夫的影子"后,我也一直在关注这些项目的发

展。职位变动后不久，我和杰夫参加了"奥雷利新兴科技大会"，加入了斯图尔特·巴特菲尔德（图片分享网站 Flickr 的联合创始人）专题小组。有人请斯图尔特描述一下 Flickr 公司典型的一天是什么样的。他的回答令人意外。他说，每天有一半的时间可能和在座的各位一模一样——拼命地保持技术平台比快速增长的业务领先一步。他们努力提升自己的数据库、Web 服务器、软件和硬件。斯图尔特说，他们没有花那么多时间去创新 Flickr 独有的东西。

大会结束后，我和杰夫聊起了斯图尔特的发言，我们都注意到了同样的问题——亚马逊后来称之为"无差别负担"现象（undifferentiated heavy lifting）。也就是说，我们能够为其他公司承担的那些任务，赋能他们专注于自己独有的东西。这是一个机会。

服务器端对我们来说很容易，对其他人来说却很困难

我们决定提供更广的服务，还有一个影响因素：在创建和运营全球规模最大的网站之一的过程中，我们获得了只有少数几家公司才能匹敌的核心能力。我们能够存储海量的数据，对这些数据执行运算，然后迅速而可靠地将运算的结果交付给终端用户（人或计算机）。

假设你想创建一个存储数百万张图片、供数百万用户搜索和查询的服务计划，在 2002 年，这个计划是相当大的，但对亚马逊而言是十分可行的。事实上，这描述的就是我们的"书内搜索"功能。然而，对大多数公司而言，这样的计划会受制于成本和时间。但很显然，越来越多的公司在开发和拥有这些功能，而这些功能最终会被称为"无差别的商品"。

情况确实如此。今天,创建能存储和检索数百万张图片的功能,对计算机科学专业的大学生来说,完全就是家庭作业。为早期 AWS 产品撰写的"逆向工作"文件中,有几份"新闻稿/常见问题"都表明:我们希望寝室里的学生也能像亚马逊软件工程师那样接触到世界上顶级的计算基础设施。"新闻稿/常见问题"中的这句话,确实浓缩了 AWS 产品开发团队的思想和想法。

亚马逊决定进军最终成为 AWS 的 Web 服务,其影响因素有很多。我们经过"亚马逊产品 API"和"亚马逊卖家 API"的概念验证,结果表明这个领域是值得关注的。采用这种方法创建软件,比当时的传统方法要好得多。软件构件为人所知后,对于人们还需要什么,我们只有一个相对清晰的路线图,但还没有被作为 Web 服务提供。我们也清楚,我们的那些独特的功能不会独特太久,这给了我们紧迫感。(提供强健的成套通用 Web 服务的第一家公司,并不能保证会赢得"长跑"比赛,但对先人一步肯定是有帮助的。)

这种紧迫感被写进了亚马逊领导力准则"崇尚行动":"速度对业务至关重要。决策和行动很多都是可逆的,不需要过度研究。领导者要注重有计划地冒险。"对于安迪·杰西这样的高级领导者来说,选择从头创建一家新公司,而不是领导一家成熟的公司,这种选择是非同寻常的。史蒂夫·凯塞尔和比尔从亚马逊当时规模最大的公司转任规模最小的公司,柯林及其团队冒险地推出新的但充满争议的 Web 服务,这些举动同样是非同寻常的。

我们也有一些运气。在 2015 年的"致股东的信"中,杰夫写道:"不管做什么,运气都起着特别大的作用。相信我,我们的运气很不错。"[7] 我们的好运在于：在前云计算时代，那些颇具实力的公司或 Web 技术公司启动和开始提供云服务所花费的时间，比我们预计的要长得多。等他们意识到云计算的潜力时，我们已经拥有了好几年的起步优势。

AWS 的启动

那么，接下来发生了什么？这场竞赛的前半段，我们基本上是花费了数月的时间用逆向工作流程迭代"新闻稿/常见问题"，并采用抬杆者招聘流程尽快建好团队。我们一如既往地避免走捷径。还有值得一提的是，首批的五六个服务计划，只有两个计划一举成功——亚马逊 S3（简单存储服务）和亚马逊 EC2（弹性计算云）。我和杰夫每两周（有时候会更频繁）就同安迪和这些团队的领导者碰一次面。还有一个大型的团队在建造所有这些服务都会使用的基础设施，这些基础设施由计量、计费、报告以及其他共享功能的组件构成。

基础构件的初步路线图容易理解，但没那么容易做的是：弄清楚如何建造这些基础构件，以便让它们能在比亚马逊零售业务多几个数量级的规模上运行。还有很多棘手的技术问题和真正可怕的工程任务，需要团队加以解决。要详加讲述，就超出了本书的范围，我们只能让你大致明白。下面讲述的，就是我们讨论并优化的一个关键问题。

所谓"逆向工作法",就是从客户的角度出发,采用逐步的流程,无情地质疑设想,直到你完全清楚要创建什么。它是求真的过程。有时候,"逆向工作法"会揭露某些令人意想不到的真相。为了急于将某个计划推向市场,有些公司会忽略真相,继续按照原有的计划创建。他们对该计划即将带来的不错收益念念不忘,因而激励团队拼命坚持。后来,他们却发现,如果花时间质疑那些设想,得到的收益会大得多。在撰写"新闻稿/常见问题"阶段改变航向,比在业务推出和运营后再改变航向的代价要小得多。"逆向工作法"可以帮助你避免产品推出后再提议大幅改变航向,其代价是非常昂贵的。有一个与 S3 相关的问题,就可作为例子说明这一点。

"常见问题"中有一个简单的问题,大意是:"S3 的成本是多少?"在最初几版的答案中,有一个答案是:"S3 是基于平均存储量分级收取月度订阅服务费的,数据量小的等级可能会免费服务。客户可以根据自己通常需要存储的数据量选择月度订阅等级——'简单存储服务'、简单计价方式。分级的具体细节和各个等级的价格,我们还没有完成设计,但你没有必要在'亚马逊工作法'的早期迭代中就完成这些设计。工程团队随时准备回答下一个问题。"

只不过,我们当天根本就没有进入下一个问题——我们一直在讨论这个问题。我们确实不清楚,S3 推出后,软件开发者会如何使用。他们大部分存储的,会是检索率低的大数据,还是检索率高的小数据?相对于阅读,更新频率是多少?有多少客户需要简单存储服务(易于重新创建,存储位置单一,丢失也无关紧要)?又有多少客户需要复杂存储服务(银行记录,存储位置多个,丢失后果严重)?这些因素都是未知的,但会对我们的成本造成极大的影响。

我们不知道开发者会如何使用 S3，那有办法制定价格结构，不管它被如何使用，都能确保亚马逊及其客户可以负担吗？

于是，我们的讨论从分级定价策略转向了成本驱动策略。所谓"成本驱动策略"，是定价模式主要受成本驱动，然后再传导给你的客户。这是建筑公司采用的策略，因为给客户建筑露台，红杉木要比松木的成本高得多。要采用成本驱动策略，我们就得牺牲订阅服务定价方式的简单性。不过，亚马逊及其客户都会从中受益。采用成本驱动策略，不管开发者用 S3 做什么，他们都会以某种方式满足自己的需求，会想办法将成本降至最低，因而也将我们的成本降至最低。不会有任何博弈，我们不必通过估算神秘的普通客户如何使用 S3 来确定我们的价格。[1]

对于 S3 而言，最重要的成本发生因素是数据存储成本、运行数据的带宽成本、事物成本，还是电力成本？最后，我们选定了存储和带宽成本。S3 推出之后，我们发现，我们的预测有点儿偏离实际。正如 AWS 首席技术官沃纳·威格尔所言：

> 我们不知道伺服某些使用模式所需的资源，在最初的那些日子里，有关 S3 的一个例子是：我们原以为存储和带宽是应该收费的资源，运行一段时间后，我们才意识到，请求的数量也是同等重要的资源。如果客户有很多小文件，即使他们发送数百万次请求，也不会占用很多存储

---

[1] 在亚马逊金牌会员服务推出之前的几年里，我们对一次促销活动进行了测试：下单两本书就包邮。我们马上就发现，定价为 0.49 美元的图书冲上了畅销书榜首。我们很快就弄清楚了，为了获得包邮服务，聪明的客户会选一本想要的图书，然后再把这本 0.49 美元的图书放入购物车。我们将其称为"希望之书"。采用成本驱动策略，这种系统博弈就不可能发生。

空间和带宽。我们必须调整模式，反映资源使用的各个维度，这样 AWS 才具有可持续性。[8]

不过，关键是我们决定采取成本驱动策略，才使我们比较容易地修正错误、调整定价方式。在"新闻稿/常见问题"流程中，如果我们确定了这个服务所有可能的成本发生因素，我们就可以调整定价方式，使其与实际情况相符。如果我们坚持原有的订阅服务定价方式，那这种调整就会大得多，成本也会高得多。

开发 AWS 早期版本的那段时间，亚马逊刚刚开始采用"逆向工作"流程，很多团队为这种工作法的缓慢速度感到沮丧。在讨论定价问题的"新闻稿/常见问题"会议上，软件工程师们感到坐立不安。会议结束后，一位软件工程师把我拉到一边，告诉我："我们是软件工程师，不是拥有 MBA 学位的定价专家。我们想做的，是写软件，而不是写更多的 Word 文档。"严格地遵循"逆向工作"流程，意味着这次会议甚至没有讨论"新闻稿/常见问题"的其余部分，也意味着下次会议之前，工程师们必须对服务的相关成本做大量的研究、测试和预估。我请求他们相信这个流程，即使它现在让人感到痛苦。

杰夫坚持要求我们遵循这个流程，直到我们发掘真相、完全清楚自己要创建什么。他说，考虑到我们要实现的体量，除非这个服务首次推出就是正确的。否则，团队的所有时间就得用于维护系统运行，也就无法开发任何新功能。事实上，如果看看这些服务的首次"新闻稿/常见问题"，并和服务推出时的"新闻稿/常见问题"加以比较，你就会发现，它们都有所改进。

你无法回拨时钟、回放实验，然后看看：如果我们不知道"逆向工作"流程中发掘的某些真相，就仓促地创建并推出这些服务，那情况会如何？尽管服务推出后仍然存在某些维护问题和停服现象，但绩效和客户的迅速接受本身就足以说明问题。我和杰夫一起经历了 10 多个产品团队的整个"逆向工作"流程，产品包括 AWS、数字媒体以及其他服务。因此，我敢自信地说，我们花费额外的时间挖掘必要的真相，虽然速度放慢了，但最终是通往成功大事业的快速之路。结果本身就足以说明问题——亚马逊拥有规模庞大、充满活力的数字设备和媒体业务。正如"序言"中提到的，AWS 业务的年收入突破 100 亿美元里程碑的速度快于亚马逊网上零售业务。

* * *

初版 AWS 的推出过程，是研究亚马逊某些领导力准则和工作流程的极好案例。"崇尚行动"是亚马逊一条重要的领导力准则，对于 AWS 而言，我们面临着巨大的时间压力，必须抢在竞争对手之前推出这个产品，但"崇尚行动"不会免除"逆向工作"流程的某些困难的方面。我们不允许自己受到竞争对手所做事情的驱动，没有先仔细考虑我们的客户会如何使用、会从中得到什么益处就推出某个产品。换言之，"逆向工作"流程可以赋能我们践行"顾客至尚"准则。

今天的 AWS 与 21 世纪初我参与创建的那个版本已经大不相同，规模也大得多，这得感谢 AWS 公司 CEO 安迪·杰西及其团队富有远见的工作。这恰恰是AWS具有亚马逊特色的地方。AWS原本只是一个向联营者发送产品数据XML的小实验，现在已经成长为亚马逊的重要事业部之一，2019年为亚马逊带来了350亿美元的营收。能够识别出这颗小种子具有成长为AWS这棵参天橡树的潜能，杰夫和其他亚马逊人体现了"主人翁精神""创新简化""远见卓识"等亚马逊领导力准则。

结语　亚马逊之外的亚马逊工作法

亚马逊工作法在你的公司。
亚马逊工作法意味着必须改变做事的习惯和方式、
延迟满足和坚持撑过挑战时期，
但也意味着收获独特的回报。
如何开始采用亚马逊工作法？

***

在亚马逊，我俩都学到了很多东西。在亚马逊时期，是我们职业生涯的决定性时期。我俩后来都离开了亚马逊，去了别的公司，但亚马逊工作法已经并将永远融入我们的DNA。它影响了我们的思维方式、决策方式、行为方式，以及看待业务和世界的方式。

对我们而言，最迷人之处，也是我们写作本书的原因在于：亚马逊工作法的各个要素也非常适用于其他公司、企业、行业和组织——以及非营利性组织、社群组织等非商业性组织。事实证明，定义亚马逊文化的基本特征、阐述领导力准则和规则化基本做法——抬杆者招聘方法、单线程领导团队、书面叙述体、逆向工作、关注投入类指标——所有这一切，对我们从事其他事业都是必要的。事实上，我们无法想象，没有它们，我们如何做事。

没错，亚马逊的"Day One"理念并非总会产生预期的结果。有些亚马逊人去其他公司担任领导者职位后，竭力推行亚马逊工作法，却未能成功。可能是时机不对，也可能是最高领导者（通常是CEO）不支持这些做法。然而，更常见的，是"亚马逊方式"已经被其他组织采用并获得了成功。如我们所说，它具有奇妙的分形性，任何规模和范围都适用。

我们并不是说，亚马逊工作法很容易采用——不管是整个组织，还是组织里的个人，都是如此。在独立的、单线程领导团队里工作会非常紧张，组织的架构方式也必须有利于自主性。"逆向工作"流程要求个人采用叙述体来陈述想法，并接受所有与会人员的批评。那些受过传统评价法教育的人对"关注投入类指标"并不熟悉。坚持长期"工作回报"投资（股权），对那些将薪酬与短期目标成就挂钩的西方公司来说，几乎就不是标准的做法。

不过，对公司和个人而言，这些回报都是清楚而明确的。亚马逊预先就清楚，要寻找那些注重客户体验的、注重长期成功和持续创新的而不是为了挣快钱或花哨头衔的员工。亚马逊创造支持冒险、接纳公司各个层级员工想法的氛围，只要在可怕的时限内接受艰难挑战并尽力取得最好的结果，就会获得成就感。通常，这会给公司带来很好的业绩。

即使某个计划未能实现目标或者注定失败，只要非常努力并坚持亚马逊领导力准则和工作法，员工就不会被解雇，也不是耻辱。失败并不是个人的失败，往往是团队、流程和系统的失败——很多人都曾参与其中，提供建议，形成想法，给予肯定。对亚马逊而言，失败常常被视为实验，从中可以学到很多东西，用于改变和改进。失败往往是暂时的，最终会诞生成功。

就我们的个人经历而言，亚马逊工作法可以带来满足感，甚至是自豪感。它们来自创造出改变某个行业的产品和服务，来自给予客户特别的体验，甚至来自为管理实践做出贡献——我们希望本书能做到这一点。

* * *

看完书中的这些理念，接下来往往会有这样的问题："我如何开始？从哪里开始？我怎样做才能将亚马逊工作法的某些元素引入我的公司？"

下面就是一些建议。

- 禁用PPT。领导团队会议不要将PPT用作讨论复杂问题的工具，要开始采用叙述体"六页纸备忘录"以及"新闻稿/常见问题"。这一点可以立即施行。当然，一定会有阻力和抱怨，但我们发现它的效果立竿见影。最终，你的领导者会说："我们根本无法回到老一套。"
- 确立抬杆者招聘流程。这种招聘方法已不再为亚马逊所独有，我们发现很多公司都在采用。只要培训到位，它很快就能确立。它能提高招聘流程的质量，让"轮番面试"的每个参与者都能从中学习，还能带来短期效果。它可以减少招到差劲员工的数量，因而从长远来看，可以提高每个团队以及整个公司思维和业绩的整体质量。

- 关注可控的投入类指标。亚马逊坚持识别那些可控的、对每股自由现金流等产出类指标影响最大的指标。这个过程并不容易，因为你需要耐心试错，才能找到最能控制预期业绩的那些投入类指标。请注意：这不是说要舍弃产出类指标。亚马逊非常关心每股自由现金流。

- 调整组织结构，建立有单线程领导者的自主团队。正如在第3章中提到的，这需要时间和精心管理，因为它肯定会引发权威、权力、管辖权和"地盘"等问题。还必须提防那些妨碍组织自主性的依赖关系和障碍。不过，这是可以做到的。先从产品开发团队做起，然后看看还有哪些部门采用自主团队的工作效果更好。

- 改革领导者的薪酬结构，以便鼓励长期承诺和长期思维。避免太多的"特殊情况"要例外处理，要确保公司所有部门的领导者获得薪酬的方式都一致。

- 明确表述公司文化的核心要素，比如亚马逊的长期思维、顾客至尚、渴望创新、运营卓越。然后，将这些要素植入公司的所有工作流程和讨论。不要想当然地认为这些要素只需要表述和展示，就能产生巨大的效果。

- 确定一套领导力准则。必须有大家的参与和贡献。不要将这个任务交给某个团队或外包给咨询服务公司，要自己做。通过全面、细致的讨论后达成一致。要不时地重新审视这些原则，必要时做出修改。然后，同企业文化一样，要把这些领导力原则植入公司的所有工作流程，从人员招聘到产品开发。
- 画出你的"飞轮"。什么是公司成长的驱动因素？把它们画出来，显示它们如何作用于"飞轮"。评估你的所有做法对"飞轮"的某个或多个驱动因素的积极和消极影响。

最后，要记住"序言"中的那句话：我们无意宣称亚马逊工作法是打造高效组织的唯一方法。很多成功的、业绩突出的公司的运营方法都和亚马逊的不同，不过，拥有亚马逊那样的成长水平、创新纪录、突破核心业务转向新业务的能力以及影响力的公司并不多。因此，至少值得考虑一下：亚马逊工作法会如何惠及你的公司，更重要的是，会如何惠及你公司的客户。

如果想多了解如何运用亚马逊领导力准则和工作流程，帮助你的组织开始"逆向工作"，请登录我们的网站：www.workingbackwards.com.

附录一　面试反馈示例

下面是弱反馈和强反馈的例子。请注意：这个弱反馈的例子，关注的是应聘者的工作经历、激情和战略思维，但没有给出具体的例子说明应聘者的实际工作成就。（在强反馈的例子中，应聘者回答的工作情况，就是我们没有录用他的原因。）没有任何问答记录——我们不知道面试官问了什么问题，求职者又是如何回答这些问题的。面试也没有为招聘经理提供评估应聘者所需的任何数据。

阅读第二个反馈示例（强反馈），看看基于问题和答案形成自己对应聘者的看法有多么容易。这个反馈例子既有客观数据，也有主观分析。

弱反馈

我建议录用乔担任我们团队的产品经理。他拥有坚实的背景，曾在"红色公司"和另外两家相关公司做过战略制定和执行工作。

他似乎能够很好地理解我们业务领域所面临的独特挑战，随着我们进军这个细分市场，他的工作经验会成为我们公司的资产。在讨论我们公司面临的挑战时，他表达得很清楚，表明他非常了解我们公司应该如何进军这个发展迅猛的细分市场。他在"红色公司"的工作经验，有助于我们分析和评估为推进我们的战略而打算加盟或收购的那些公司。他的整个工作生涯都展现出他对媒体行业的激情，我喜欢他。

强反馈

我面试了乔的商业开发能力和产品管理技巧。在这两个方面，我感觉他表现平平。我认为他的战略思维能力和商业判断力较差，他给出的工作成就实例也缺乏具体性——太多的"我们做了什么"，缺乏"我做了什么"——很难让他明确地说明自己的贡献。他是"乘客"，不是"司机"。

  问：你为什么想加盟我们的公司？
  答：你们注重客户体验，公司的发展轨迹也向好，我喜欢加入你们这种规模和发展阶段的公司。

我想这个答案还不错，但理由显得不是特别可靠和有说服力。

  问：你最大的工作成就是什么？
  答：我任职"红色公司"期间，我们和"蓝色公司"

达成了商业开发交易。我资历太浅，无法主导交易的战略问题，不过，对我们来说，这笔交易的战略产出的确很大——吸引了"黄色公司"和其他公司找上门来，达成了类似的交易。

问：那你的职责是什么？

答：我是交易团队的三名成员之一：我、产品开发副总、一位法务部门的员工。我的职责是公关经理，老板有具体的需求，就会找到我，我会和"蓝色公司"一起处理这些需求。

问：那你在这个交易中的最大成就是什么呢？

答：在这个交易中，我的工作是同"蓝色公司"的商业开发代表一起努力，就这个交易签了合同。合同长达200页。

我在这里多次"刨根问底"，他都没有给出任何实质的证据证明他在这个交易中的个人作为。他对这个交易的战略价值感到自豪，但他一开始就承认自己同交易战略的制定毫无关系。接着，我让他给出具体的证据，说明遇到了哪些艰巨的障碍，采用什么谈判战术，才最终达成这重大的协议（或者至少证明自己非常努力），但他都没有主动交代。刚开始，他告诉我这些的时候，我还感到兴奋，认为他拥有达成大交易的经验，但后来听上去那位副总和法务部门的员工才是"司机"。

问：如果你为了改进客户体验，想给我们的网站增添或改变些东西，那会是什么？为什么？

答：我会提高 X 品类的显示度。今天，它被埋藏在网站中，人们都不知道可以购买。

问：是吗？你为什么认为提高 X 品类的显示度对我们具有战略重要性？

答：实际上，我想增添到网站并提升显示度的，更好的例子可能是 Y 品类。

问：好吧，那我们为什么要提高 Y 品类的显示度？我们销售的所有产品中，为什么这个品类具有战略重要性？

答：因为竞争对手 A 的这块业务处于领先地位，竞争对手 B 现在也加入了进来，还因为这是客户想从我们网站购买的东西。

问：好啦，暂时忘掉这些品类吧。关于 Z 品类，我们应该对网站做点儿什么改变？

答：我会创建一个日常商品清单，让人们购买 Z1 这样的产品。他们会定期需要这类产品，我们可以定期在他们用完之前给他们配送。这样，他们就不会去找竞争对手 C 了。

这个问题，他回答得非常糟糕。他不断地唠叨和重复原有的答案，还紧盯着那些小概念，没有联系那些重要的客户体验或竞争力问题（选品、价格、客户体验），表明他在这个方面的创新能力和战略思维能力确实很差。

附录二　叙述体备忘录的信条及常见问题样本

第一个在"六页纸备忘录"上加入信条的人,是亚马逊前副总裁戴夫·格里克(Dave Glick)。戴夫和杰夫共同参加了一系列不太成功的业务回顾周会。他说:

> 我们参加了的那些会议很糟糕,以至于我们开始讨论战略问题。讨论结束后,我们就战略达成一致,并总结为五点。杰夫说:"你应该把这些写下来,置于每月备忘录的上方。这样,我们就知道我们上次讨论了什么。"备忘录的信条就此诞生。第二个月,我带着前面正中写有信条的备忘录与会。它帮助每个与会者"重装存储器",我们不必重复此前的决定,因而使接下来的会议富有成效。[1]

信条可以带来很多好处,其中的一个好处是:每个与会者都能保持高度一致。它们还可以提供一套指导原则,并基于此做出决策。杰夫非常喜欢这些信条，要求其他团队也在叙述体备忘录上加入信条。写好信条很难，意义有细微的差别，有时就会对计划造成下游影响。

信条可以帮助组织做出艰难的决策和权衡取舍。两种益处、价值或结果之间存在自然的张力，信条可以打破它们之间的僵局。两种结果都有理有据，因此，个人或部门会发现自己对两种结果感到矛盾、纠结，这种情况非常常见。一个简单的例子是：速度与质量。显然，两者都重要，但有些团队会更注重速度，而有的团队会更注重质量。

信条样本

简单信条示例（不是亚马逊的信条）：速度和质量永远重要，但如果不得不二选其一，我们永远优先选择质量。

在这个信条中，选择哪一个（速度或质量）都是合理的。如果你公司的领导团队都一致认可这样的信条，在会议中不断地提及它，坚持要求相关的"六页纸备忘录"都引用它，那你就会惊奇地发现，它可以非常高效地帮助你的组织达成一致意见。

采用"六页纸备忘录"之前，亚马逊就一直有工作信条。例如，杰夫经常和公司内部的人讨论下面这些信条。

信条：我们不通过卖产品赚钱，我们通过帮助客户做出购买决定赚钱。[2]

在亚马逊的发展初期，这个信条指导大家做出有挑战性和争议性的决策。例如，在网站上贴出客户对产品的评价。负面评价会打消客户购买该产品的念头，因而营收会减少。因此，如果我们做零售是为了赚钱，那为什么要贴出负面评价呢？但是，我们的信条是：我们不通过卖产品赚钱，而是通过帮助客户做出购买决定赚钱。因为这个信条，我们的责任立即就显而易见。客户需要信息（负面和正面信息）才能做出明智的决定，所以我们坚持贴出客户的负面评论。

信条：创建方便客户的产品，创建方便我们自己的产品，如果必须二选其一，我们会选择前者。

这是显而易见的，但很多公司并非总是遵循这一信条。比如，产品包装。你有过这样的经历吗？迫不及待地打开产品的包裹，开心却变成了失望，因为产品包装是军用级塑料。这种包装材料肯定是为了方便公司——更容易配送、更容易店内展示、客户更难偷走产品。

写出这个信条之前，亚马逊就犯过这样的错误。我们设计开发的包装材料，可以让打包图书变得便宜而容易，非常坚固，足以防止配送过程中图书受损。1999年，杰夫收到一位年迈的妇女发来的电子邮件。上面写道：她喜欢亚马逊的服务，只是有一个问题——她必须等她的侄儿过来拆包裹。[3] 收到这封邮件后，杰夫要求该团队创新设计，既要满足公司所需求的各种特性，又要方便客户打开包裹。10年后，亚马逊将这一理念延伸至其他产品线，推出了"无障碍包装计划"。[4]

信条：我们不允许缺陷向下游传导。发现缺陷，我们不会靠良好的意愿来解决问题，而是会创新和建造系统性的方法来根除该缺陷。

对于订单履行中心、客服运营等需要持续改进的部门，这个信条很有用处。要防止某个缺陷向下游传导，你就得创建系统来发现和弥补这个缺陷、创建反馈循环，杜绝该缺陷再次出现。鼓励人们更加努力或者依赖客服人员的良好意愿，这个问题是不会得到解决的。"我们为你的这个问题深感抱歉，我们今后会更加努力地满足你的需求。"——这种道歉虽然发自真心，但无助于改进系统的缺陷。

订单履行中心有一个尽人皆知的缺陷："产品误换"（switcheroo）。就是准备装运的包裹的实际重量与包裹中的产品（和包装）的估计重量不符。这表明订单出了差错——可能是产品打包错误，也可能是订单不完整。重量不符，这个包裹会被标记，就得有人打开包裹检查里面的产品。听上去很简单，但累计起来的工作量非常庞大。你必须拥有数百万家生产商、商家和卖家的数千万个产品的精确数据，你的称重设备必须极为精确，否则，就会导致重量不符。

如果缺陷未被发现就发出包裹，情况会怎样呢？客户收到的东西，和他下单购买的东西不一样。这绝不是好的客户体验。

根据这个信条，我们要"根除该缺陷"。这个目标极富进取精神，虽然无法立即实现，但它是我们对客户的有力承诺，促使我们开发了很多系统和流程来预防和消除缺陷。如我们前面描述的，这些流程中最为人所熟知的就是"按灯"制度。它源自丰田公司的生产线：工厂的工人发现缺陷，可以拉下按灯绳叫停生产线。在亚马逊，客服人员也有"按灯绳"——实际上是按钮——只要发现缺陷，就会摁下按钮。亚马逊有了这个制度后，很快，有缺陷的产品就不得再销售，直到客户的问题得到解决。

这个信条出现在很多叙述体备忘录中，有益于我们向客户承诺，因此，亚马逊已经将它纳入了领导力准则：最高标准。

常见问题样本

列出"常见问题"这种做法很好，可以准备好要讨论的问题、突出你想法中的重点或风险。"常见问题"可以让写作者掌控讨论环节，将交流导向有成效的领域。回答这些问题时，诚恳、客观、冷静的写作风格，效果最好。粉饰问题毫无意义，最好预先说明棘手的问题。"赢得信任"这条亚马逊领导力准则指出："领导者要用心倾听，坦诚交流，尊重他人。领导者要敢于自我批评，即使这样做会让自己尴尬或难堪。领导者要不迷恋自己或团队身上的香水味。领导者要以最优标准要求自己和团队。"

下面是我们发现很有用处的一些"常见问题"。

我们最近这段时间犯下的严重错误有哪些？我们从中学到了什么？

这个业务的关键投入类指标有哪些？

这个业务要取得进展，我们能做的最重要的事情是什么？我们如何组织做这件事情？

我们不应该做今天提议的这件事情，最主要的原因有哪些？

在危急关头，有哪些事情是我们不会妥协的？

我们要解决的这个问题，最困难的地方是什么？

如果你的团队增加X人和Y美元，你会如何配置这些资源？

过去X个月内，我们团队推出的三大新计划、新产品或新实验是什么？我们从中学到了什么？

现在，我们这个领域存在的、我们希望能够控制的依赖关系有哪些？

附录三　书中事件时间表

1998 年
柯林加盟亚马逊

1999 年
比尔加盟亚马逊
抬杆者计划推出

2001 年
业务回顾周会（WBR）正式确立

2002 年
亚马逊产品 API 发布
第一个"两个比萨团队"建立

2003 年

柯林开始担任"杰夫的影子"

AWS 团队成立

2004 年

逆向工作流程"新闻稿/常见问题"格式确立

S-Team 会议禁用 PPT（6 月 9 日）

数字媒体组织成立（比尔领导业务团队）

亚马逊领导力准则（第 1 版）发布

2005 年

亚马逊金牌会员计划 Amazon Prime 发布（2 月 2 日）

柯林不再担任"杰夫的影子"，转任 IMDb 首席运营官（7 月）

2006 年

AWS "简单存储服务"（S3）推出（3 月 14 日）

AWS "弹性计算云"（EC2）公测版发布（8 月 25 日）

Unbox 公开发布（9 月 7 日）

"亚马逊物流服务"（FBA）推出（9 月 19 日）

2007 年

Kindle 发布（11 月 9 日）

2008年

亚马逊"视频点播"VOD服务推出（9月）

2011年

会员视频服务Prime Video推出并更名（2月）

致　谢

没有众多过去和现在的亚马逊人的帮助，本书是不可能问世的，他们慷慨地奉献了宝贵的时间，接受我们的访谈、审读本书的文稿。没有他们的帮助，我们永远无法获得这些事实和故事。我们要感谢：罗宾·安德鲁里维奇、菲利克斯·安东尼、查理·贝尔、詹森·柴尔德、杰姆·西尔拜、瑞克·达尔泽尔、伊恩·弗里德、迈克·乔治、戴夫·格里克、德鲁·赫德纳、卡梅伦·简斯、史蒂夫·凯塞尔、汤姆·奇拉里、乔纳森·勒布朗、克里斯·诺思、劳拉·奥维德斯、安吉·奎内尔、迭戈·皮亚琴尼、金·雷切米勒、维杰·拉文德兰、尼尔·罗斯曼、戴夫·沙佩尔、乔纳森·谢克斯、约尔·斯皮格尔、汤姆·斯库塔克、西恩·维格勒、约翰·弗拉斯泰利察、查理·沃德、尤今·卫、格雷格·塞尔。

除了上面这些亚马逊人，我们还要感谢我俩加起来 27 年时间里所有共事过的亚马逊人。和你们一起加班工作、勤奋工作、聪明地工作，对我们的成长无以言表。因为你们每一个人的聪明才智、激情、力量和情感，亚马逊才如此特别。

我们要特别感谢杰夫·贝佐斯。有幸在杰夫身边工作，这段经历让我俩脱胎换骨，也是我俩职业生涯的高光时刻。

我们还要感谢其他的很多人，他们审读本书文稿，从不偏不倚（非亚马逊人）的角度为我们提供了宝贵的反馈意见。这些人包括：乔·贝尔菲奥雷、克里斯蒂娜·贝尔菲奥雷、巴蒂·布鲁克、埃德·克拉里、罗杰·伊根、布莱恩·弗莱明、罗伯特·戈德堡、丹尼·里曼斯塔、简·密克苏汶斯基、苏·里乌·奎克、布莱恩·里彻、维克拉姆·鲁潘尼、马尔尼·赛内科、马尔克斯·斯瓦内珀尔、约翰·蒂佩特、乔恩·沃尔顿。

我们要感谢圣马丁出版社/麦克米伦出版公司的艾伦·布拉德肖和里安·马斯特勒为本书审稿。乔纳森·布什为本书设计了精准地捕捉本书实质的封面。助理编辑爱丽丝·菲佛帮助处理了无数大大小小的细节问题。副出版人劳拉·克拉克从第一次会面就了解本书，并且一以贯之地给予我们支持。宣传人加比·甘茨帮助我们打磨广告语，把本书推向全球。乔·布罗斯南和麦克·尼古拉斯对本书的营销发挥了重要作用。

作为首次出版图书的作者，我们有幸有蒂姆·巴特莱特做我们的编辑。蒂姆总是慷慨地奉献时间。他给予我们宝贵的指导，鼓励我们换个方式考虑本书。他阅读了本书文稿的每一个句子，帮助我们将它塑造成你现在读到的模样。

我们要感谢我们的代理人霍华德·荣恩，指导我们完成本书的出版。作为新手作家，我们在初期犯了很多错误。霍华德和我们无数次地讨论和争论本书的主题和结构。他还是我们的兼职写作导师，站在作家的角度引导我们进入出版界。

感谢西恩·席尔科夫，帮助我们完成出版计划。起初，我们甚至不知道要有出版计划。非常感谢我们的写作伙伴约翰·巴特曼、马修·萨尔皮和汤姆·肖恩霍夫，他们帮助修改某些难懂的句子、段落和章节，增强了可读性和说服力。约翰，虽然你未能看见本书的成品，但你的智慧和歌声已经融入了本书。马特，感谢你在最后时刻加入进来帮助我们。你收集素材和修改本书的速度令人惊叹。汤姆，感谢你献出宝贵的时间和耐心，倾听我们某个章节的宏伟计划，提供真知灼见，把它变成连贯的信息。你随时都愿意卷起袖子大干一场，竭尽所能地帮助本书变成漂亮的成品。

我们还要感谢我们的家人。我们爱你们每一个人，你们是反馈和灵感的不竭来源。感谢我们的孩子菲比、费恩、伊凡和麦多克斯：你们的好奇心和有见地的问题，迫使我们不断地打磨，直到信息变得简洁、清晰。感谢你们牺牲自己的游戏时间，让我们更多地使用家庭电脑。特别感谢我们的父母：乔治和西塞里，贝蒂和老比尔。没有你们不断地给予的爱和支持，我们无法站在今天的地方。你们从小就教导我们：我们可以改变世界，只要用心去做，任何事情都能做成。工作30年后动笔写第一本书，如此疯狂的举动，对我们而言不是大跳跃，最主要的一个原因就是有你们的支持。感谢柯林的姐姐杰西卡，她过早地离开了这个世界，令人悲伤。你是我的英雄。你帮助他人的同情心、无私和决心，给了我们激励。无论何时，只要我需要激励，想起你的笑容和笑声，依然让我每天充满阳光。最后，要感谢柯林的妻子萨拉和比尔的妻子琳恩。感谢你们的爱、鼓励以及在我们的写作过程中做出的所有牺牲。我们有很多幸运，但最幸运的，是拥有你们这样的人生伴侣。

注　释

序　言

1. "Surf's Up," *Forbes*, July 26, 1998, https://www.forbes.com/forbes/1998/0727/6202106a.html#71126bc93e25（accessed June 2, 2020）.

2. Jeff Bezos, "Letter to Shareholders," 2010, https://www.sec.gov/Archives/edgar/data/1018724/000119312511110797/dex991.htm.

3. Jeff Bezos, "Letter to Shareholders," 2015, https://www.sec.gov/Archives/edgar/data/1018724/000119312516530910/d168744dex991.htm.

4. 同上。

01　构件：领导力准则与机制

1. Kif Leswing and Isobel Asher Hamilton, "'Feels Like Yesterday': Jeff Bezos Re-posted Amazon's First Job Listing in a Throwback to 25 Years Ago," *Business Insider,* August 23, 2019, https://www.businessinsider.com/amazon-frst-job-listing-posted-by-jeff-bezos-24-years-ago-2018-8.

2. Jeff Bezos, "Letter to Shareholders," April2013,https://www.sec.gov/Archives/edgar/data/1018724/000119312513151836/d511111dex991.htm.

3. 876,800 in Q2 2020 per the quarterly earnings announcement at https://

ir.aboutamazon.com/news-release/news-release-details/2020/Amazon.com-Announces-Second-Quarter-Results/default.aspx.

4. Jeff Bezos, "Letter to Shareholders," 2015, https://www.sec.gov/Archives/edgar/data/1018724/000119312516530910/d168744dex991.htm.

5. "Leadership Principles," Amazon Jobs, https://www.amazon.jobs/en/principles（accessed May 19, 2019）.

6. About Amazon Staff, "Our Leadership Principles," Working at Amazon, https://www.aboutamazon.com/working-at-amazon/our-leadership-principles（accessed June 2, 2020）.

02 招聘：亚马逊独特的抬杆者流程

1. Team Sequoia, "Recruit Engineers in Less Time," Sequoia, https://www.sequoiacap.com/article/recruit-engineers-in-less-time/（accessed May 19,2019）.

2. Brent Gleeson, "The 1 Thing All Great Bosses Think About During Job Interviews," *Inc.*, March 29, 2017, https://www.inc.com/brent-gleeson/how-important-is-culture-ft-for-employee-retention.html（accessed May 19,2019）.

03 组织：独立单线程领导模式

1. Jeff Dyer and Hal Gregersen, "How Does Amazon Stay at Day One?" *Forbes*, August 8, 2017, https://www.forbes.com/sites/innovatorsdna/2017/08/08/how-does-amazon-stay-at-day-one/#efef8657e4da.

2. Statistics derived from Amazon public fnancial statements 1997 and 2001, https://press.aboutamazon.com/news-releases/news-release-details/amazoncom-announces-fnancial-results-fourth-quarter-and-1997；https://press.aboutamazon.com/news-releases/news-release-details/amazoncom-announces-4th-quarter-proft-exceeds-sales-and-proft.

3. Jim Gray, "A Conversation with Werner Vogels," *acmqueue* 4, no. 4（June 30,

2006）: https://queue.acm.org/detail.cfm?id=1142065.

4. Tom Killalea, "Velocity in Software Engineering," *acmqueue* 17, no. 3（July 29, 2019）: https://queue.acm.org/detail.cfm?id=3352692.

5. Jeff Bezos, "Letter to Shareholders," 2016,Day One, https://www.sec.gov/Archives/edgar/data/1018724/000119312517120198/d373368dex991.htm.

6. Dyer and Gregersen, "How Does Amazon Stay at Day One?"

7. Jeff Bezos, "Letter to Shareholders," 2011, https://www.sec.gov/Archives/edgar/data/1018724/000119312512161812/d329990dex991.htm.

8. Taylor Soper, "Leadership Advice: How Amazon Maintains Focus While Competing in So Many Industries at Once," Geek Wire, July 18, 2017, https://www.geekwire.com/2017/leadership-advice-amazon-keeps-managers-focused-competing-many-industries/.

04 沟通：叙述体与"六页纸备忘录"

1. Edward R. Tufte, "The Cognitive Style of PowerPoint: Pitching Out Corrupts Within," https://www.edwardtufte.com/tufte/powerpoint（accessed May 19, 2019）.

2. The text is taken from a redacted version of the email that Colin saw some 14 years later, when advising another company. Madeline Stone, "A 2004 Email from Jeff Bezos Explains Why PowerPoint Presentations Aren't Allowed at Amazon," *Business Insider,* July 28, 2015, https://www.businessinsider.com/jeff-bezos-email-against-powerpoint-presentations-2015-7（accessed May 19, 2019）.

3. 同上。

06 绩效：管理投入类而非产出类指标

1. "What Is Six Sigma?" https://www.whatissixsigma.net/what-is-six-sigma/.

2. Donald J. Wheeler, *Understanding Variation: The Key to Managing Chaos*（Knoxville,TN: SPC Press, 2000）, 13.

3. XMR or individual/moving-range charts are a type of control chart used to monitor process quality and the limits of variability. See more at https://en.wikipedia.org/wiki/Control_chart.

下篇导语

1. Jeff Bezos, "Letter to Shareholders," 2015, https://www.sec.gov/Archives/edgar/data/1018724/000119312516530910/d168744dex991.htm.
2. Jeff Bezos, "Letter to Shareholders," 2008, https://www.sec.gov/Archives/edgar/data/1018724/000119312509081096/dex991.htm.
3. "Introducing Fire,the First Smartphone Designed by Amazon," press release,Amazon press center,June 18,2014,https://press.aboutamazon.com/news-releases/news-release-details/introducing-fre-frst-smartphone-designed-amazon.
4. Washington Post Live, "Jeff BezosWants to See an Entrepreneurial Explosion in Space," *Washington Post,* May 20, 2016, https://www.washingtonpost.com/blogs/post-live/wp/2016/04/07/meet-amazon-president-jeff-bezos/.
5. Jeff Bezos, "Letter to Shareholders," 1999, https://www.sec.gov/Archives/edgar/data/1018724/000119312519103013/d727605dex991.htm.

07 电子书阅读器 Kindle

1. "Amazon.com Announces Record Free Cash Flow Fueled by Lower Prices and Year-Round Free Shipping," press release, Amazon press center, January 27, 2004, https://press.aboutamazon.com/news-releases/news-release-details/amazoncom-announces-record-free-cash-fow-fueled-lower-prices.
2. E Ink technology was commercialized by the E Ink Corporation, co-founded in 1997 by MIT undergraduates J. D. Albert and Barrett Comiskey, MIT Media Lab professor Joseph Jacobson, Jerome Rubin, and Russ Wilcox.
3. "Introducing Amazon Kindle," press release, Amazon press center, November 19, 2007, https://press.aboutamazon.com/news-releases/news-release-

details /introducing-amazon-kindle/（accessed May 19, 2019）.

4. Jesus Diaz, "Amazon Kindle vs Sony Reader Bitchfght," Gizmodo, November 19, 2007, https://gizmodo.com/amazon-kindle-vs-sony-reader-bitchfght-324481（accessed May 19, 2019）.

5. Rick Munarriz, "Oprah Saves Amazon," Motley Fool, October 27, 2008, https://www.fool.com/investing/general/2008/10/27/oprah-saves-amazon.aspx（accessed June 30, 2020）.

08 金牌会员服务 Amazon Prime

1. "Amazon.com Announces 76% Free Cash Flow Growth and 29% Sales Growth—Expects Record Holiday Season with Expanded Selection, Lower Prices,and Free Shipping," press release,Amazon press center,October 21,2004, https://press.aboutamazon.com/news-releases/news-release-details/amazoncom-announces-76-free-cash-fow-growth-and-29-sales-growth.

2. Amazon shipping rates: https://Web.archive.org/Web/20050105085224/http://www.amazon.com:80/exec/obidos/tg/browse/-/468636.

3. Colin Bryar, interview with Charlie Ward, August 12, 2019.

4. Jason Del Rey, "The Making ofAmazon Prime, the Internet's Most Successful and Devastating Membership Program," Vox, May 3, 2019, https://www.vox.com/recode/2019/5/3/18511544/amazon-prime-oral-history-jeff-bezos-one-day-shipping.

5. Jeff Bezos, "Letter to Shareholders," 2018, https://www.sec.gov/Archives/edgar/data/1018724/000119312518121161/d456916dex991.htm.

09 会员视频服务 Prime Video

1. The word "Instant" was dropped in 2015.

2. Rob Beschizza, "Amazon Unbox on TiVo Goes Live," Wired, March 7, 2007, https://www.wired.com/2007/03/amazon-unbox-on/.

3. Tim Arango, "Time Warner Views Netfix as a Fading Star," *New York Times*, December 12, 2010, https://www.nytimes.com/2010/12/13/business/media/13bewkes.html（accessed July 1, 2020）.

4. Mike Boas, "The Forgotten History of Amazon Video," Medium, March 14, 2018, https://medium.com/@mikeboas/the-forgotten-history-of-amazon-video-c030cba8cf29.

5. Paul Thurrott, "Roku Now Has 27 Million Active Users," Thurrott, January 7, 2019, https://www.thurrott.com/music-videos/197204/roku-now-has-27-million-active-users.

6. Jeff Bezos, "Letter to Shareholders," 2012, https://www.sec.gov/Archives/edgar/data/1018724/000119312513151836/d511111dex991.htm.

7. "Amazon FireTablet," Wikipedia, https://en.wikipedia.org/wiki/Amazon_Fire_tablet（accessed June 30, 2020）.

10 云服务 AWS

1. "What Is Cloud Computing?" AWS, https://aws.amazon.com/what-is-cloud-computing/.

2. Jeff Bezos, "Letter to Shareholders," 2017,Day One,April 18,2018, https://www.sec.gov/Archives/edgar/data/1018724/000119312518121161/d456916dex991.htm.

3. Jeff Barr, "My First 12Years atAmazon.com," Jeff Barr's Blog,August 19, 2014, http://jeff-barr.com/2014/08/19/my-frst-12-years-at-amazon-dot-com/.

4. Jeff Bezos, "Letter to Shareholders," 2006, https://www.sec.gov/Archives/edgar/data/1018724/000119312507093886/dex991.htm.

5. "Amazon.com Launches Web Services；Developers Can Now Incorporate Amazon.com Content and Features into Their Own Web Sites；Extends 'Welcome Mat' for Developers," press release,Amazon press center,July 16,2002,https://press.aboutamazon.com/news-releases/news-release-details/amazoncom-launches-web-services.

6. "Amazon.com Web Services Announces Trio of Milestones—New Tool Kit, Enhanced Web Site and 25,000 Developers in the Program," press release, Amazon press center, May 19, 2003, https://press.aboutamazon.com/news-releases/news-release-details/amazoncom-web-services-announces-trio-milestones-new-tool-kit.

7. Jeff Bezos, "Letter to Shareholders," 2015, https://www.sec.gov/Archives/edgar/data/1018724/000119312516530910/d168744dex991.htm.

8. Werner Vogels, "10 Lessons from 10Years of Amazon Web Services," All Things Distributed,March 11,2016 ,https://www.allthingsdistributed.com/2016/03/10-lessons-from-10-years-of-aws.html.

附录二　叙述体备忘录的信条及常见问题样本

1. David Glick, "When I was at #Amazon, one of my monikers was 'Godfather of Tenets,' " LinkedIn, edited March 2020, https://www.linkedin.com/posts/davidglick1_amazon-tenets-jeffbezos-activity-6631036863471849472-IO5E/.

2. "Jeff Bezos on Leading for the Long-Term at Amazon," HBR IdeaCast, https://hbr.org/podcast/2013/01/jeff-bezos-on-leading-for-the（accessed May 19,2019）.

3. Peter de Jonge, "Riding the Wild, Perilous Waters of Amazon.com," New York Times, March 14, 1999, https://archive.nytimes.com/www.nytimes.com/library/tech/99/03/biztech/articles/14amazon.html.

4. "Amazon Certifed Frustration-Free Packaging Programs," https://www.amazon.com/b/?&node=5521637011#ace-5421475708（accessed June 30, 2020）.